工程流体力学

（第2版）

主　编　沈小雄
副主编　王西峰　易　文

中南大学出版社
www.csupress.com.cn

高等学校土木工程专业系列教材
编审委员会

出版说明

为了适应培养21世纪复合型、应用型创新人才的需要，结合我国高等学校教学的现状，立足培养学生能跟上国际经济的发展水平，按照教育部最新制定的教学大纲，遵循"学科属性及好教好学"原则，中南大学出版社组织专家、教授编写了这套"高等学校土木工程专业系列教材"。

土木工程专业作为我国高等学校的专业设置仅十年之久，它是我国高等教育专业设置调整后的一个新兴专业，土木工程专业与建筑工程、交通土建和岩土工程等传统专业相比，在培养目标、教学内容和教学方法上都有较大的区别，以"厚基础、宽口径、强能力"作为学生培养目标，理论阐述以"必需、够用"为原则，侧重定性分析和实际工程应用。

鉴于我国行业技术标准和规范不统一的现状，大部分高校将土木工程专业分为几个专业方向或课程群组织教学，本套教材是在调查十几所高校多年教学实践的基础上进行编写，编委会成员均为长期从事专业教学的资深教师，具有丰富的教学经验和科研水平。本套教材具有以下特点：

1. 以理论"必需、够用"为原则，以工程实际应用为重点

改变了过于注重知训传授和科学体系严密性的传统教学思想，注重应用型人才培养的特点，结合现行的人才培养计划，做到理论阐述以"必需、够用"为原则，侧重定性分析及其在工程中的应用，充分利用多媒体教学的特点，扩充工程信息量，培养学生的工程概念。

2. 注重培养对象终身发展的需要

土木工程领域范围广，行业标准多，本教材注重专业基础理论与规范的关系，重点阐述规范编制的基本理论、方法和原则，适当介绍土木工程领域的新知识、新技术及其发展趋势，以适应学生今后职业生涯发展的需要。

3. 文字教材和多媒体教学相结合

随着多媒体教学的发展和应用，综合多媒体教学在教学中的优势，提高教学效率，在编写文字教材的同时，配套编写多媒体教案和相关计算软件，使学生适应现代计算技术的发展，提高学生自我训练的能力。

4. 编写严谨规范，语言通俗易懂

根据我国土木工程最新设计与施工规范、规程和技术标准编写，体现了当前我国土木工程施工技术与管理水平，内容精练、叙述严谨。采取逻辑关系严谨、循序渐进的编写思路，深入浅出，图文并茂，文字表达通俗易懂。

希望本系列教材的出版，能促进土木工程专业的教材建设，为培养符合市场需要的高水平人才起到积极的推动作用。

前　言

......

　　本书是根据高等学校土建类专业流体力学教学基本要求，结合长期的教学实践并吸收国内外相关教材的优点，为土木类专业、给水排水专业编写的少学时的工程流体力学(水力学)教材。全书以恒定不可压缩流体为主要研究对象，系统地阐述了工程流体力学的基本概念、基本理论和基本工程应用。编写过程中，体现加强基础理论、拓宽基础知识面、按大类培养的教学改革思想，力求贯彻"循序渐进"和"少而精"的原则精选教材内容；力求做到概念清晰，重点突出，语言简洁，便于教学和适当反映本学科的发展趋势；力求通过简单的工程应用实例和计算工程问题的训练，达到培养工程应用能力的目的；力求在保留部分传统算法的基础上，以迭代计算法代替传统的图表计算法。

　　本教材可作为高等院校土木工程、给水排水工程、市政工程、环境工程、地质工程等有关专业的工程流体力学(水力学)课程的教材，也可作为全国注册结构工程师考试的参考书。由于书中包含了土木类各专业所需的内容，在使用时可根据专业要求和学时的多少作必要的取舍。

　　本教材由长沙理工大学沈小雄任主编，湖南科技大学王西峰、中南林业科技大学易文任副主编。参加编写工作的有沈小雄(第1、3、4章)、王西峰(第6章)、易文(第2章)、韩振英(第7、9章)、李梦成(第8章)、韩智明(第5章)。

　　由于编者水平所限，教材中若有疏漏或不足之处，恳请读者批评指正。

编者
2017 年 1 月

目　录

第1章　绪　论

1.1　概　述

工程流体力学是研究流体平衡和机械运动的力学规律及其在工程中应用的一门学科。工程流体力学的研究对象是流体，流体是液体和气体的统称。

流体与固体的主要差别在于它们对外力的抵抗能力不同。一定条件下，固体能保持一定的形状和体积，能抵抗拉力、压力和剪切力。流体由于分子间距离较大，内聚力很小，几乎不能承受拉力；静止的流体不能抵抗剪切力，即使在很小的剪切力作用下，静止流体都将发生连续不断的变形运动，直到剪切力消失为止，这称为流体的易流动性。液体与气体的主要差别在于气体易压缩，而液体不易压缩。当所讨论的气流流速远小于音速时，气体的密度变化很小，气流的运动规律与液体的相同。

工程流体力学在许多工程中都有广泛的应用，在土建工程中也会碰到大量与流体平衡及运动规律有关的工程技术问题。例如：在设计和布置城市工业用水和生活用水的管路系统时，涉及取水口的布置、管路布置、水管直径及水塔高度的计算等一系列工程流体力学的问题；在铁路、公路、桥梁、航道及港口建设中，需要讨论桥涵孔径设计、路基排水、隧道通风及排水等计算问题；在房屋建筑工程中，还会遇到地下水的运动、基础和围堰的渗流、风荷载对构筑物的作用等问题。对于低速气流运动，在实际应用中只要注意气体与液体的物理参数不同，仍可应用工程流体力学的基本理论。

1.2　连续介质假设

从分子运动的角度看，流体是由许多不连续的、做无规则热运动的分子所组成。例如在标准状态下，每 $1~\text{mm}^3$ 的水，约有 3.34×10^{19} 个水分子，分子之间的间距约为 $3 \times 10^{-7}~\text{mm}$。因而，流体分子运动的物理量(如流速、压强等)的空间分布和时间过程是不连续的。然而，我们用眼睛看到的大江大河的水流运动是奔腾不息、连续不断的，宏观上明显地呈现出均匀性、连续性。工程流体力学就是从宏观的角度研究流体的机械运动，而不考虑流体分子的微观运动。

为了描述众多流体分子微观运动的统计平均状况，特引入流体质点的概念。所谓流体质点是指微观上足够大而宏观上又充分小的流体微团。微观上足够大是指流体微团内包含足够多的分子，它们的运动物理量的统计平均值是一个稳定的数值；宏观上充分小是指微团的宏观尺寸远远小于所研究问题的特征尺度(如河宽、河长、管道尺度等)，使得微团内平均物理量可以看成是均匀分布的，可将它近似地看成是一个几何上没有维度的点。欧拉(Euler，1753)首先提出了连续介质模型，即把流体看作由无数没有微观运动的质点组成的没有空隙的连续体，并且认为表征流体运动的各物理量(例如密度、速度、压强等)在空间和时间上都是连续分布和连续变化的。

连续介质模型对于解决一般工程的流体力学问题是可行的,但对于掺气水流、空穴现象等少数特殊问题,连续介质模型已不再适用。

1.3　流体的主要物理性质

流体机械运动的规律不仅与作用于流体的外部因素及边界条件有关,还取决于流体本身所具有的物理性质。

1. 惯性、质量与密度

流体与其他任何物体一样具有惯性,惯性是保持物体原有运动状态的性质,改变物体的运动状态,必须克服惯性的作用。表示惯性大小的物理量是质量,流体的质量越大,惯性也越大。单位体积流体所含有的质量称为流体的密度,以符号 ρ 表示。密度分布均匀的流体称为均质流体,否则称为非均质流体。实际工程中遇到的流体问题大都是按均质流体对待的。若某均质流体质量为 m,体积为 V,则其密度为 $\rho = \dfrac{m}{V}$,密度的因次为 ML^{-3},国际单位为 kg/m^3。

流体的密度一般取决于流体的种类、温度和压强。在压强变化不太大时,密度主要随温度而变化(见表 1-1),在水利工程、土木工程中的大多数水力计算问题中,通常视密度为常数,采用在一个标准大气压下,温度为 4℃时的蒸馏水密度来计算,此时,$\rho = 1\ 000\ kg/m^3$。

表 1-1　在 1 个标准大气压下不同温度时水和空气的密度(kg/m^3)

温度/℃	0	10	20	30	40	60	80	100
水	999.8	997.7	998.2	995.7	992.2	983.2	971.8	958.4
空气	1.293	1.248	1.205	1.165	1.128	1.060	1.000	0.946

2. 粘性与粘性系数

静止流体不能承受切应力,如果受到切应力的作用,流体就产生连续变形,表现出流动性。对于运动的流体,当流体质点之间存在着相对运动时,会产生内摩擦力抵抗其相对运动。流体在流动状态下以内摩擦力的形式抵抗其相对运动的能力称为粘性。粘性是流体固有的特性,是流体运动产生能量损失的根源。

内摩擦力、粘性、变形之间的关系可以通过液体沿固体壁面作纵向(x 方向)平行直线运动来分析实测流速沿垂线分布。如图 1-1 所示,流体沿某个固体平面壁作平行的直线运动,设流体质点是有规则地一层一层向前运动而不相互混掺(这种流动状态称为层流运动)。紧靠固体壁面的液体质点由于附着力的作用粘附在壁面上,流速为零。受粘性影响,底层流体流速较小,离开固体边界越远的流层受固壁的约束作用越小,流速越大。设距固体边界为 y 处的流速为 u,在相邻的 $y+dy$ 处的流速为 $u+du$,由于两相邻流层的流速不同,在两流层之间将成对出现切向阻力,称为内摩擦力 F。由实验得知

$$F = \eta A \frac{\mathrm{d}u}{\mathrm{d}y} \tag{1-1}$$

式中：η 为粘性系数或动力粘度。$\dfrac{\mathrm{d}u}{\mathrm{d}y}$ 为流速梯度。

若以 $\tau = \dfrac{F}{A}$ 表示单位面积上的内摩擦力，即粘性切应力，则

$$\tau = \eta \frac{\mathrm{d}u}{\mathrm{d}y} \tag{1-2}$$

式(1-1)和式(1-2)由牛顿提出后经过大量实验验证，称为牛顿内摩擦定律。

设在瞬时 t，矩形微元体位于 $abcd$ 处(如图 1-2 所示)，由于该流层的上、下两表面存在着流速差 $\mathrm{d}u$，经过 $\mathrm{d}t$ 时段，运动到新的位置 $a'b'c'd'$，产生了剪切变形(或角变形)，ab 边及 cd 边都转动了 $\mathrm{d}\theta$ 角，则剪切变形速度为 $\mathrm{d}\theta/\mathrm{d}t$。因为 $\mathrm{d}t$ 为微分时段，角变量 $\mathrm{d}\theta$ 亦为微量，则 $\mathrm{d}\theta \approx \tan(\mathrm{d}\theta) = \dfrac{\mathrm{d}u \cdot \mathrm{d}t}{\mathrm{d}y}$，则单位时间内所发生的剪切变形为

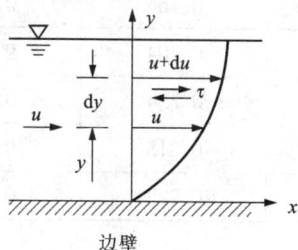

图 1-1　流速分布图

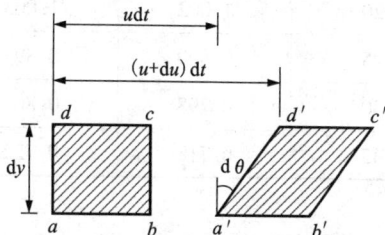

图 1-2　剪切变形示意图

$$\frac{\mathrm{d}\theta}{\mathrm{d}t} = \frac{\mathrm{d}u}{\mathrm{d}y} \tag{1-3}$$

式(1-3)表明，$\dfrac{\mathrm{d}u}{\mathrm{d}y}$ 既描述了流层之间的相对运动，又是流体的剪切变形速率(角速率)。故牛顿内摩擦定律也表明流体在作层流运动时，粘性切应力与流体的剪切变形速率成正比。

流体粘度 η 反映了流体粘性的大小，η 越大，则粘性越大，流体抵抗剪切变形的能力就越大。η 的单位为 Pa·s。η 的数值随流体种类不同而不同，并随压强、温度变化而变化。对常见的流体，如水、气体等，粘度随压强的变化不大，一般可忽略不计。温度是影响粘度的主要因素。当温度升高时，液体的粘度减小，气体的粘度增加。产生这一差别的原因是由于液体和气体的微观结构不同，对于液体来说内聚力是产生粘度的主要因素，当温度升高，分子间距离增大，吸引力减小，因而使剪切变形速度所产生的切应力减小，所以粘度减小；对于气体，气体分子间距离大，内聚力很小，所以粘度主要是由气体分子运动动量交换的结果所引起的，温度升高，分子运动加快，动量交换频繁，所以粘度增加。

在工程流体力学中，也将动力粘度与密度的比值定义为运动粘度 ν，即 $\nu = \dfrac{\eta}{\rho}$。这一名称来源于它具有运动学的因次(L^2/T)。

对于水, 运动粘度可按下列经验公式计算:

$$\nu = \frac{0.017\ 75}{1 + 0.033\ 7t + 0.000\ 221t^2}$$

(1 - 4)

式中, t 为水温, 以℃计, ν 以 cm^2/s 计。

在一个标准大气压条件下, 不同温度时水和空气的粘度数值分别见表 1 - 2 和表 1 - 3。

表 1 - 2 水的动力粘度与运动粘度

温度/℃	$\eta/(10^{-3}\text{Pa}\cdot\text{s})$	$\nu/(10^{-6}\text{m}^2\cdot\text{s}^{-1})$	温度/℃	$\eta/(10^{-3}\text{Pa}\cdot\text{s})$	$\nu/(10^{-6}\text{m}^2\cdot\text{s}^{-1})$
0	1.792	1.792	40	0.653	0.658
5	1.519	1.519	45	0.595	0.601
10	1.307	1.307	50	0.547	0.553
15	1.139	1.139	60	0.466	0.474
20	1.002	1.003	70	0.404	0.413
25	0.890	0.893	80	0.354	0.364
30	0.798	0.800	90	0.315	0.326
35	0.718	0.722	100	0.282	0.294

表 1 - 3 空气的动力粘度与运动粘度

温度/℃	$\eta/(10^{-3}\text{Pa}\cdot\text{s})$	$\nu/(10^{-6}\text{m}^2\cdot\text{s}^{-1})$	温度/℃	$\eta/(10^{-3}\text{Pa}\cdot\text{s})$	$\nu/(10^{-6}\text{m}^2\cdot\text{s}^{-1})$
0	1.71	13.2	80	2.09	20.9
10	1.76	14.1	100	2.18	23.0
20	1.81	15.0	120	2.26	25.2
30	1.86	16.0	140	2.34	27.4
40	1.90	16.8	160	2.43	29.8
60	2.00	18.8	200	2.59	34.6

牛顿内摩擦定律是工程流体力学的重要定律, 适用于流体作层流运动的情况。凡是符合牛顿内摩擦定律的流体称为牛顿流体, 否则为非牛顿流体。牛顿流体与非牛顿流体的切应力与流速梯度的关系如图 1 - 3 所示。

从图中可知, 在温度不变的条件下, 牛顿流体的 τ 与 du/dy 为一斜率不变的直线(直线 A), 说明其剪切应力与剪切变形速度成正比, 当剪切变形速度为零时, 内摩擦切应力也为零。其余的曲线都表示非牛顿流体, 其中对于宾厄姆塑性流体(这类流体包括泥浆、血浆等), 只有当切应力达到某一值时, 才开始剪切变形(直线 B), 但 τ 与 du/dy 的关系为线性的; 拟塑性流体(这类流体包括尼龙、橡胶溶液、颜料、油漆等)及膨胀性流体(如生面团、浓淀粉糊等)的 τ 与 du/dy 的关系均是非线性的(曲线 C 和 D)。本书只讨论牛顿流体。

特别需要强调的是：粘性对流体运动的影响十分重要而且极其复杂，它使得研究和分析流体的运动规律变得非常困难。为了简化问题，便于从理论上研究和分析流体的运动，在工程流体力学中引入了"理想流体模型"。理想流体是指无粘性的流体，即设 $\eta = 0$ 的流体。在理想流体的假定下求得流体运动规律，然后再引入考虑粘性影响的修正，获取实际流体的运动规律

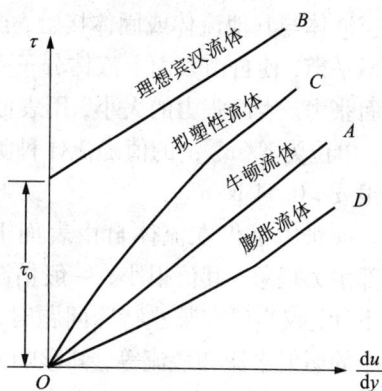

图 1-3 牛顿流体与非牛顿流体

3. 压缩性和压缩系数

流体不能承受拉力，但可以承受压力。流体受压导致宏观体积减小，密度增大，这种性质称为流体的压缩性。除去压力后流体体积和密度能够恢复原状，这种性质称为流体的弹性。

流体的压缩性以体积压缩系数 β 度量。若压缩前流体的体积为 V，压强增加 dp 以后，体积减小 dV，则其体积相对压缩值为 $-dV/V$。体积压缩系数定义为

$$\beta = -\frac{dV/V}{dp} \tag{1-5}$$

β 单位为 m^2/N。β 越大，表明流体越易压缩。因流体的体积随压强增大而减小，dV 与 dp 的符号相反，故上式右端有一负号。

流体被压缩时其质量并不改变，故

$$dm = d(\rho V) = \rho dV + V d\rho = 0$$

因而有

$$\beta = \frac{1}{\rho} \frac{d\rho}{dp} \tag{1-6}$$

体积压缩系数的倒数定义为体积弹性系数（弹性模量）E，即

$$E = \frac{1}{\beta} \tag{1-7}$$

E 的单位为 N/m^2。不同种类的流体具有不同的 β 值和 E 值。同一种流体，β 值和 E 值随温度和压强略有变化。

水的压缩性很小，在 10℃ 时体积弹性模量 $E \approx 2.10 \times 10^9 N/m^2$，也就是说每增加一个大气压，水体积相对压缩量约为 1/20 000。工程上一般都忽略水的压缩性，视水的密度为常数。但在某些特殊情况下，如讨论管道中的水击问题时，由于压强变化很大，需要考虑水的压缩性。

气体的压缩性都很大，但是在气体流速不高，压强变化较小、温度较低的场合，气体的压缩性对气流流动的影响可以忽略，则可以不考虑压缩性的影响。例如，在一个标准大气压下，当空气的速度等于 68 m/s 时，密度的相对变化约为 1%，在土木工程流体计算中一般可以忽略。

可以忽略压缩性的流体称为不可压缩流体，或者说密度保持为常数的流体为不可压缩流体，由此引入一种简化分析模型，称为"不可压缩流体模型"。

4. 表面张力与表面张力系数

当液体与其他流体或固体接触，出现自由表面时，自由表面上液体分子由于受两侧分子引力不平衡，使自由表面上液体分子受到极其微小的拉力，呈现出收缩的趋势，这种拉力称为表面张力。表面张力的大小，用表面张力系数 σ 度量。σ 是指自由表面单位长度上所受的拉力，单位为 N/m。σ 的值随流体种类和温度而变化，在20℃时，对于水 $\sigma = 0.074$ N/m，对于水银 $\sigma = 0.54$ N/m。

表面张力是仅在流体自由表面上存在的局部水力现象，其值很小，一般情况下可忽略不计，仅当研究某些特殊问题时，如水深很小的明渠水流和堰流等，其影响才不能忽略。此外，细口径管子中的流体表面张力的影响十分显著，细玻璃管内的毛细现象使水柱升高或汞柱降低（如图1-4），对液位和压强量测造成误差，有自由表面和较大曲

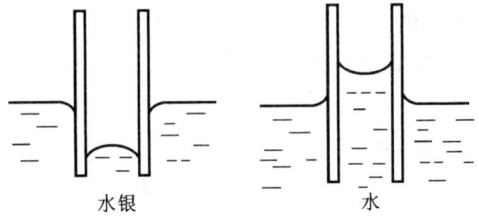

图1-4 毛细现象

率的小流量运动和微小水滴形成的球状，这些情况下表面张力的影响也必须考虑。

5. 汽化压强

液体分子逸出液面，向空间扩散的过程称汽化，液体汽化为蒸汽。汽化的逆过程称凝结，蒸汽凝结为液体。在封闭容器中的液体，汽化与凝结同时存在，当单位时间内汽化的分子数等于凝结的分子数时，宏观的汽化现象亦即停止，此时容器中的蒸汽称饱和蒸汽，相应的液面压强称饱和蒸汽压强或汽化压强。液体的汽化压强与温度有关，水的汽化压强列于表1-4。

表1-4 在1个标准大气压下不同温度时水的汽化压强(kPa)

温度/℃	0	10	20	30	40	60	80	100
汽化压强(绝对压强)	0.61	1.23	2.34	4.24	7.38	19.92	47.34	101.33

汽化压强的大小在工程中有实际意义。当水中某处的绝对压强低于当地的汽化压强时，从水中分离出来的气体和汽化的蒸汽，将生成大量的气泡。这些气泡随水流从低压区流向高压区，在高压作用下，气泡突然溃灭，周围的高压水便以极高的速度冲向气泡溃灭点，造成很大的压力且集中在很小的面积上。

综上所述，流体的各种物理特性都不同程度地影响着流体的运动，其中惯性、重力和粘滞性对流体运动有重要的影响，而流体的可压缩性、表面张力只有在一些特殊问题中才需要考虑，请注意区分。

1.4 作用在流体上的力

无论是处于静止状态或运动状态的流体，都受到各种力的作用。按作用的方式，作用于流体上的力可归纳为表面力和质量力两大类。

表面力作用在所研究流体表面且与作用面面积成正比，它是相邻流体或其他介质作用的结果。常用单位面积上所受的表面力，即应力的概念进行分析。通常，表面力与作用面呈任意角度，可以将其分解为与流体表面相垂直的法向力和与流体表面相切的切向力。由于流体不能承受拉力，故法向力只能是压力。若作用在面积为 A 的物体表面的压力为 P，切向力为 F_s，则平均压应力 p 和平均切应力 τ 分别为

$$p = \frac{P}{A} \tag{1-8}$$

$$\tau = \frac{F_s}{A} \tag{1-9}$$

设作用在流体某微小面积 ΔA 上的压力为 ΔP，切力为 ΔF_s，根据连续介质假设，压应力 p（称为压强）和切应力 τ 分别为

$$p = \lim_{\Delta A \to 0} \frac{\Delta P}{\Delta A} \tag{1-10}$$

$$\tau = \lim_{\Delta A \to 0} \frac{\Delta F_s}{\Delta A} \tag{1-11}$$

压强和切应力的单位为 Pa。对于静止流体和理想流体，切向力均为零，即 $\tau = 0$。

质量力作用在流体内部每个流体质点上且与流体的质量成正比。重力、惯性力都是质量力。对于某一均质流体，其质量为 m，作用于其上的总质量力为 F，则

$$f = \frac{F}{m} \tag{1-12}$$

f 称为单位质量力，具有与加速度相同的因次 $[L/T^2]$。设总质量力在直角坐标轴上的投影分别为 F_x，F_y，F_z，记单位质量力 f 在 x，y，z 坐标轴上的投影分别为 f_x，f_y，f_z，则

$$f_x = \frac{F_x}{m}, f_y = \frac{F_y}{m}, f_z = \frac{F_z}{m} \tag{1-13}$$

1.5　流体力学的研究方法

工程流体力学的研究方法有理论分析、实验研究和数值模拟三种。这三种方法互为补充，相辅相成。

1.5.1　理论分析

理论分析是通过对流体物理性质和流动特性的科学抽象（近似），抓住影响流体运动的主要因素，提出合理的理论模型。再根据机械运动的普遍规律（如质量守恒定律、机械能转化与守恒定律、动量守恒定律、牛顿运动第二定律、热力学定律等），结合流体运动的特点，建立控制流体运动的方程组，将原来的具体流动问题转化为数学问题，在相应的边界条件和初始条件下求解。理论研究方法的关键在于提出理论模型，并能运用数学方法求出理论结果，达到揭示流体运动规律的目的。理论分析得到的结果，需要实践检验，而且由于数学上的困难，许多实际流动问题还难以精确求解。

1.5.2　实验研究方法

工程流体力学是一门理论和实践紧密结合的基础学科，其发展史上有许多通过实验了解

水流现象、寻求水流运动规律的例子,如著名的雷诺实验、尼古拉兹实验等,都是由实验得来的。至今,工程中的许多问题,即使能用现代理论分析与数值计算求解的,最终还要借助实验检验和修正。

实验研究在工程流体力学中占有极为重要的地位,实验研究方法是通过对具体流体的观测,认识流体运动规律。工程流体力学的实验方法主要有三个方面:一是原型观测,在野外或工程建筑物现场,对流体运动进行直接观测;二是模型实验,以相似理论和因次分析法为指导,在实验室里模拟实际工程的条件,预演或重演流体运动现象,在模型上得出流体的运动规律,再把模型实验成果按照相似关系换算为原型的成果;三是系统实验,在实验室内造成某种边界条件下的流体运动,进行系统观测,从中找出规律。

1.5.3 数值研究方法

数值方法是在计算机应用的基础上,采用各种离散化方法(有限差分法、有限元法等),建立各种数值模型,通过计算机进行数值计算和数值实验,最终获得定量描述流场的数值解。数值计算方法已能有效、迅速、较为准确地求解工程流体力学中的一些复杂的数学问题。随着计算机技术的发展,这一方法已发展成为一门交叉学科——计算流体力学。

理论分析、模型实验、数值计算三种方法互为补充,相互促进,为工程流体力学理论的飞速发展和解决复杂的工程流体力学问题奠定了基础。

思 考 题

1. 为什么要引进连续介质的假设?为什么可以把液体当作连续介质?

2. 非均质液体的密度应该如何表示?

3. 流体粘度与哪些因素有关?它们随温度是如何变化的?对流体有何影响?

4. 为什么水通常被视为不可压缩流体?什么情况下要考虑液体的可压缩性和表面张力特性?

5. 液体内摩擦力的大小与哪些因素有关?牛顿内摩擦定律的适用条件有哪些?

6. 下图为管道过水断面水流流速分布图,从其对应部位取出水体 A,试标出水体 A 顶面和底面切应力的方向。

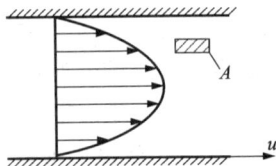

思考题 6 图

7. 为什么要引入理想液体的概念?它与实际液体有什么区别?

8. 单位质量力怎样定义的?静止液体和作自由落体运动的液体所受的单位质量力分别为多少?

习　题

1. 容器中盛有静止液体，此时液体所受到的单位质量力为多少？

2. 假设水的体积弹性系数 $E = 2.2 \times 10^6$ kPa，欲使其体积减小 0.4%，问需要增加多大的压强？

3. 当压强的增量为 50 kN/m^2，某种液体的密度增长 0.02%，试求该液体的体积弹性系数。

4. 如右图所示，平板面积为 50×50 cm^2，厚度为 1.0 cm，质量 $m = 5$ kg，沿着涂有厚度 $\delta = 1.0$ mm 油的斜面向下做等速运动，其速度 $u = 1.0$ m/s，带动油层的运动速度呈直线分布，油的密度 $\rho = 950$ kg/m^3，求油的动力粘度和运动粘度。

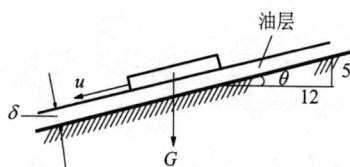

习题 4 图

5. 某种液体充满两平行边界的缝隙 δ 内，液体的动力粘度为 η，有一面积为 A 的极薄的平板以速度 u 平行于平板移动。x 为平板距上边界的距离（习题 5 图），求：平板所受的施力 T（缝隙内的流速按直线分布）。

6. 水流在平板上运动（见习题 6 图），流速分布曲线 DE 为抛物线形，E 点为抛物线端点，E 点处 $\dfrac{\mathrm{d}u}{\mathrm{d}y} = 0$，水的运动粘度 $\nu = 1.0 \times 10^{-6}$ m^2/s，试求 $y = 0, 2, 4$ cm 处的切应力（提示：先设流速分布 $u = Ay^2 + By + C$，利用给出的条件确定待定常数 A，B，C）。

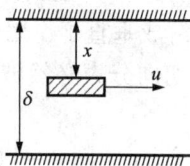

习题 5 图

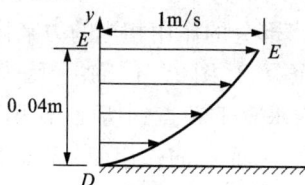

习题 6 图

第2章 流体静力学

流体静力学研究流体处于静止或相对平衡时的规律及其在工程中的应用。流体的静止状态指流体相对于静止坐标系没有发生相对运动。流体的相对平衡指流体对某参考坐标系无相对运动。流体处于静止或相对平衡状态时,流体之间没有相对运动,粘性作用没有表现出来,因而也没有内摩擦力的作用,可视为理想注体。

2.1 流体静压强及其特性

2.1.1 流体静压强

由于流体不能承受拉力,静止状态时不存在切应力;流体与流体之间、流体与固体之间的相互作用,只有压应力,通常称之为流体静压强,以 p 表示。流体静压强 p 的单位为 N/m^2 或 kN/m^2,也可以相应用 Pa 或 kPa 表示。

2.1.2 流体静压强的特征

1. 流体静压强的方向与受压面垂直并指向受压面

取一静止状态的流体,如图 2-1 所示,假想用任意截面 $N-N'$ 把它切开成两个部分 [图 2-1(a)]。假如把 $N-N'$ 面上面的"Ⅰ"部分拿开。为了保持平衡,就必须在 $N-N'$ 面上加上与"Ⅰ"部分的作用相当的力来代替。设该力为 P,把 P 分解成垂直于作用面和与作用面相切的两个分力[图 2-1(b)]。因为静止流体不能抵抗切力,切向分力必然破坏平衡,所以 P 只能向内垂直于 K 点的切面(作用面)。

如果 P_n 不是指向作用面,而是指向作用面的外 K 点的法线方向[图 2-1(c)],则流体将受到拉力,平衡被破坏。

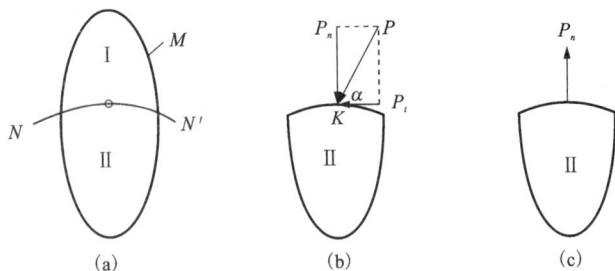

图 2-1 平衡流体

2. 作用于同一点上各方向的流体静压强大小相等

在静止流体内任意取微元四面体 $OABC$(图 2-2),其边长分别为 dx, dy, dz,且平行于相应坐标，斜面 ABC 为任意方向。由于静止流体无剪切力，作用于四面体的表面力只有垂直于各个表面上的压力。设作用于各表面上的流体静压强分别为 p_x，p_y，p_z，p_n，作用于四面体上的单位质量力为 f，它在 x，y，z 坐标轴上的分量分别为 f_x，f_y，f_z。根据平衡条件，四面体处于静止状态时，各坐标轴方向的作用力之和均分别为零。以 x 方向为例，得

$$f_x\rho \cdot \frac{1}{6}\mathrm{d}x\mathrm{d}y\mathrm{d}z + p_x \cdot \frac{1}{2}\mathrm{d}y\mathrm{d}z - p_n\mathrm{d}A_n\cos(\boldsymbol{n}, x) = 0$$

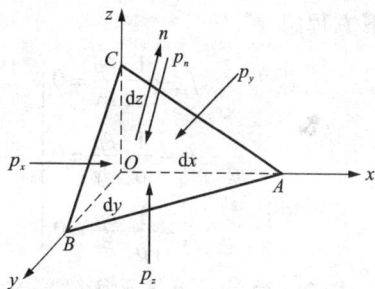

图 2-2　平衡流体中的微元四面体

式中 $\mathrm{d}A_n$ 为斜面 ABC 的面积，$\cos(\boldsymbol{n}, x)$ 表示斜面外法线与 x 轴正向夹角的余弦。容易看出，$\mathrm{d}A_n\cos(\boldsymbol{n}, x) = \frac{1}{2}\mathrm{d}y\mathrm{d}z$。当 $\mathrm{d}x$，$\mathrm{d}y$，$\mathrm{d}z$ 趋于零，即四面体缩小到 O 点时，上式中左边第一项为三阶微量，第二、三项为二阶微量。因此必然有 $p_x = p_n$。同理，在 y，z 方向，可得 $p_y = p_n$，$p_z = p_n$。即

$$p_x = p_y = p_z = p_n \tag{2-1}$$

因为 n 的方向是任意的，所以上式说明了流体内同一点静压强的大小在各个方向均相等。一般来说，流体内各点的压强分布是不均匀的，因此任一点的压强仅是坐标的函数而与作用面的方位无关，即

$$p = p(x, y, z) \tag{2-2}$$

2.2　流体平衡微分方程式

2.2.1　流体平衡微分方程——欧拉平衡微分方程

从静止或相对平衡状态的流体中取出一个微元平行六面体，边长为 $\mathrm{d}x$，$\mathrm{d}y$，$\mathrm{d}z$，分析作用于六面体上的各种力之间的关系式。

如图 2-3 所示，设微元六面体中心点 M 的坐标为 $M(x, y, z)$。作用在中心点上的流体静压强为 p。考虑到液体中应力变化的连续性，作用在 $ABCD$ 面上形心点 $M'\left(x - \frac{\mathrm{d}x}{2}, y, z\right)$ 的压强可用泰勒级数表示，忽略高阶微量后为 $p - \frac{\partial p}{\partial x}\frac{1}{2}\mathrm{d}x$；同样，作用在 $A'B'C'D'$ 面上形心点 $M''\left(x + \frac{\mathrm{d}x}{2}, y, z\right)$ 的压强为 $p + \frac{\partial p}{\partial x}\frac{1}{2}\mathrm{d}x$。其他面上的压强，也可以用同样的方法写出。

令 f_x，f_y，f_z 分别表示作用于微元六面体的单位质量力在 x，y，z 轴上的投影，则总质量力在 x，y，z 方向上分力为：$\rho f_x\mathrm{d}x\mathrm{d}y\mathrm{d}z$，$\rho f_y\mathrm{d}x\mathrm{d}y\mathrm{d}z$，$\rho f_z\mathrm{d}x\mathrm{d}y\mathrm{d}z$。

因六面体处于平衡状态，所以在 x 方向上的分力和应该等于 0，即

$$\left(p - \frac{\partial p}{\partial x}\frac{\mathrm{d}x}{2}\right)\mathrm{d}y\mathrm{d}z - \left(p + \frac{\partial p}{\partial x}\frac{\mathrm{d}x}{2}\right)\mathrm{d}y\mathrm{d}z + \rho f_x\mathrm{d}x\mathrm{d}y\mathrm{d}z = 0$$

上式简化后得到：$f_x - \frac{1}{\rho}\frac{\partial p}{\partial x} = 0$

同理，在 y，z 方向可推出类似结果，从而得到以下方程组

$$\left.\begin{array}{l} f_x - \dfrac{1}{\rho}\dfrac{\partial p}{\partial x} = 0 \\[2mm] f_y - \dfrac{1}{\rho}\dfrac{\partial p}{\partial y} = 0 \\[2mm] f_z - \dfrac{1}{\rho}\dfrac{\partial p}{\partial z} = 0 \end{array}\right\} \qquad (2-3)$$

式(2-3)就是流体平衡微分方程。由于该式是瑞士学者欧拉(Euler)于1755年首先导出的，所以又称之为欧拉平衡微分方程。它表明：在平衡液体中，流体静压强沿某个方向的变化率与该方向的单位质量力相等，或者说在某一方向上的质量力等于表面力。

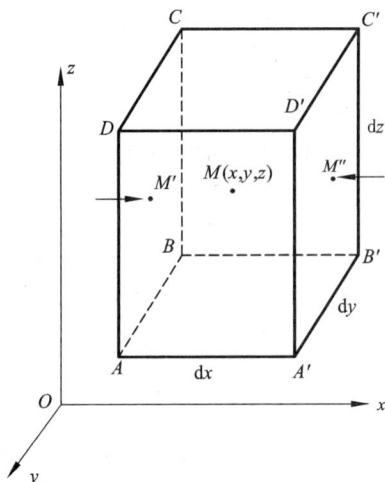

图 2-3　微元六面体

将式(2-3)各式分别乘以 dx，dy，dz，经整理后可得

$$\frac{\partial p}{\partial x}dx + \frac{\partial p}{\partial y}dy + \frac{\partial p}{\partial z}dz = \rho(f_x dx + f_y dy + f_z dz) \qquad (2-4)$$

由于 $p = p(x, y, z)$，式(2-4)可改写为

$$dp = \rho(f_x dx + f_y dy + f_z dz) \qquad (2-5)$$

上式为流体平衡微分方程的另一个表达式，适用于可压缩和不可压缩流体。当流体所受的质量力已知时，可用式(2-5)求出流体内的压强分布规律。

2.2.2　等压面，有势力

在平衡液体中流体静压强相等的点组成的平面或曲面称为等压面。对于等压面，根据公式(2-5)，$dp = 0$，如果 ρ 是不为零的常数，即流体不可压缩，有

$$f_x dx + f_y dy + f_z dz = 0 \qquad (2-6)$$

式(2-6)表明，质量力与等压面正交。

由理论力学可知，如果存在一个函数 $W(x, y, z)$，使单位质量力的分量等于这个函数的偏导数，即

$$f_x = \frac{\partial W}{\partial x}, \quad f_y = \frac{\partial W}{\partial y}, \quad f_z = \frac{\partial W}{\partial z} \qquad (2-7)$$

则函数 $W(x, y, z)$ 称为力势函数，而满足这种函数关系的力称为有势力，如重力和惯性力都是有势力。将式(2-7)代入式(2-5)就得到

$$dp = \rho\left(\frac{\partial W}{\partial x}dx + \frac{\partial W}{\partial y}dy + \frac{\partial W}{\partial z}dz\right)$$

即

$$dp = \rho dW \qquad (2-8)$$

在等压面上，$dp = 0$，由式(2-8)，$dW = 0$，W 为一常数。故等压面的另一特性是：等压面必为等势面；反之，等势面必为等压面。

2.2.3 等压面的应用

可以证明,同种类连通的静止(质量力只有重力)液体,其等压面是水平面;静止液体中,两种不同液体的分界面是等压面。这里强调指出,静止液体内等压面是水平面这一结论只能适用于互相连通的同一种液体,对互不连通的液体则不适用。如图 2 – 4(a)所示液体间以阀门隔开的平面 1 – 1、图 2 – 4(b)中穿过两种不同液体的平面 2 – 2 都不是等压面。

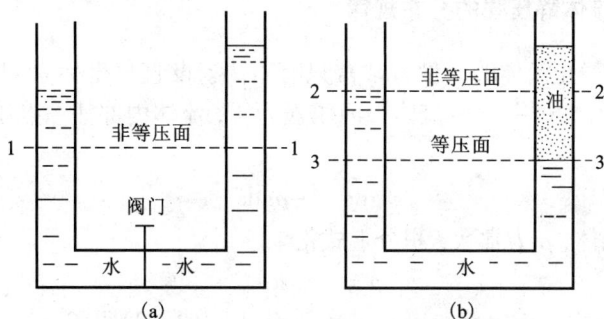

图 2 – 4 等压面与非等压面示例

利用等压面原理及水静力学基本方程可以分析工程上或实验室中常用的测压设备的原理。

[**例题 2 – 1**] 在管道上安装一复式 U 形水银测压计,如图 2 – 5 所示。已知测压计上各液面及 A 点的标高为 $\nabla_1 = 2.0$ m,$\nabla_2 = 0.7$ m,$\nabla_3 = 2.4$ m,$\nabla_4 = 1.2$ m,$\nabla_5 = \nabla_A = 1.6$ m,$\rho_m = 13600$ kg/m^3。试确定管中 A 点的压强。

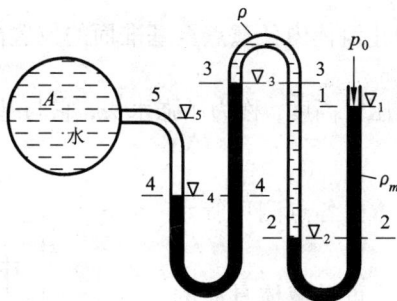

图 2 – 5 复式 U 形水银测压计

解 已知断面 1 上作用着大气压强,因此可从点 1 开始计算,通过等压面,并利用压差公式逐点推算,最后可求得 A 点的压强。

图中 2 – 2、3 – 3、4 – 4 为等压面,则

$$p_2 = \rho_m g(\nabla_1 - \nabla_2) = p_3 + \rho g(\nabla_3 - \nabla_2)$$

$$p_4 = p_A + \rho g(\nabla_5 - \nabla_4) = p_3 + \rho_m g(\nabla_3 - \nabla_4)$$

所以 A 点的压强为

$$p_A = \rho_m g(\nabla_1 - \nabla_2) - \rho g(\nabla_3 - \nabla_2) + \rho_m g(\nabla_3 - \nabla_4) - \rho g(\nabla_5 - \nabla_4)$$

将已知值代入上式，得

$$p_A = 9.8 \times 13.6 \times 10^3 \times (2.0 - 0.7 + 2.4 - 1.2) - 1\,000 \times 9.8 \times (2.4 - 0.7 + 1.6 - 1.2)$$
$$= 127.4 \times 10^3 \text{ N/m}^2 = 127.4 \text{ kN/m}^2$$

2.3　流体静力学基本方程

2.3.1　重力作用下流体静压强的分布规律

在实际工程中，静止流体的质量力常常只有重力。设直角坐标系 $Oxyz$，z 轴垂直向上为正，则有 $f_x = 0, f_y = 0, f_z = -g$。令流体表面压强为 p_0，流体内部任一点压强为 p，将结果代入式(2-5)，得

$$\mathrm{d}p = -\rho g \mathrm{d}z$$

对于不可压缩均质流体，ρ 为常数，积分上式得

$$p = -\rho g z + C_1 \qquad (2-9)$$

式中 C_1 为积分常数；在自由表面 $z = z_0$，$p = p_0$，代入式(2-9)得 $C_1 = p_0 + \rho g z_0$，所以

$$p = p_0 + \rho g (z_0 - z) = p_0 + \rho g h \qquad (2-10)$$

式中：$h = z_0 - z$ 表示点与液体表面的高差，称为淹没深度。式(2-9)是流体静力学基本方程，说明了重力作用下的流体静压强分布规律。它表明，重力场中的静止流体，静压强与 h 呈线性关系，自由表面压强 p_0 可以等值地传递到流体内部各点，这就是巴斯加定律。

由式(2-9)容易得出下列形式的流体静力学基本方程

$$z + \frac{p}{\rho g} = C \qquad (2-11)$$

式中，$C = \dfrac{C_1}{\rho g}$ 仍为常数。z 为静止流体内任意点至基准面的位置高度，称位置水头，它与基准面的选择有关；$\dfrac{p}{\rho g}$ 为该点的测压管高度，称为压强水头，它与基准面位置的选择无关；$z + \dfrac{p}{\rho g}$ 称为该点的测压管水头。

式(2-11)表明，静止液体内各点测压管水头等于常数(图2-6)。

从能量的角度，z 表示单位重量液体具有的位置势能，$\dfrac{p}{\rho g}$ 表示单位重量液体具有的压强势能，简称压能。$z + \dfrac{p}{\rho g}$ 表示单位重量液体具有的总势能。$z + \dfrac{p}{\rho g} = C$ 的能量意义表明：在静止液体中，单位重量液体的势能是守恒的，但位能和压能可互相转化。

对于同一静止流体中任意两点来讲，式(2-11)可以写为

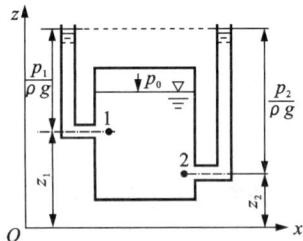

图2-6　流体静力学基本方程的物理意义

$$z_1 + \frac{p_1}{\rho g} = z_2 + \frac{p_2}{\rho g} \qquad (2-12)$$

式中：z_1，z_2 分别为任意两点在 z 轴上的铅垂坐标，p_1，p_2 分别为上述两点的静压强。

[例题 **2-2**] 为测量锅炉中水面上蒸汽的绝对压强，安装复式水银测压计如图 2-7(a) 所示，已知 $H = 3$ m，$h_1 = 1.4$ m，$h_2 = 2.5$ m，$h_3 = 1.2$ m，$h_4 = 2.3$ m，水银的密度为 $\rho_m = 13600$ kg/m^3，试计算 p。

解 根据等压面的概念，1-1、2-2、3-3 为等压面，如图 2-7(b)，所以

$$p_1 = p + \rho g(H - h_1)$$
$$p_1 = p_2 + \rho_m g(h_2 - h_1)$$
$$p_2 + \rho g(h_2 - h_3) = p_3$$
$$p_3 = p_a + \rho_m g(h_4 - h_3)$$

联解上述四式，得

$$\begin{aligned}
p &= \rho_m g(h_2 - h_1 + h_4 - h_3) - \rho g(H - h_1 + h_2 - h_3) \\
&= 13\,600 \text{ kg/m}^3 \times 9.8 \text{ m/s}^2 \times (2.5 \text{ m} - 1.4 \text{ m} + 2.3 \text{ m} - 1.2 \text{ m}) \\
&\quad - 1\,000 \text{ kg/m}^3 \times 9.8 \text{ m/s}^2 \times (3 \text{ m} - 1.4 \text{ m} + 2.5 \text{ m} - 1.2 \text{ m}) \\
&= 264.8 \text{ kN/m}^2
\end{aligned}$$

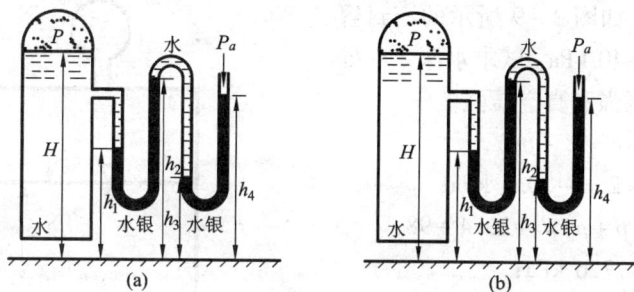

图 2-7　例题 2-2 图

2.3.2　压强的表示方法和计量单位

1. 计算基准

计量压强的大小可以由不同基准（即计算点）起算，因而有不同的表示方法。

以设想没有气体存在的完全真空作为计算零点算起的压强称为绝对压强，以符号 p' 表示。

由于液体表面或建筑物表面多为当地大气压强，并且很多压力表测得的是绝对压强与当地大气压强的差值。所以把当地大气压强作为零点算起的压强，称为相对压强，以 p 表示。绝对压强和相对压强之间差一个当地大气压，关系式如下：

$$p = p' - p_a \qquad (2-13)$$

式中 p_a 为当地大气压强。显然，绝对压强总是正值，相对压强可正可负。如果自由表面的压强 $p_0 = p_a$，则式(2-10)可改写为 $p = \rho g h$。

当液体中某点的相对压强为负值，即绝对压强小于大气压强 p_a 时，称该点存在真空。在工程中，真空可以被利用（如吸水），也可能引起危害（如空化现象）。真空压强以 p_v 表示，则

$$p_v = p_a - p' \qquad (2-14)$$

图 2-8 反映了绝对压强、相对压强和真空压强的关系。

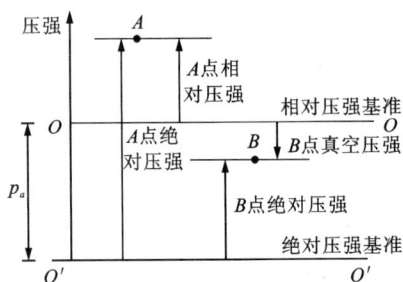

图 2-8　不同基准的压强关系

2. 压强的计量单位

实际工程中，常用三种计量单位表示压强的数值。第一种单位是从压强的定义出发，以单位面积上的作用力表示，单位为 N/m^2，kN/m^2 或对应写作 Pa，kPa。第二种单位是用液柱高度表示，由 $p = \rho g h$，得 $h = \dfrac{p}{\rho g}$，常用水柱高（mH_2O）或水银柱高（$mmHg$）表示。第三种单位是用大气压强的倍数表示。国际单位制规定，1 个标准大气压 $= 101\,325\ Pa = 760\ mmHg$，采用的标准为纬度 45° 海平面上，温度为 0℃ 时的大气压强。为便于计算，工程上有时采用工程大气压来表示压强，1 个工程大气压 $= 98 \times 10^3\ Pa = 10\ mH_2O = 736\ mmHg$。

[例题 2-3]　如图 2-9 所示的密封容器，压力表读数为 $-40\ kPa$。试求水深 2 m 处的绝对压强、相对压强和真空压强。

解　相对压强：$p = p_0 + \rho g h$，
$p = -40 + 9.8 \times 2 = -20.4\ kPa$；
绝对压强：$p' = p + p_a = -20.4 + 98$
$= 77.6\ kPa$；
真空压强：$p_v = p_a - p' = -p = 20.4\ kPa$。

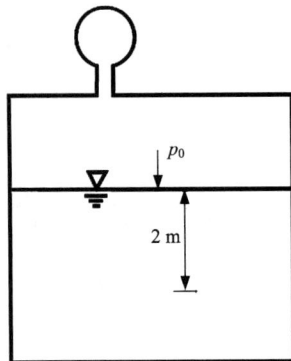

图 2-9　例题 2-3 图

2.4　作用于平面上的流体总压力

2.4.1　流体静压强分布图

静止液体的压强分布规律，可以用静压强分布图（如图 2-10）来表示。由于平面或曲面的两边同时受到大气压的作用，因此只需画出相对压强分布图。静压强分布图用长度线段表示静压强的大小，用箭头标出流体静压强的方向，并与该处作用面相垂直。由于流体静压强与淹没深度呈线性关系，在受压面为平面的情况下，只要绘出受压面两端点的静压强后，连以直线即可。当受压面为曲面时，压强分布图如图 2-10（c）所示。

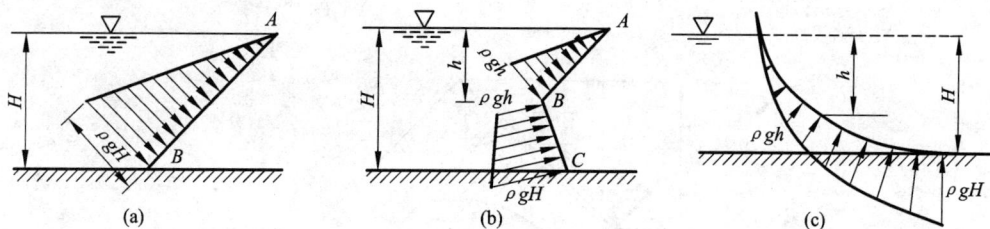

图 2 - 10 压强分布图

2.4.2 作用于矩形平面上的总压力

如图(2-11)所示的一矩形平面，上边与水面平行，上边的淹没深度为 h_1，底边的淹没深度为 h_2。由于矩形平面上的流体静压强是平行分布的[图 2-11(a)]，根据合力为各分力的总和原则，作用在矩形平面上液体总压力的大小应等于压强分布图的体积[图 2-11(b)]，即压强分布图的面积 Ω 乘以矩形的宽度 b。写成数学表达式

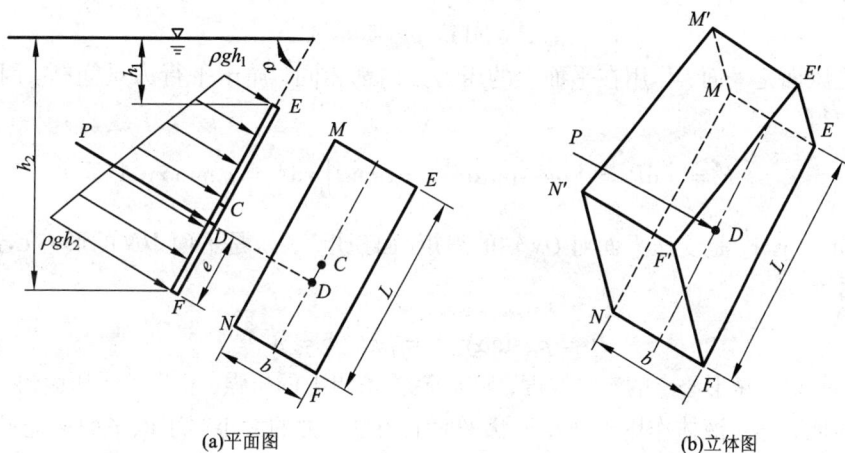

(a)平面图　　　　　　　　　　　(b)立体图

图 2 - 11 矩形平面上的总压力

$$P = \Omega b = \frac{1}{2}\rho g(h_1 + h_2)Lb \qquad (2-15)$$

当压强分布图为三角形时，合力 P 的作用线距底边的距离 $e = \frac{1}{3}L$，当压强分布图为梯形时[如图 2-11(a)所示]，$e = \frac{L}{3}\left(\frac{2h_1 + h_2}{h_1 + h_2}\right)$。

2.4.3 作用于任意平面上的总压力

当受压面是不规则平面时，静水总压力的计算较为复杂。设在静止液体中有一与水平面呈 α 角的任意形状平面 MN，平面面积为 A，平面形心点为 C，如图(2-12)所示，为了分析

方便, 将平面 MN 绕 Oy 轴旋转 $90°$, 平面 MN 的延长面与水面的交线为 Ox 轴。

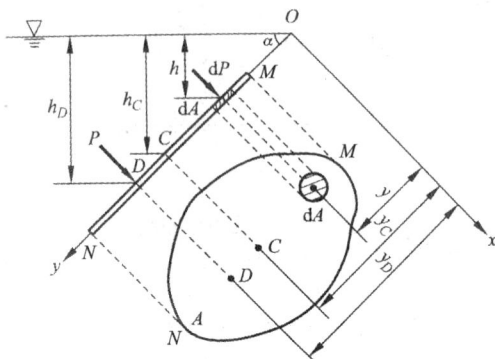

图 2 – 12　任意平面上的总压力

1. 总压力的大小和方向

在平面 MN 上任取一微小面积 dA, 其形心在水面以下的深度为 h, 纵坐标为 y, 则作用于该微小面积 dA 上的合力为

$$dP = pdA = \rho gy\sin\alpha dA$$

由于受压面是平面, 作用在平面上的压力方向都相同, 属于平行力系问题。因此总压力可用积分求得

$$P = \int_A dP = \int_A \rho gy\sin\alpha dA = \rho g\sin\alpha\int_A ydA = \rho g\sin\alpha y_C A$$

式中, $\int_A ydA = y_C A$, 是受压平面对 Ox 轴的静矩(面积矩), y_C 是平面 MN 的形心 C 到 Ox 轴的距离, 所以

$$P = \rho g\sin\alpha y_C A = \rho gh_C A = p_C A \qquad (2-16)$$

式中, h_C 为平面 MN 形心点的淹没深度, 则 p_C 为形心点上的压强, 相当于受压面的平均压强。

上式表明, 静止液体作用于任意形状平面上的总压力的大小等于该平面的淹没部分面积与其淹没部分形心处流体静压强的乘积。总压力的方向垂直于平面、并指向平面。

2. 总压力作用点 D(压力中心)

根据合力对任意轴的力矩等于各分力对该轴力矩的代数和这个原理, 可以求出压力中心 D 点的位置。设压力中心的坐标值为 (x_D, y_D)。

各分力对 Ox 轴的力矩和为

$$\int_A ydP = \int_A \rho gy^2 \sin\alpha dA = \rho g\sin\alpha\int_A y^2 dA$$

令 $\int y^2 dA = I_x$ 表示平面 MN 对 Ox 轴的惯性矩, 根据平行移轴定理:

$$I_x = I_C + y_C^2 A$$

式中, I_C 表示平面 MN 对于通过其形心 C 且与 Ox 轴平行的轴线的惯性矩。

总压力 P 对 Ox 轴的力矩为

$$Py_D = \rho g\sin\alpha \cdot y_C \cdot A \cdot y_D$$

所以

$$\rho g \sin\alpha(I + y_C^2 A) = \rho g \sin\alpha \cdot y_C \cdot A \cdot y_D$$

化简后得到

$$y_D = y_C + \frac{I_C}{Ay_C} \tag{2-17}$$

式(2-17)表明 $y_D > y_C$，即压力中心 D 通常低于平面的形心 C。

通过类似推导，可得到 x_D。由于工程上所遇到的平板多数具有与 Oy 轴平行的对称轴，压力中心必位于此对称轴上，不需计算 x_D。

[**例题 2-4**] 如图 2-13(a) 所示倾斜的矩形桥头路堤，水深 $h = 4$ m，边坡角 $\alpha = 60°$，试用解析法和图解法计算单位宽度路堤受到的静水总压力。

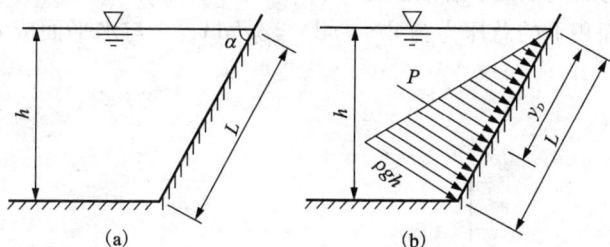

图 2-13 矩形桥头路堤图

解 ①解析法

根据式(2-16)，$P = p_c A = \rho g h_c b L$

$$L = \frac{h}{\sin 60°} = \frac{4}{0.866} = 4.62 \text{ m}$$

$$h_c = \frac{h}{2} = 2 \text{ m}$$

$$P = (9.8 \text{ kN/m}^3) \times 2 \text{ m} \times 1.0 \text{ m} \times 4.62 \text{ m} = 90.55 \text{ kN}$$

$$y_D = y_C + \frac{I_C}{Ay_C}$$

对于矩形平面，绕形心轴的面积惯矩为

$$I_C = \frac{bL^3}{12} = \frac{1.0 \times (4.62)^3}{12} = 8.22 \text{ m}^2$$

$$y_C = \frac{L}{2} = \frac{4.62}{2} = 2.31 \text{ m}$$

$$y_D = 3.08 \text{ m}$$

②图解法

首先作流体静压强分布图[图2-13(b)]，压强分布图为三角形，其面积为

$$\Omega = \frac{1}{2}\rho g h \cdot L = \frac{1}{2} \times (9.8 \text{ kN/m}^3) \times 4 \text{ m} \times 4.62 \text{ m} = 90.55 \text{ kN/m}$$

静水总压力

$$P = \Omega b = 90.55 \times 1.0 = 90.55 \text{ kN}$$

静水总压力作用点距底边的斜距为

$$e = L/3 = 4.62 \text{ m}/3 = 1.54 \text{ m}$$

总压力距水面的斜距为

$$y_D = L - e = 4.62 - 1.54 = 3.08 \text{ m}$$

2.5 作用于曲面上的流体总压力

在工程中经常会遇到受压面为曲面的情况，如弧型闸墩或边墩、拱坝、拱面等。由于曲面上各部分所受液体压力的大小和方向不相同，构成了复杂的空间力系。下面讨论作用在二向曲面上的静水总压力。

图 2 – 14 中 AB 为二向曲面，沿单位宽度在 AB 上取任意微小面积 dA，其形心在水下的深度为 h，作用于微小面积上的总压力为 $dP = pdA = \rho g h dA$，它与水平面成 α 角。将 dP 投影到水平方向，有

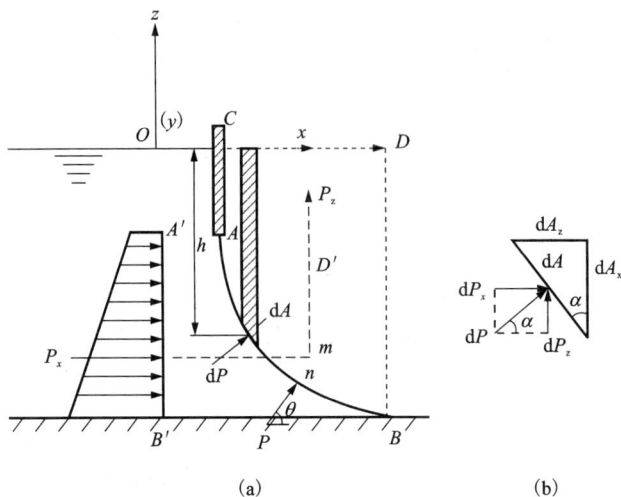

图 2 – 14 二维曲面上的液体总压力

$$dP_x = dP \cdot \cos\alpha = \rho g h dA \cos\alpha = \rho g h dA_x$$

式中，$dA_x = dA\cos\alpha$ 是微小面积 dA 在垂直面上的投影。则整个曲面 AB 上的水平分力为

$$P_x = \int_{Ax} dP_x \int_{Ax} \rho g h dA_x = \rho g \int_{Ax} h dA_x \qquad (2-18)$$

按静面矩定理，有 $\int_{Ax} h dA_x = h_c A_x$，$A_x$ 为曲面 MN 在垂直面上的投影面积。则

$$P_x = \rho g h_c A_x = p_c A_x \qquad (2-19)$$

上式与式（2 – 16）完全一致。所以，静止液体作用在曲面上的总压力 P 的水平分力 P_x 等于曲面在铅垂投影面上的静水总压力，其作用线也可按照式（2 – 17）计算。

将 dP 投影到垂直方向，有

$$dP_z = dP\sin\alpha = \rho g h dA\sin\alpha = \rho g h dA_z$$

式中，$h\mathrm{d}A_z$ 表示以 $\mathrm{d}A_z$ 为底，h 为高的水柱体的体积。则作用于整个曲面 AB 上的垂直分力为

$$P_z = \int_{Az} \mathrm{d}P_z = \rho g \int_{Az} h\mathrm{d}A_z = \rho g \int_V \mathrm{d}V = \rho g V \qquad (2-20)$$

式中，$\int_{Az} h\mathrm{d}A_z = V$ 称为压力体的体积。

由图 2-14 可知，压力体体积由以下各面围成：①曲面本身；②通过曲面边缘向自由液面或其延长面所做的铅垂面；③自由液面或其延长液面。当液体和压力体处于曲面的同侧时，称为实压力体，P_z 方向向下[图 2-15(b)]；当液体和压力体处于曲面的两侧时，称为虚压力体，P_z 方向向上[图 2-15(a)]。P_z 的作用线经过压力体的形心点。

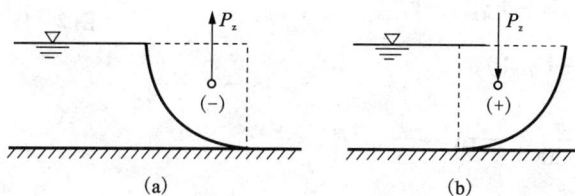

图 2-15　压力体与 P_z 的方向

作用于曲面上的静水总压力的大小为

$$P = \sqrt{P_x^2 + P_z^2} \qquad (2-21)$$

静水总压力与水平面的夹角 θ 为

$$\theta = \arctan \frac{P_z}{P_x} \qquad (2-22)$$

将 P_x 和 P_z 的作用线延长相交于 m 点，过 m 点作与水平面呈 θ 角的直线，则该直线与曲面的交点 n 即为作用点(如图 2-14 所示)。

当曲面为凹凸相间的复杂柱面时，可在曲面与铅垂面相切处将曲面分开，分别绘出各部分的压力体，定出方向，最后合成得总的垂直压力的大小和方向。

例如，绘制曲面 $ABCD$(图 2-16)的压力体。

(1)将曲面分成几段，使每一段均画出单一的压力体。以切点 B，C 为分界点，将曲面分成 AB，BC 和 CD 三段。

(2)对每一段曲面分别画出压力体。

(3)AB 与水体在同侧，P_z 向下；BC 曲面构成的压力体与水体不在同侧，P_z 向上；CD 曲面构成的压力体与水体同册，P_z 向下。

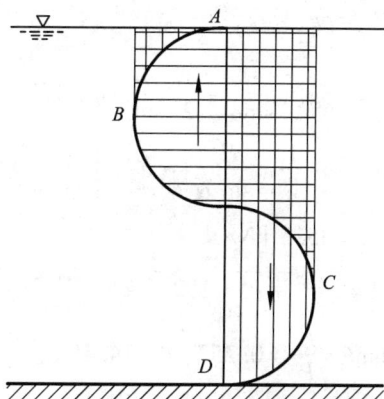

图 2-16　复杂柱面的压力体

（4）叠加处理，$P_z = \sum_1^n P_{zn}$。则：

$$P_z = \rho g V$$

[例题 2 - 5] 盛水容器底部有一半径 $r = 2.5$ cm 的圆形孔口，该孔口用半径 $R = 4$ cm，自重 $G = 2.452$ N 的圆球封闭，如图 2 - 17。已知水深 $H = 20$ cm，试求球体升起所需的拉力。

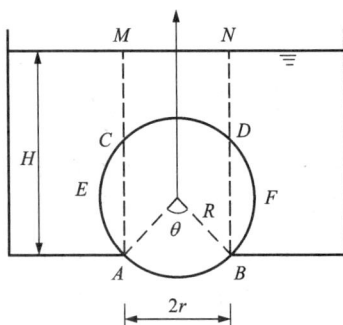

图 2 - 17 例题 2 - 5 图

解 铅直方向的静水总压力 P_z

$$P_z = \rho g \times (V_{CAE} + V_{DBF} - V_{MCDN})$$

$$= \rho g \times (V_{CAE} + V_{DBF} - V_{MABN} + V_{CADB})$$

$$= \rho g \times (\frac{4}{3}\pi R^3 - V_{MABN})$$

而 $V_{MABN} = \pi r^2 H + \dfrac{\theta}{360} \times \dfrac{4}{3}\pi R^3 - \dfrac{1}{3}\pi r^2 R \cos\dfrac{\theta}{2}$

由于 $\sin\dfrac{\theta}{2} = \dfrac{r}{R} = \dfrac{5}{8}$，$V_{MABN} = 4.3 \times 10^{-4}$ m^3，代入得：

$$P_z = -1.587 \text{ N}$$

因为 $T + P_z - G = 0$，

故 $T = 4.039$ N

[例题 2 - 6] 有一弧形闸门，闸门宽度 $b = 4$ m，闸门前水深 $H = 3$ m，对应圆心角 $\alpha = 45°$（如图 2 - 18）。求弧形闸门上的静水总压力及作用线方向。

解 $P_x = \dfrac{1}{2}\rho g H^2 b = \dfrac{1}{2} \times 9.8 \times 9 \times 4 = 176.58$ kN

$$P_z = \rho g (V_{Oabc} - \frac{1}{8}V_{圆})$$

$$= \rho g [(\frac{H}{\sin\alpha} - \frac{1}{2}\frac{H}{\sin\alpha}\cos\alpha)H$$

$$- \frac{1}{8}\pi\frac{H^2}{\sin^2\alpha}] \cdot b$$

$$= 45.5 \text{ kN}$$

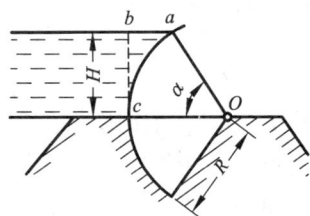

图 2 - 18 弧形闸门

$$P = \sqrt{P_x^2 + P_z^2} = 182.3 \text{ kN}$$

$$\tan\theta = \frac{P_z}{P_x} = 0.257, \quad \theta = 14.4°$$

2.6 潜体、浮体及平衡

2.6.1 浮力及阿基米德定律

漂浮在水面或浸没在水下的物体也承受静水总压力的作用。漂浮在液体自由表面的物体，称为浮体；全部浸没于液体中的物体，称为潜体；沉没于液体底部的物体，称为沉体。潜体或浮体受到铅垂向上的力，称为浮力，浮力的作用点叫浮心。

对于某一任意形状的潜体（图 2-19），选取坐标系 xOy 平面与自由液面重合，Oz 轴向下。作用于该潜体上的静水总压力可以分解为水平分力 P_x，P_y 和垂直分力 P_z。

沿潜体轮廓线作垂直于 Ox 轴的切面 ac，把潜体分为左右两部分曲面，作用于左右两部分的水平方向的静水总压力分别为

$$P_{x1} = \rho g h_c A_X$$
$$P_{x2} = \rho g h_c A_X$$

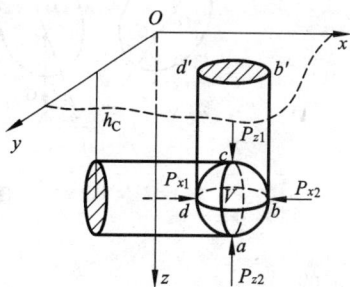

图 2-19　潜体上的总作用力

所以 $P_x = P_{x1} - P_{x2} = 0$。同理可以证明 $P_y = P_{y1} - P_{y2} = 0$。

同理，沿潜体轮廓线作垂直于 Oz 轴的切面 bd，将潜体分为上、下两部分曲面，则作用于上半部分表面上的总压力的垂直分力为 $P_{z1} = \rho g V_{bb'dd'c}$，方向向下；作用于下半部分表面上的总压力的垂直分力为 $P_{z2} = \rho g V_{bb'dd'a}$，方向向上。

液体作用于整个潜体上的总压力的垂直分力为

$$P_z = P_{z2} - P_{z1} = \rho g (V_{bb'dd'a} - V_{bb'dd'c}) = \rho g V_{abcd}$$

方向向上，压力中心就是物体的形心。

综上所述，液体作用于潜体或浮体上的总压力方向垂直向上，大小等于物体所排开的液体重量。这一原理称为阿基米德定律。

潜体和浮体除了受到浮力作用外，还受到重力 G 的作用。重力的作用线通过重心，垂直向下；浮力作用线通过压力体的中心，垂直向上。物体的沉浮是由重力和浮力的相互关系决定的。

2.6.2　潜体的平衡及稳定

潜体的平衡是指潜体在水中既不上浮也不下沉、也不发生转动的状态。当潜体处于平衡状态时，应满足：

①作用于潜体上的重力和浮力相等，即 $G = \rho g V$。

②重心和浮心位于同一条垂直线上，即合力矩 $\sum M = 0$；如果不在同一条垂直线上，重力和浮力将产生力矩使潜体转动。

当平衡的潜体受到某种外力干扰而偏离平衡位置，在干扰消失后，当重心 C 位于浮心 D 的下面，则重力和浮力构成的力偶将使潜体恢复到平衡位置，这种平衡称为稳定平衡［图 2-20(a)］；当浮心 D 位于重心 C 的下面，则重力和浮力构成的力偶将使潜体继续翻转而不再恢复到原来的平衡位置，这种平衡称为不稳定平衡［图 2-20(b)］。当浮心 D 与重心 C 位置重合，则潜体在任何位置都是平衡的，这种平衡称为随遇平衡［图 2-20(c)］。

2.6.3　浮体的平衡及稳定

浮体的平衡条件和潜体一样，但是对浮体来说，如果重心在浮心之上，其平衡仍有可能

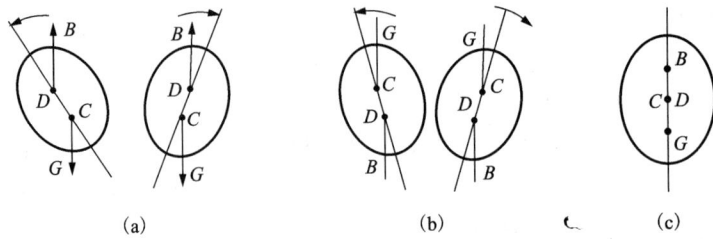

图 2-20　潜体的平衡及稳定

是稳定的。

　　设有一对称的浮体，如图 2-21 所示。由于某种原因，向右倾斜 α 角，它的重心位置 C 并不因为倾斜而改变(但如浮体内盛有液体且具有自由液面，则浮体倾斜后，重心不在原来的位置上)，而浮心则因浸入液体中的那一部分体积形状的改变，从原来的 B 移到 B' 的位置。浮体与自由液面相交的平面成为浮面，通过浮体正常平衡位置时的浮心 B 及重心 C 的直线称为浮轴。当浮体处于原来的平衡位置时，浮心和重心都在浮轴上；倾斜后浮力和浮轴不重合，相交于 M 点称为定倾中心。定倾中心到原浮心 B 的距离称为定倾半径，以 ρ 表示。重心 C 和原浮心 B 的距离称为偏心距，以 e 表示。

　　由图 2-21 不难看出，当定倾中心高于浮心，即 $\rho > e$，浮力和重力所产生的力偶使浮体平衡恢复，浮体平衡是稳定的；当定倾中心低于浮心，即 $\rho < e$，浮力和重力所产生的力偶使浮体有继续倾倒的趋势。

　　因此浮体保持稳定的条件是：定倾中心高于重心。

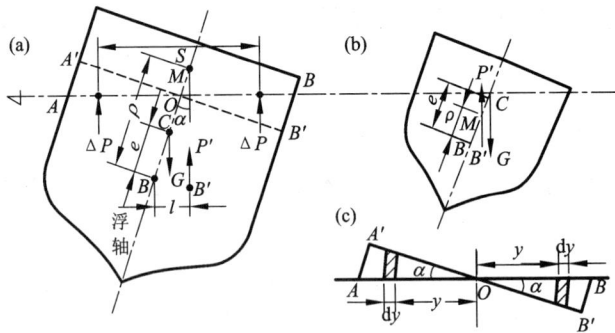

图 2-21　浮体的平衡及稳定

思　考　题

　　1. 理想流体处于静止状态时受到哪几种力的作用？

　　2. 等压面应具备什么条件？在什么条件下"静止液体内任何一个水平面都是等压面"的说法是正确的？

3. 如右图所示的容器哪一些是正确的等压面?

4. 水静力学基本方程的形式和表示的物理意义是什么?

5. 压力表和测压计测得的压强是绝对压强还是相对压强?

6. 静止液体、流动液体中,各点的测压管水头是否相等?

7. 绘制静水压强分布图的原理和方法是什么? 为什么在工程中通常只需要计算相对压强和绘制相对压强分布图?

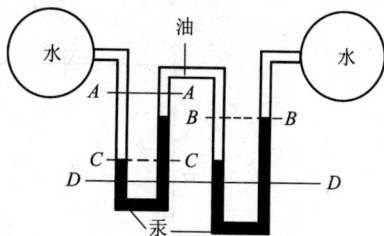

思考题 **3** 图

8. 如下图所示的容器中盛有两种不同重度的静止液体,试分析作用在容器 AB 壁面上的静水压强分布图应为哪一幅图?

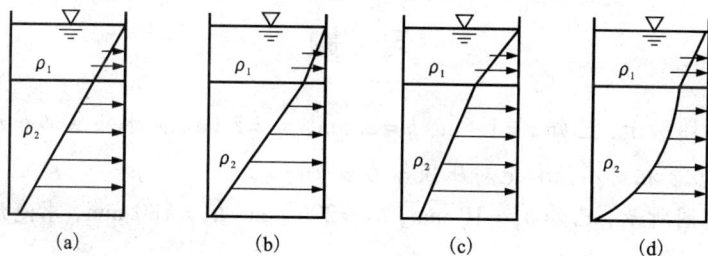

思考题 **8** 图

9. 压力中心 D 和受压平面形心 C 的位置之间有什么关系? 什么情况下 D 点与 C 点重合?

10. 有四个不同的盛水容器,如下图所示,它们的底面积 A 和水深 h 都相等。试回答:(1)各容器底面所受的静水总压力是否相等? (2)容器底面所受到的静水总压力与地面对容器的反力 N 是否相等? (容器重量不计)

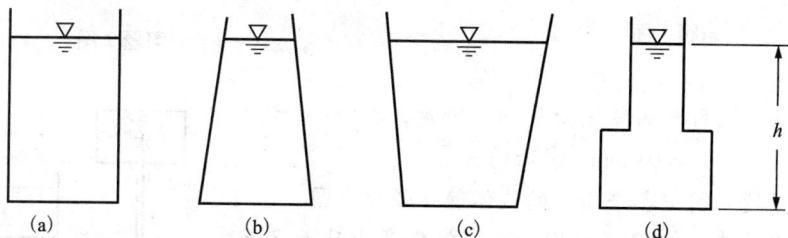

思考题 **10** 图

11. 采用图解法与解析法求解平面静水总压力时,对受压面的形状是如何规定的? 为什么?

12. 如何确定压力体的体积? 如何判断铅垂方向作用力 P_z 方向?

13. 如图所示的容器(a)中盛有密度为 ρ_1 的液体,容器(b)中盛有密度为 ρ_1 和 ρ_2 的两种液体,试分析两个容器中曲面 AB 上压力体及压力是否相同。

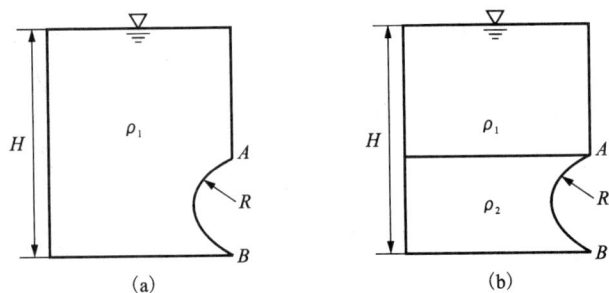

思考题 13 图

习　题

1. 如习题 1 图所示,已知 $z = 1.5\,\mathrm{m}$, $h = 2.5\,\mathrm{m}$, $p_0 = 2\,\mathrm{Pa}$。问水箱底部和水下 1 m 处的测压管水头各为多少? 相对压强和绝对压强各为多少?

2. 如习题 2 图所示,已知 $h_1 = 10\,\mathrm{mm}$, $h_2 = 200\,\mathrm{mm}$, $h_3 = 180\,\mathrm{mm}$,求淹没深度 H。

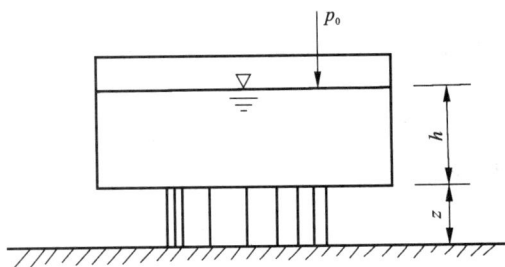

习题 1 图

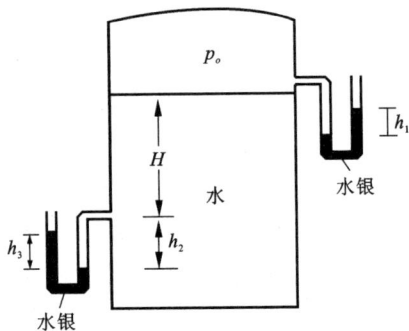

习题 2 图

3. 用习题 3 图所示的装置测量油的密度,已知: $h = 75$ mm, $h_1 = 150\,\mathrm{mm}$, $h_2 = 10\,\mathrm{mm}$,求油的密度。

4. 画出习题 4 图中各平面上的流体静压强分布图。

5. 有一水箱装置如习题 5 图所示,箱底高出地面 3.5 m,箱中水深 2.5 m,水箱的自由面绝对压强为 65 kN/m² (0.65 工程大气压)。求:①若以地面为基准面,A、B 两点的位能、压能及测压管水头各为多少? ②若以水箱为基准面,A、B 两点的位能、压能及测压管水头又各为多少?

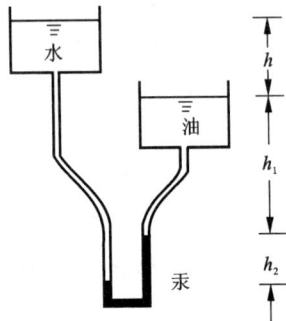

习题 3 图

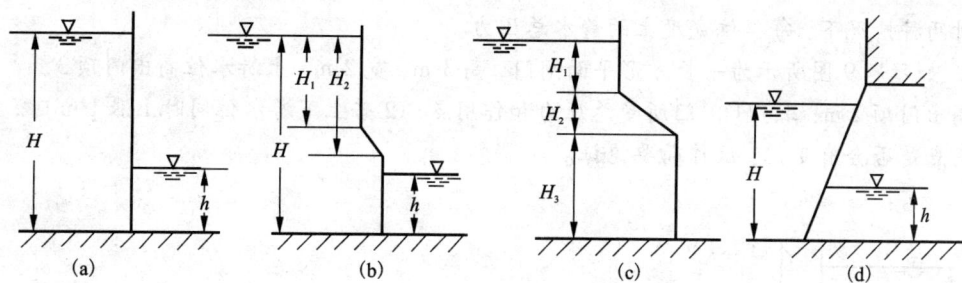

习题 4 图

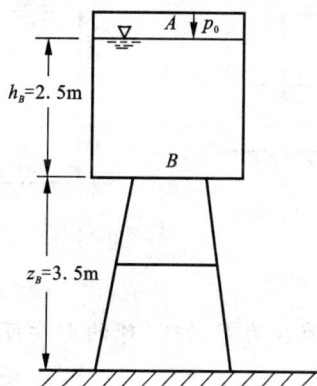

习题 5 图

6. 如习题 6 图所示为一船闸闸室的人字门，已知闸室的宽度 $b = 10$ m，上游水深 $h_1 = 10$ m，闸室中水深 $h_2 = 5$ m，求每扇闸门上的静水总压力 P 及其作用点。

7. 矩形平板闸门 AB 一侧挡水，如习题 7 图所示，已知闸门长 $l = 3$ m，宽 $b = 1$ m，形心点水深 $h_c = 2.5$ m，倾角 $\alpha = 30°$，闸门上缘 A 处设有转轴，闸门自重 $G = 30$ kN，若不计门轴摩擦力，试求开启闸门所需拉力 T。

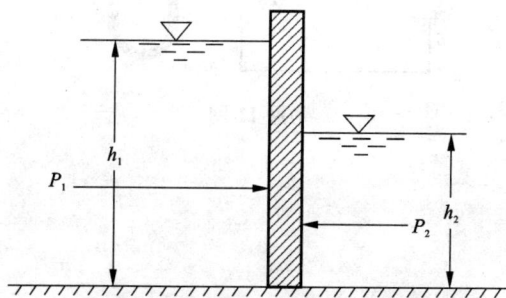

习题 6 图

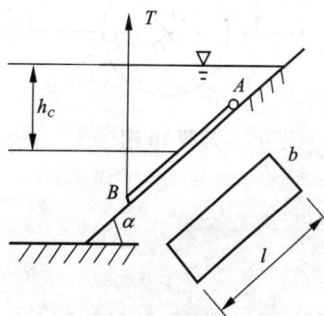

习题 7 图

8. 如习题 8 图所示为一混凝土重力坝，为了校核坝的稳定性，试分别计算当下游有水和无水时两种情况下，每单位宽度上的静水总压力。

9. 如习题 9 图所示为一长方形平面闸门，高 3 m，宽 2 m，上游水位高出门顶 3 m，下游水位高出门顶 2 m，求：①闸门所受总压力和作用点；②若上下游水位同时上涨 1 m 时，总压力作用点是否会有变化？试作简要论证。

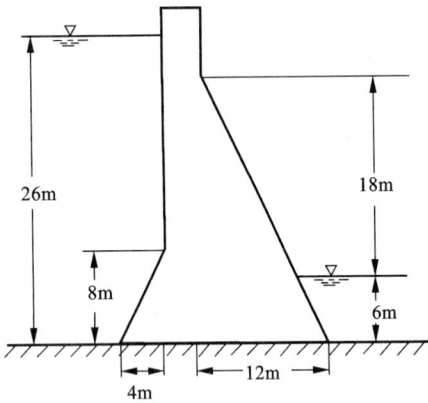

习题 8 图

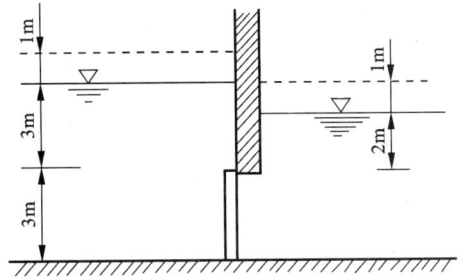

习题 9 图

10. 如习题 10 图所示，一个直径为 D 的球(球的重量可忽略)处于平衡状态，导出 D 与 ρ_1，ρ_2，h_1，h_2 的关系式。

11. 如习题 11 图所示的密闭盛水容器，已知 $h_1 = 50$ cm，$h_2 = 120$ cm，水银测压计读数 $\Delta h = 25$ cm。试求半径 $R = 0.5$ m 的半球形盖 AB 所受铅直方向和水平方向的静水总压力。

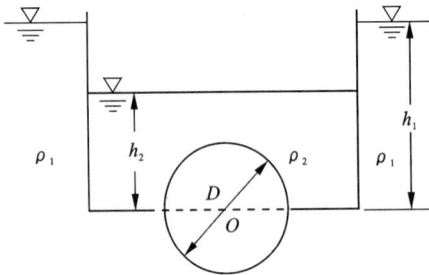

习题 10 图

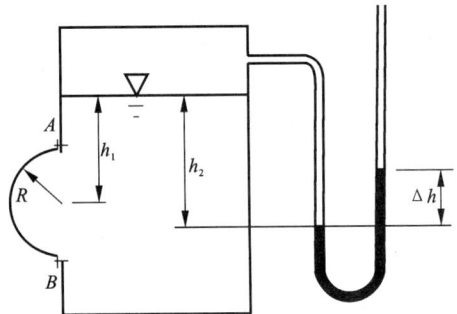

习题 11 图

12. 试画出以习题 12 图中各曲面上的压力体剖面面图，并指出垂直压力的方向。

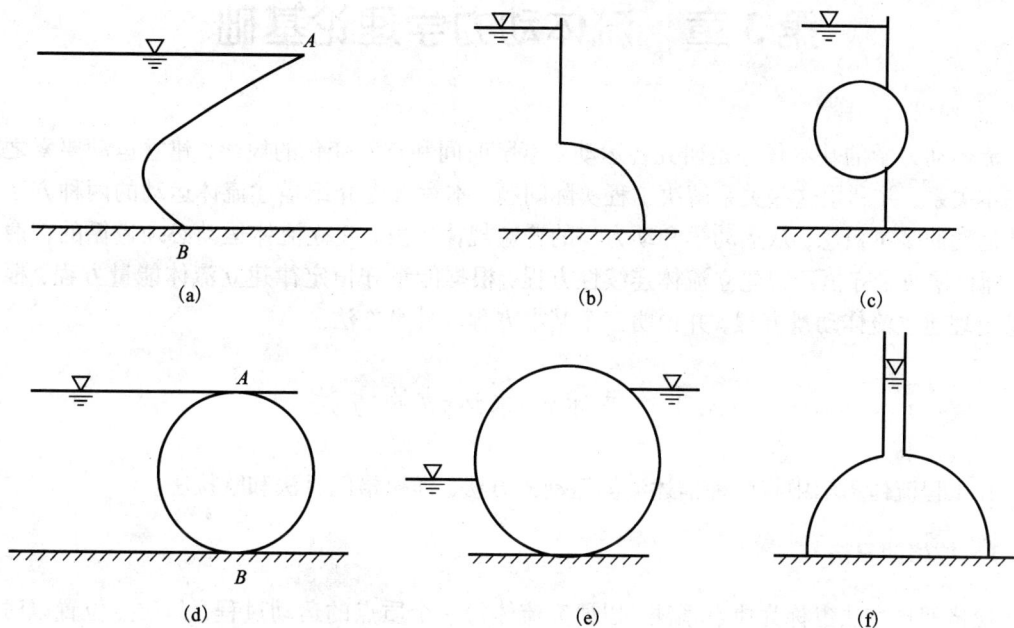

(a)　　　　　　　　(b)　　　　　　　　(c)

(d)　　　　　　　　(e)　　　　　　　　(f)

习题 12 图

13. 如习题 13 图为一弧形闸门，半径 $R = 7.5$ m，挡水深度 $h = 4.8$ m，旋转轴距渠底 $H = 5.8$ m，闸门宽度 $b = 6.4$ m。试求作用于闸门上的静水总压力的大小及作用点。

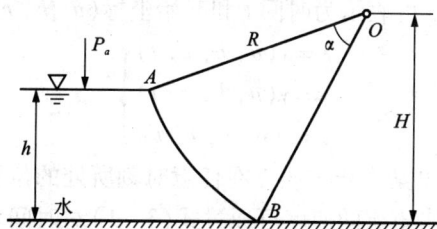

习题 13 图

第3章 流体动力学理论基础

流体动力学的基本任务是研究各运动要素随时间和空间变化的规律，建立运动要素之间的基本关系，并利用这些关系解决工程实际问题。本章首先介绍描述流体运动的两种方法和流体运动的基本概念，从运动学和动力学的普遍规律出发，建立流体运动必须遵循的普遍规律，即根据质量守恒定律建立流体连续性方程，根据能量守恒定律建立流体能量方程，根据动量定理建立流体动量方程，并说明三个基本方程的计算方法。

3.1 描述流体运动的方法

在工程流体力学中有两种描述流体运动的方法，即拉格朗日法和欧拉法。

3.1.1 拉格朗日法

拉格朗日方法也称为质点系法，以研究流体每一个质点的运动过程，即质点位置以时间的变化规律为基础，通过综合足够多的质点（即质点系）运动求得整个流动。在河面上放一个浮标，跟踪浮标的运动位置，可了解浮标的运动状况，如果放置足够多的浮标，就可以得到整个河面水流运动状况，这是拉格朗日法的例子。用 $t = t_0$ 时刻某质点（浮标）所在的空间位置坐标 (a, b, c) 作为区别不同质点的标记，考察该质点的运动状态，改变 (a, b, c) 的数值代表不同的质点。(a, b, c) 和时间 t 一起被称为拉格朗日数，任意时刻 t，质点占用的空间坐标为 (x, y, z)，称为运动坐标，可表示为时间 t 和起始坐标 (a, b, c) 的函数。

$$\left.\begin{array}{l} x = x(a, b, c, t) \\ y = y(a, b, c, t) \\ z = z(a, b, c, t) \end{array}\right\} \qquad (3-1)$$

根据式 $(3-1)$，可以得出某个指定质点在任意时刻所处的位置，亦可得出某一瞬间不同质点在空间的分布情况。流体质点的速度可通过式 $(3-1)$ 对时间求偏导数得到，流体质点的加速度可表示为流体质点的坐标对时间的二阶偏导数。

由于流体质点的运动轨迹非常复杂，而实用上也无须知道个别质点的运动情况，所以除了少数情况（如波浪运动）外，在工程流体力学中很少采用拉格朗日方法。

3.1.2 欧拉法

运动流体所占据的空间称为流场。欧拉法也称为流场法或空间点法，从流体质点流经流场中各空间点的运动状况着手，通过观察在流动空间中的每一个空间点上运动要素（速度、加速度、压强等）随时间的变化，把足够多的空间点综合起来而得出整个流体的运动情况。

由于欧拉法直接得到的是固定空间点的流速，在一般情况下，同一时刻不同空间点上流体质点的速度是不同的；不同时刻同一空间点上流体质点的速度亦不相同。因此可以把流场中任一点的流速表示为时间和空间坐标的连续函数：

$$u_x = u_x(x, y, z, t)$$
$$u_y = u_y(x, y, z, t)$$
$$u_z = u_z(x, y, z, t)$$
(3-2)

式(3-2)中 x, y, z 是空间点坐标, t 为时间, x, y, z, t 称为欧拉变数。

同样,流场内其他运动要素如压强、密度可表示为

$$p = p(x, y, z, t)$$
(3-4)
$$\rho = \rho(x, y, z, t)$$
(3-5)

加速度是速度的变化率,由于流速是时间的复合函数,将式(3-2)对时间求全导数,并考虑到流体质点的速度分量为 $\frac{dx}{dt} = u_x, \frac{dy}{dt} = u_y, \frac{dz}{dt} = u_z$,可得到质点通过流场中任意点的加速度在各坐标轴上的投影。

$$a_x = \frac{du_x}{dt} = \frac{\partial u_x}{\partial t} + \frac{\partial u_x}{\partial x}u_x + \frac{\partial u_x}{\partial y}u_y + \frac{\partial u_x}{\partial z}u_z$$
$$a_y = \frac{du_y}{dt} = \frac{\partial u_y}{\partial t} + \frac{\partial u_y}{\partial x}u_x + \frac{\partial u_y}{\partial y}u_y + \frac{\partial u_y}{\partial z}u_z$$
$$a_z = \frac{du_z}{dt} = \frac{\partial u_z}{\partial t} + \frac{\partial u_z}{\partial x}u_x + \frac{\partial u_z}{\partial y}u_y + \frac{\partial u_z}{\partial z}u_z$$

式中,左端分别为 x, y, z 方向速度的变化率即加速度分量,它们都由当地加速度和迁移加速度组成。当地加速度(各式右端第一项,也称时变加速度)是指同一空间点上液体质点速度随时间的变化率;迁移加速度(各式右端后三项,也称位变加速度)是同一时刻由于相邻空间点上速度差的存在使液体质点得到的加速度。

拉格朗日法和欧拉法只是流体运动的两种不同的表示方法,对于同一流动问题,既可用拉格朗日法描述,也可用欧拉法描述,但欧拉法更常用。

3.2 流体运动的基本概念

3.2.1 恒定流和非恒定流

恒定流是指流场中所有空间点上各运动要素均不随时间而变化(图3-1)。以 ψ 表示任一运动要素,则恒定流的数学表达式为:

$$\frac{\partial \psi}{\partial t} = 0$$
(3-6)

非恒定流是指流场中各空间点上的运动要素中,有任何一个随时间变化而变化的流动(图3-2)。

在实际工程中,常把运动要素随时间变化很缓慢的非恒定流,近似作为恒定流来处理。

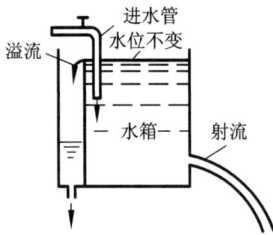

图 3-1　恒定流

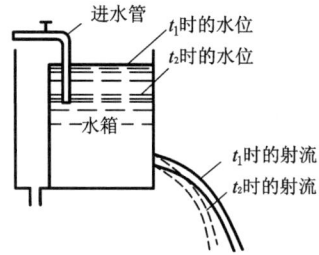

图 3-2　非恒定流

3.2.2　迹线与流线

迹线是某一质点在某一时段内的运动轨迹线。拉格朗日法正是通过跟踪液体质点的运动来研究液体运动的，因此可以从拉格朗日法直接得到迹线方程。

流线是表示某一瞬时在流场中绘出的曲线，曲线上任一点的速度矢量与该曲线相切，如图3-3所示。流线是分析流动的重要概念，恒定流中，流速的方向不随时间变化，流线的形状和位置也不随时间而改变，流线与迹线重合；非恒定流中，流速的方向随时间变化，流线的形状和位置也随时间改变，流线与迹线不重合；由于同一个质点不能同时有两个速度向量，所以一般情况下同一时刻的不同流线不能相交（速度为零和无穷大的点是例外）。流线不能是折线，而是一条光滑的曲线。流线密集的地方流速大，稀疏的地方流速小。

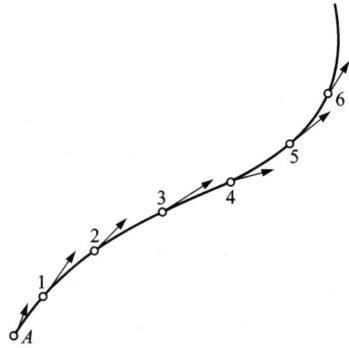

图 3-3　流线

3.2.3　流管、流束、总流、过流断面

在流场中任意取一与流线不重合的封闭曲线，通过该封闭曲线的每一点作流线，这些流线所组成的管状封闭曲面称为流管，如图 3-4 所示。显然，液体不能通过流管的侧面流入或流出流管。

充满流管中的液流称为流束，当流束的横截面面积无限小时，所得到的流束为微小流束，此时流束趋近于流线。由于微小流束横断面面积很小，一般可将微小流束横断面上各点的流速和压强认为是相等的。

实际液体流动都具有一定规模的边界，当流管的封闭曲面取在液流边界，所得流束称为总流。总流是微小流束的集合，自然界和工程中所遇到的管流和河渠水流都是总流。

与流束中所有流线相垂直的横断面称为过流断面。显然，当所有流线相互平行时，过流断面为平面，否则为曲面。

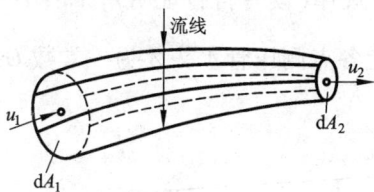

图 3 – 4　流管

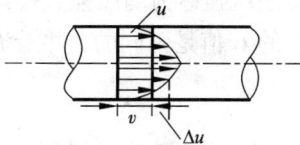

图 3 – 5　总流过流断面的流速分布

单位时间内通过某一过流断面的流体体积称为流量，一般用 Q 表示，常用单位为 m^3/s。

在总流中任取一微小流束，其过流断面面积为 dA，令 dA 面上的流速为 u，则通过微小流束的流量 dQ 为

$$dQ = udA \tag{3-7}$$

通过总流过流断面的流量应等于所有组成总流的微小流束的流量之和，即

$$Q = \int_Q dQ = \int_A udA \tag{3-8}$$

总流过流断面上的流速一般是不相等的（如图 3 – 5）。工程实际中，为研究的方便，引入断面平均流速的概念，即采用一个平均值 v 来代替各点的实际流速，使过流断面上各点的流速都等于 v 时通过的流量与实际流速分布不均匀时所通过的流量相等，则流速 v 就称为断面平均流速。根据上述定义，得到

$$v = \frac{Q}{A} = \frac{\int_A udA}{A} \tag{3-9}$$

3.2.4　一元流、二元流、三元流

为了将实际工程中的复杂水流运动进行简化，根据流场中运动要素和空间坐标的关系，将水流运动分为一元流、二元流和三元流。所谓一元流是指流场中任意点的运动要素是一个空间坐标的函数的流动。如分析管道内的液流运动，引入断面平均流速的概念，就可作为一元流来分析。同样，二元流是指流动流体的运动要素是两个空间坐标（不限于直角坐标）函数的流动。例如在宽浅的矩形断面顺直渠道中的水流，渠道两侧壁面的影响范围很小，但分析其影响范围之外的流动时，则运动要素可作为仅是 x 和 y 坐标及时间 t 的函数，将其作为二元流来分析。三元流是指流场中任意点的运动要素是三个空间坐标函数的流动。

3.2.5　均匀流与非均匀流

当流场中同一条流线各空间点上的流速（包括大小和方向）相同，该流动称为均匀流，否则称为非均匀流。例：等直径的直线管道中的水流或者断面形状和水深不变的长直渠道中的水流都是均匀流的典型例子（图 3 – 6）；流体在收缩管、扩散管或弯管中的流动都是非均匀流。均匀流具有如下特性：

(1)均匀流的流线是相互平行的直线；

(2)过流断面的形状、尺寸沿程不变，过流断面上的流速分布沿程不变，过流断面是平面；

(3)过流断面上的动压强分布规律符合静压强分布规律(读者自行证明),即$z + \dfrac{p}{\rho g} = C$。流体运动中的压强称为动压强,只有在同一过流断面上各点测压管水头才为一常数C,不同过流断面上的C值是不同的,并沿流程递减。

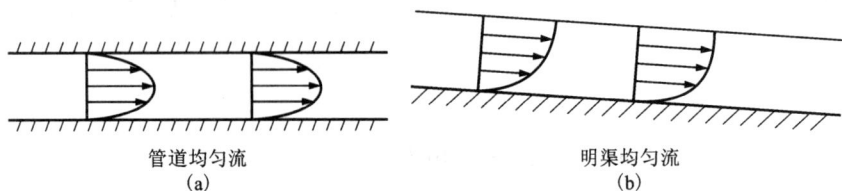

管道均匀流
(a)

明渠均匀流
(b)

图3-6 均匀流

非均匀流按流速的大小和方向沿流线变化的缓急程度,分为渐变流与急变流。流速的大小和方向沿流线变化缓慢的非均匀流为渐变流[图3-7(a),(b)],否则为急变流(图3-8)。

夹角很小,接近于平行线
(a)

弧度很小,接近于平行线
(b)

图3-7 渐变流

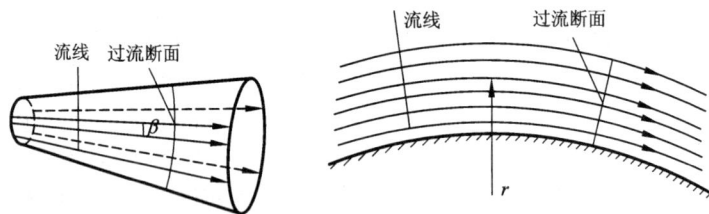

图3-8 急变流

渐变流的流线之间的夹角很小,即流线几乎是平行的,同时流线的曲率半径又很大(即流线几乎是直线),过流断面近似看作是平面,过流断面上的动压强分布规律与静压强分布规律相同,即在同一过流断面上各点测压管水头为一常数。渐变流的加速度很小,惯性力也很小,可以忽略不计。

急变流的流线间夹角很大或曲率半径较小或二者兼而有之,流线是曲线,过流断面是曲面。急变流的加速度较大,因而惯性力不可忽略。

引入渐变流和急变流的概念具有工程实际意义,但是它们之间没有明显的界限,没有定量标准,视具体问题所要求的精度而定。

3.3　恒定总流的连续性方程

流体运动必须遵循质量守恒的普遍规律，由连续介质的概念和质量守恒原理出发，可导出恒定总流连续方程。从恒定总流中任取一段微小流束（如图 3-9），令过流断面 1-1 的面积和相应的流速分别为 dA_1 和 u_1，过流断面 2-2 的面积和相应的流速分别为 dA_2 和 u_2。在 dt 时段内，从 1-1 断面流入的流体质量为 $\rho_1 u_1 dA_1 dt$，从 2-2 断面流出的流体质量为 $\rho_2 u_2 dA_2 dt$。在恒定流条件下，由于微小流束的形状和尺寸均不随时间变化，而且通过流管侧壁没有流体流入或流出，因此，根据质量守恒定律，在 dt 时段内从 1-1 断面流入的质量应等于从 2-2 断面流出的质量，即

$$\rho_1 u_1 dA_1 dt = \rho_2 u_2 dA_2 dt$$

对于不可压缩流体的连续介质，

$$\rho_1 = \rho_2 = \rho$$

化简得

$$u_1 dA_1 = u_2 dA_2$$

或写作

$$dQ = u_1 dA_1 = u_2 dA_2 \tag{3-10}$$

式（3-10）为恒定不可压缩流体微小流束的连续性方程。将式（3-10）对总流过流断面积分

$$\int_Q dQ = \int_{A_1} u_1 dA_1 = \int_{A_2} u_2 dA_2$$

即

$$Q = v_1 A_1 = v_2 A_2 \tag{3-11}$$

式（3-11）为恒定总流的连续性方程，它表明总流的体积流量沿流程不变，且对于任意两个过流断面，其断面平均流速与过流断面面积呈反比。

上述连续性方程是在流量沿程不变的条件下推导的。若沿程有流量流入或流出，则总流连续性方程式在形式上要做相应的修正，即

$$\sum Q_{流入} = \sum Q_{流出} \tag{3-12}$$

例如，如图 3-10 所示的情况，有

$$Q_1 + Q_2 = Q_3 \quad 和 \quad Q_3 = Q_4 + Q_5$$

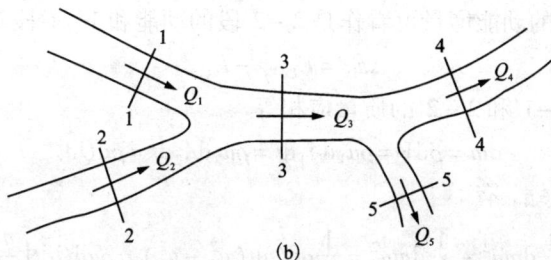

图 3-9　微小流束

(b)

图 3-10　汇流和分流

3.4　恒定总流的能量方程

连续方程解决了过流断面面积与断面平均流速之间的关系，然而由于连续方程没有涉及作用力和能量问题，仅有连续性方程是远远不能解决工程实际问题的。物理学中动能定理指出：运动物体在某一时段内动能的增量等于各外力对物体所做的功之和。流体运动属于机械运动，必须遵循动能定理。本节利用动能定理建立恒定总流的能量方程。

3.4.1　理想流体恒定流微小流束的能量方程

假定流体是均匀不可压缩的，即 ρ = 常数，质量力只有重力。在理想流体恒定流中任取一微小流束，并截取 1－1 和 2－2 断面之间的 $\mathrm{d}s$ 微分流段来研究（见图 3－11）。1－1 断面的过流断面面积、流速、形心点处的压强、形心点距基准面 0－0 的高程分别为 $\mathrm{d}A_1$，u_1，p_1 和 z_1；2－2 断面的过流断面面积、流速、形心点处的压强、形心点距基准面 0－0 的高程分别为 $\mathrm{d}A_2$，u_2，p_2 和 z_2。由于微小流束的过流断面面积很小，可以认为两过水断面的流速和动水压强是均匀分布的。

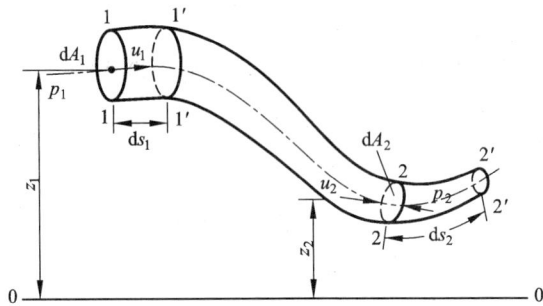

图 3－11　微小流束的能量方程

对于微小流束中的恒定流动，经 $\mathrm{d}t$ 时段后，原来位于断面 1－2 之间的流体运动到断面 $1'$－$2'$ 的新位置，其动能亦相应变化，该系统动能的增量 ΔE_k 表示为

$$\Delta E_k = E_{k1'-2'} - E_{k1-2} = (E_{k1'-2} + E_{k2-2'}) - (E_{k1-1'} + E_{k1'-2})$$

由于是恒定流，在 $\mathrm{d}t$ 时段内，$1'$－2 这部分的质量和各点流速都没有变化，即动能的变化为零，所以整个流段的动能增量可看作是 2－$2'$ 段的动能和 1－$1'$ 段动能的差值，即

$$\Delta E_k = E_{k2-2'} - E_{k1-1'}$$

根据连续方程，流段 1－$1'$ 和 2－$2'$ 的质量应相等

$$\mathrm{d}m = \rho \mathrm{d}V = \rho u_1 \mathrm{d}A_1 \mathrm{d}t = \rho u_2 \mathrm{d}A_2 \mathrm{d}t = \rho \mathrm{d}Q \mathrm{d}t$$

考虑到流体不可压缩，有

$$\Delta E_k = \frac{1}{2} \mathrm{d}m u_2^2 - \frac{1}{2} \mathrm{d}m u_1^2 = \frac{1}{2} \rho \mathrm{d}Q \mathrm{d}t (u_2^2 - u_1^2) = \rho g \mathrm{d}Q \mathrm{d}t \left(\frac{u_2^2}{2g} - \frac{u_1^2}{2g} \right)$$

作用于该微小流束的外力有表面力和质量力。表面力包括流体动压力与摩擦阻力，对于理想流体，不考虑摩擦阻力。

微小流束侧壁上的流体动压力由于与流动方向相垂直，所以不做功。断面 $1-1'$ 和 $2-2'$ 上的流体动压力与水流方向平行，两断面上流体动压力所做的功为：

$$p_1 \mathrm{d}A_1 \mathrm{d}s_1 - p_2 \mathrm{d}A_2 \mathrm{d}s_2 = p_1 \mathrm{d}A_1 u_1 \mathrm{d}t - p_2 \mathrm{d}A_2 u_2 \mathrm{d}t = (p_1 - p_2)\mathrm{d}Q\mathrm{d}t$$

作用在流体上的质量力只有重力，重力做功可视为 $\mathrm{d}t$ 时段内微小流束从 $1-1'$ 移至 $2-2'$ 时的势能变化，即

$$W = \rho g \mathrm{d}Q\mathrm{d}t(z_1 - z_2)$$

应用动能定理，得

$$\rho g \mathrm{d}Q\mathrm{d}t\left(\frac{u_2^2}{2g} - \frac{u_1^2}{2g}\right) = (p_1 - p_2)\mathrm{d}Q\mathrm{d}t + \rho g \mathrm{d}Q\mathrm{d}t(z_1 - z_2)$$

整理得

$$z_1 + \frac{p_1}{\rho g} + \frac{u_1^2}{2g} = z_2 + \frac{p_2}{\rho g} + \frac{u_2^2}{2g} \tag{3-13}$$

上式称为理想流体恒定流微小流束的能量方程。该式是瑞士科学家伯努利（Bernoulli）于 1738 年首先提出的，故又称为伯努利方程。为了加深对该方程的理解，下面对方程的能量意义和几何意义进行讨论。

理想流体恒定流微小流束能量方程中的三项分别表示单位重量流体的三种不同形式的机械能。其中 z 为单位重量流体相对于某一基准面所具有的位能，$\frac{p}{\rho g}$ 表示单位重量流体所具有的压能（压强势能），$\frac{u^2}{2g}$ 表示单位重量流体所具有的动能。通常将位能和压能之和称为势能，势能和动能之和称为机械能。故理想流体恒定流微小流束能量方程表明：对于同一微小流束，单位重量流体所具有的位能、压能和动能之和保持不变，即机械能守恒。所以从能量意义上讲，流体运动的机械能是可以相互转化的，即势能和动能可互相转化，位能、压能和动能也可彼此转化，但在转化过程中，总机械能保持守恒。

从几何角度看，z 和 $\frac{p}{\rho g}$ 表示微小流束过水断面上某点的位置水头和压强水头，$\frac{u^2}{2g}$ 表示流速水头。而 $z + \frac{p}{\rho g}$ 称为测压管水头，$z + \frac{p}{\rho g} + \frac{u^2}{2g}$ 称为总水头。故理想流体恒定流微小流束能量方程的几何意义为：对于同一微小流束，总水头相等。

3.4.2　实际流体恒定流微小流束的能量方程

由于实际流体存在粘性，流体内部要产生摩擦阻力，在流动过程中为克服阻力要消耗一定的能量，因而，流体总机械能沿流程减小。设 h'_w 为微小流束单位重量流体从过流断面 1 运动到过流断面 2 产生的机械能损失，称为水头损失。根据能量守恒定律，实际流体微小流束能量方程应为

$$z_1 + \frac{p_1}{\rho g} + \frac{u_1^2}{2g} = z_2 + \frac{p_2}{\rho g} + \frac{u_2^2}{2g} + h'_w \tag{3-14}$$

上式表明，在实际流体微小流束中，沿流动方向各断面的总机械能是减小的。

3.4.3　微小流束能量方程的应用——毕托管

毕托管是实验室广泛采用的一种测量流体点流速的仪器。当水流受到迎面物体的阻碍，

被迫向两边(或四周)分流[如图3-12(a)]时，在物体表面上受水流顶冲的 A 点流速等于零，称为驻点。在驻点处水流的动能全部转化为压能。毕托管[图3-12(b)]就是利用这个原理制成的一种量测点流速的仪器。简单的毕托管就是一根弯成直角形的开口细管(也称测速管)，细管管端相当于驻点，管中水面高度即为驻点的压强水头。再用另一根测速管测得未受毕托管阻碍时的 B 点的压强水头。以过 A 点的水平面为基准面，写出 B、A 两点的理想流体微小流束的能量方程

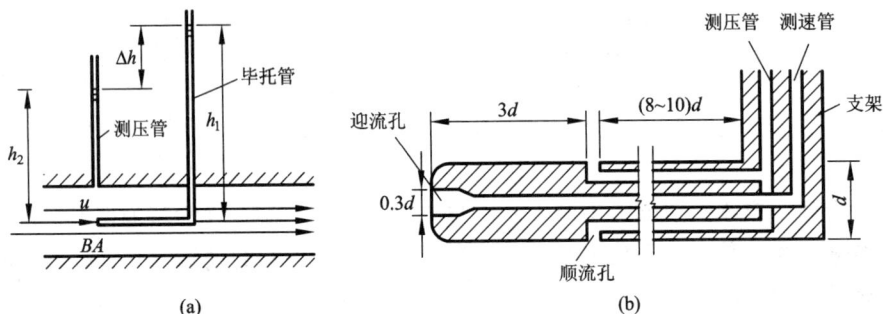

图3-12 毕托管流速仪

$$z_B + \frac{p_B}{\rho g} + \frac{u_B^2}{2g} = z_A + \frac{p_B}{\rho g} + \frac{u_A^2}{2g} \qquad (3-15)$$

因为 A 点和 B 点相距很近，B 点的压强、流速实际上等于 A 点在放置测速管以前的压强和流速，即 $u_B = u$，$z_A = z_B$，$\frac{p_B}{\rho g} = h_2$，所以 $h_2 + \frac{u^2}{2g} = h_1$，令 $\Delta h = h_1 - h_2$，得

$$u = \sqrt{2g\Delta h} \qquad (3-16)$$

考虑到毕托管对水流的干扰、能量损失等影响，上式必须加以修正，即

$$u = \psi\sqrt{2g\Delta h} \qquad (3-17)$$

式中 ψ 为毕托管流速校正系数，与毕托管的构造、尺寸、表面光滑程度等有关，应经过专门的率定试验确定。

当需要测量流场中某一点的流速时，将毕托管前端置于该点并正对流动方向，读出两根测压管的液面高差，即可求得该点的流速。

3.4.4 实际流体恒定总流能量方程

设微小流束的流量为 $\mathrm{d}Q$，则在 $\mathrm{d}t$ 时段内流入、流出该微小流束的流体重量为 $\rho g \mathrm{d}Q$，式(3-14)两边同乘以 $\rho g \mathrm{d}Q$ 并沿总流过流断面上积分，可得总流能量守恒关系：

$$\int_Q \left(z_1 + \frac{p_1}{\rho g} + \frac{u_1^2}{2g}\right)\rho g \mathrm{d}Q = \int_Q \left(z_2 + \frac{p_2}{\rho g} + \frac{u_2^2}{2g}\right)\rho g \mathrm{d}Q + \int_Q h'_w \rho g \mathrm{d}Q \qquad (3-18)$$

上式包含三种类型的积分，即：

第一类积分为 $\int_Q \left(z + \frac{p}{\rho g}\right)\rho g \mathrm{d}Q$。若将过流断面选择在渐变流断面或均匀流断面上，则过流断面上 $z + \frac{p}{\rho g}$ 为常数，因而

$$\int_Q \left(z + \frac{p}{\rho g}\right)\rho g \mathrm{d}Q = \left(z + \frac{p}{\rho g}\right)\rho g \int_Q \mathrm{d}Q = \left(z + \frac{p}{\rho g}\right)\rho g Q$$

第二类积分为 $\int_Q \dfrac{u^2}{2g}\rho g \mathrm{d}Q$。表示总流所具有的动能。因 $\mathrm{d}Q = u\mathrm{d}A$，故 $\int_Q \dfrac{u^2}{2g}\rho g \mathrm{d}Q = \int_A \dfrac{u^3}{2g}\rho g \mathrm{d}A$ $= \dfrac{\rho g}{2g}\int_A u^3 \mathrm{d}A$。一般情况下，过流断面上各点的流速 u 是不相等的，其分布规律也因具体情况不同而异，难于直接积分。在总流分析法中，只注重过流断面上的平均流速。若采用断面平均流速 v 代替 u，由于 $\int_A u^3 \mathrm{d}A > \int_A v^3 \mathrm{d}A$，这种代替引起的误差可用两者的比值 α 来衡量。

$$\frac{\rho g}{2g}\int_A u^3 \mathrm{d}A = \frac{\rho g}{2g}\alpha v^3 A = \frac{\alpha v^2}{2g}\rho g Q$$

式中，$\alpha = \dfrac{\int u^3 \mathrm{d}A}{v^3 A}$ 称为动能修正系数，可以证明 $\alpha > 1$。α 表示实际动能与按断面平均流速计算的动能的比值，其大小取决于总流过流断面上的流速分布，流速分布越均匀，α 越接近于 1.0。流速分布越不均匀，α 数值越大。在渐变流中 $\alpha \approx 1.05 \sim 1.1$，为计算简便起见，常取 $\alpha = 1$。

第三类积分为 $\int_Q h'_w \rho g \mathrm{d}Q$。不同的微小流束 h'_w 不一定相等，积分式 $\int_Q h'_w \rho g \mathrm{d}Q$ 的意义是代表总流中的流体流经 $1-2$ 流段所损失的机械能。如以 h_w 表示总流 $1-2$ 流段单位重量流体的平均能量损失，则

$$\int_Q h'_w \rho g \mathrm{d}Q = \rho g h_w \int_Q \mathrm{d}Q = h_w \rho g Q$$

把三类积分的结果代入式 $(3-18)$，并整理，得

$$z_1 + \frac{p_1}{\rho g} + \frac{\alpha_1 v_1^2}{2g} = z_2 + \frac{p_2}{\rho g} + \frac{\alpha_2 v_2^2}{2g} + h_w \qquad (3-19)$$

上式即为不可压缩实际流体恒定总流的能量方程。

3.4.5 总水头线和测压管水头线

由于能量方程中各项都具有长度的量纲，可以用几何线段形象地反映总流中各种能量的沿程变化规律。

沿流程各过流断面的总水头 $z + \dfrac{p}{\rho g} + \dfrac{\alpha v^2}{2g}$ 顶端的连线称为总水头线；沿流程各过流断面的测压管液面的连线称为测压管水头线。两断面之间总水头线下降的高度就是这两个断面之间的水头损失。实际流体的总水头线总是沿程下降的，而测压管水头线沿程可升可降。如图 $3-13$ 为通过管道的总水头线和测压管水头线，清楚地反映了这种能量沿程相互转化的特点。

单位长度流程上总水头线的减小值，即沿程单位距离上的水头损失，称为水力坡度，以 J 表示。如用 s 表示流动方向的坐标，则

$$J = -\frac{\mathrm{d}\left(z + \dfrac{p}{\rho g} + \dfrac{\alpha v^2}{2g}\right)}{\mathrm{d}s} = \frac{\mathrm{d}h_w}{\mathrm{d}s} \qquad (3-20)$$

单位长度流程上测压管水头线的减小值，称为测压管坡度，以 J_p 表示，则

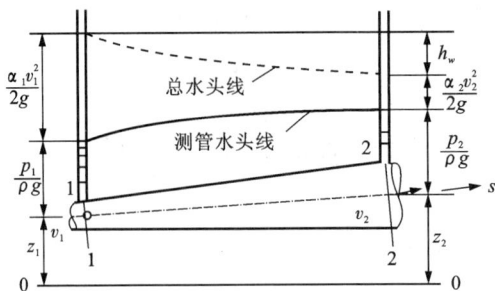

图 3 – 13 总水头线和测压管水头线

$$J_p = -\frac{\mathrm{d}\left(z + \dfrac{p}{\rho g}\right)}{\mathrm{d}s} \tag{3 – 21}$$

3.4.6 总流能量方程的应用条件

从推导过程可以看出,应用总流能量方程应满足下列条件:

(1)流动是恒定的,且为不可压缩流体;

(2)所选取的两过流断面必须是渐变流断面或均匀流断面,但两过流断面间可以是急变流;

(3)两过流断面之间,总流的流量沿程不变。

特例 1:若出现分流或汇流的情况,由于总流能量方程中各项都是指单位重量流体的能量,所以可分别对每一支水流建立能量方程式。图 3 – 14 所示为两支汇合的水流,可分别写出能量方程(为什么?请读者自行分析):

$$z_1 + \frac{p_1}{\rho g} + \frac{\alpha_1 v_1^2}{2g} = z_3 + \frac{p_3}{\rho g} + \frac{\alpha_3 v_3^2}{2g} + h_{w1-3} \tag{3 – 22a}$$

$$z_2 + \frac{p_2}{\rho g} + \frac{\alpha_2 v_2^2}{2g} = z_3 + \frac{p_3}{\rho g} + \frac{\alpha_3 v_3^2}{2g} + h'_{w2-3} \tag{3 – 22b}$$

特例 2:两过流断面间除了水头损失以外,总流没有能量的输入或输出。

如果有外界能量加入(如水泵)或水流对外做功(如水轮机),则恒定总流能量方程应改为

$$z_1 + \frac{p_1}{\rho g} + \frac{\alpha_1 v_1^2}{2g} \pm h_p = z_2 + \frac{p_2}{\rho g} + \frac{\alpha_2 v_2^2}{2g} + h_w \tag{3 – 23}$$

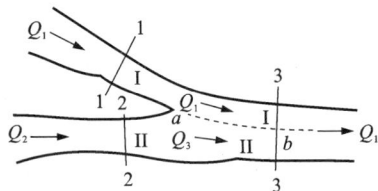

图 3 – 14 汇流河段

式中,h_p 为两断面间加入(取正号)或取出(取负号)的单位机械能。

3.4.7 应用能量方程解题的注意事项

(1)基准面的选择:基准面可任意选定,但应以简化计算为原则。例如选过流断面形心

（$z=0$），或选自由液面（$p=0$）等。一般选在较低位置。

（2）过流断面的选择：过流断面应选择均匀流断面或渐变流断面，并且应选取已知量尽量多的断面。

（3）计算点的选择：原则上可以选择渐变流断面上任意一点来计算。管流通常选在管轴上，明渠流通常选在自由液面。

（4）方程中流体动压强 $\dfrac{p}{\rho g}$，可以用相对压强，也可以用绝对压强，但对同一问题必须采用相同的压强标准。

（5）严格来说不同断面上动能修正系数并不相等，但在实用上，对渐变流大多数情况下可令 $\alpha_1 \approx \alpha_2 \approx \alpha \approx 1$。当断面流速分布特别不均匀时，$\alpha$ 值需特别酌定。

总流的能量方程是对不可压缩流体导出的，气体是可压缩流体，但是对流速不很大（$u < 60\,\mathrm{m/s}$）且压强变化不大的系统，如工业通风管道、烟道等，气流在运动过程中密度的变化很小，在这样的条件下，伯努利方程仍可用于气流，但在用相对压强进行计算时，需要考虑外部大气压在不同高度的差值。

[**例题 3-1**]　为确定有压管道的流量，常用如图 3-15 所示的文丘里流量计测量。文丘里流量计由渐缩段、喉管和渐扩段组成。在渐缩段进口和喉管处安装压差计，压差计中的工作液体与被测液体或相同或不同，测量大压差常用水银作为工作液体。试确定通过文丘里管的流量。

解　设已知管流流体为水，管径 d_1，d_2 及压差计的水头差 Δh（若为水银压差计则为水银面高差 Δh_{Hg}），则可确定通过的流量 Q。

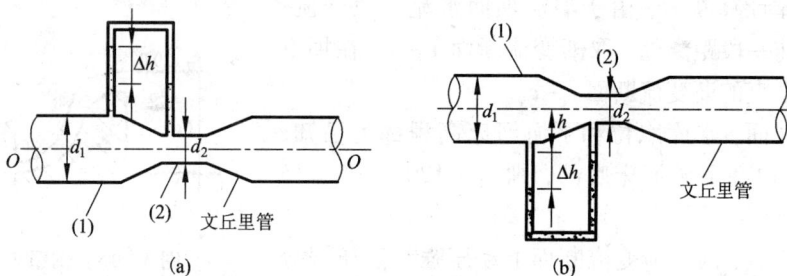

图 3-15　文丘里流量计

取管轴 $O-O$ 为基准面，测压管所在断面（1），（2）为计算断面（符合渐变流条件），断面的形心点为计算点，对断面（1），（2）写能量方程，由于断面（1），（2）间的水头损失很小，可视 $h_w \approx 0$，取 $\alpha_1 = \alpha_2 = 1$，得

$$0 + \frac{p_1}{\rho g} + \frac{v_1^2}{2g} = 0 + \frac{p_2}{\rho g} + \frac{v_2^2}{2g}$$

由此得

$$\frac{v_2^2}{2g} - \frac{v_1^2}{2g} = \frac{p_1}{\rho g} - \frac{p_2}{\rho g}$$

考虑到 $v_2 = \dfrac{A_1 v_1}{A_2} = \left(\dfrac{d_1}{d_2}\right)^2 v_1$ 以及 $\dfrac{p_1 - p_2}{\rho g} = \Delta h$, 可得

$$v_1 = \frac{\sqrt{2g \Delta h}}{\sqrt{\left(\dfrac{d_1}{d_2}\right)^4 - 1}} \tag{3-24}$$

因此, 通过文丘里流量计的流量为

$$Q = A_1 v_1 = \frac{\pi}{4} d_1^2 \frac{\sqrt{2g \Delta h}}{\sqrt{\left(\dfrac{d_1}{d_2}\right)^4 - 1}} = K \sqrt{\Delta h} \tag{3-25}$$

式中, $K = \dfrac{\pi}{4} d_1^2 \dfrac{\sqrt{2g}}{\sqrt{\left(\dfrac{d_1}{d_2}\right)^4 - 1}}$ 称为文丘里流量计常数, K 对给定管径是常量。

由于上述推导中没有考虑水头损失, 因此实际流量比按式(3-25)计算的小, 对于这个误差可用一个修正系数 μ(称为文丘里流量系数)来修正。μ 随流动情况和管道收缩的几何形状而不同。故实际流量

$$Q = \mu K \sqrt{\Delta h} \tag{3-26}$$

[例题 3-2] 某一水库的溢流坝, 如图 3-16 所示。已知坝下游河床高程为 105.0 m, 当水库水位为 120.0m 时, 坝址处收缩过流断面 2-2 处的水深 $h_c = 1.2$ m。设溢流坝的水头损失为 $h_w = 0.1 \dfrac{v_c^2}{2g}$。求坝址处断面的平均流速。

解 选择计算断面, 由于溢流坝面水流为急变流, 所以在距坝前一段距离处, 取渐变流断面 1-1, 在坝下游取水流较平直的渐变流断面 $c-c$。

选择基准面, 水库水位和下游河床高程都为已知, 基准面 0-0 取在下游河床底部, 则 $z_1 = 120 - 105 = 15$ m, $z_c = 0$。

选择计算点, 因为渐变流断面上动压强与静压强分布规律相同, 可选断面上任一点求得其 z 和 p 值。为了计算方便, 可选水面上一点, 该点动压强按相对压强计算, 即 $p_1 = p_c = 0$。

写出总流能量方程

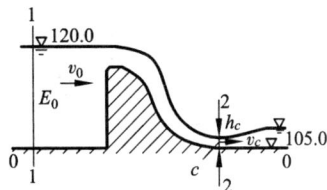

图 3-16 例题 3-2 图

$$z_1 + \frac{p_1}{\rho g} + \frac{\alpha v_1^2}{2g} = z_c + \frac{p_c}{\rho g} + \frac{\alpha v_c^2}{2g} + h_w$$

由于水库的过流断面面积大, 流速水头 $\dfrac{\alpha_1 v_1^2}{2g} \approx 0$。取 $\alpha_1 = \alpha_c = 1$,

将已知数据代入总流量方程, 解得坝址处的流速

$$v_c = \sqrt{\frac{2g(15 - 1.2)}{1.1}} = 15.68 \text{ m/s}$$

[例题 3-3] 水流通过图 3-17 所示的管路流入大气, 已知: U 形测压管中水银柱高差 $\Delta h_p = 0.25$ m, $h_1 = 0.8$ mH₂O, 管径 $d_1 = 0.1$ m, 管嘴出口直径 $d_2 = 0.05$ m, 不计管中水头损

失，试求管中流量 Q。

解 选取安装 U 形测压管处的管道断面为 $1-1$ 过水断面，管道出口为 $2-2$ 过水断面（与基准面 $0-0$ 重合）；通过管道出口断面形心的水平面为基准面 $0-0$；两断面的计算点都取在管轴中心上。列 $1-1$ 和 $2-2$ 断面的能量方程

$$z_1 + \frac{p_1}{\rho g} + \frac{\alpha v_1^2}{2g} = z_2 + \frac{p_2}{\rho g} + \frac{\alpha v_2^2}{2g} + h_w$$

首先计算 $1-1$ 断面中心点的压强。因为 $A-B$ 为等压面，所以 $\dfrac{p_A}{\rho g} = \dfrac{p_B}{\rho g} = 0.25$ m 水银柱高 $= 13.6 \times 0.25$ m 水柱高 $= 3.4$ m 水柱高。

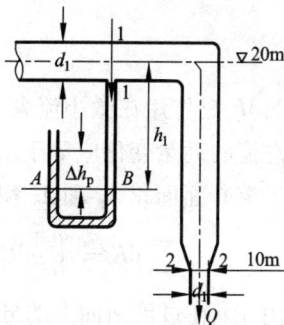

图 3-17 例题 3-3 图

$$\frac{p_1}{\rho g} = \frac{p_B}{\rho g} - h_1 = 3.4 - 0.8 = 2.6 \text{ mH}_2\text{O}$$

p_2 为当地大气压强，即 $p_2 = 0$。

由连续方程式 $v_1 = v_2 \left(\dfrac{d_2}{d_1}\right)^2 = v_2 \left(\dfrac{0.05}{0.1}\right)^2 = 0.25 v_2$，将上述数据代入能量方程，并设动能修正系数 $\alpha_1 = \alpha_2 = 1$，得

$$(20 - 10) + 2.6 + \frac{0.25 v_2^2}{2g} = 0 + 0 + \frac{v_2^2}{2g} + 0$$

$$v_2 = 18.15 \text{ m/s}$$

$$Q = \frac{\pi}{4} \times 0.05^2 \times 18.15 = 0.035\ 6 \text{ m}^3/\text{s}$$

3.5 恒定总流的动量方程

工程实践中往往需要计算急变流段的流体与固体边界的相互作用力，这个问题用连续方程和能量方程难于求解。而应用动量方程进行计算和分析，则更简便和直接。

质点系的动量定律可表述为质点系的动量对时间的变化率 $\dfrac{\mathrm{d}\boldsymbol{K}}{\mathrm{d}t}$ 等于作用于该质点系的所有外力之矢量和，即 $\sum \boldsymbol{F} = \dfrac{\mathrm{d}\boldsymbol{K}}{\mathrm{d}t}$。从不可压缩恒定总流中任取一束微小流束（如图 $3-18$），其控制面由微小流束的过流断面 1 和 2 以及两断面间流管壁面所组成。经 $\mathrm{d}t$ 时段后，流体从位置 $1-2$ 流动到

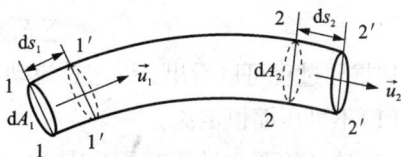

图 3-18 动量方程

新位置 $1'-2'$，因而发生动量变化，其值为系统在位置 $1'-2'$ 时的动量 $\boldsymbol{K}_{1'-2'}$ 与位置 $1-2$ 时的动量 $\boldsymbol{K}_{1-2}$ 之差，即

$$\mathrm{d}\boldsymbol{K} = \boldsymbol{K}_{1'-2'} - \boldsymbol{K}_{1-2} = \boldsymbol{K}_{2-2'} - \boldsymbol{K}_{1-1'} \tag{3-27}$$

设微小流束过流断面 1 和 2 的面积分别为 dA_1 和 dA_2，流速分别为 u_1 和 u_2，于是，$\boldsymbol{K}_{1-1'} = \rho u_1 dA_1 dt\boldsymbol{u}_1$，$\boldsymbol{K}_{2-2'} = \rho u_2 dA_2 dt\boldsymbol{u}_2$，将其代入式(3-27)，并应用动量定律，得到

$$\sum d\boldsymbol{F} = \frac{d\boldsymbol{K}}{dt} = \rho dQ(\boldsymbol{u}_2 - \boldsymbol{u}_1)$$

式中 $\sum d\boldsymbol{F}$ 是作用在微小流束的流体上的质量力和所有表面力的矢量和。

总流的动量变化应等于所有微小流束动量变化的矢量和($\sum d\boldsymbol{K}$)，把微小流束的动量对总流过流断面面积 A_1 和 A_2 积分，则 dt 时段内总流动量变化为

$$\sum d\boldsymbol{K} = \int_{A_2} \rho dQ dt\boldsymbol{u}_2 - \int_{A_1} \rho dQ dt\boldsymbol{u}_1 = \int_{A_2} \rho u_2 \boldsymbol{u}_2 dA_2 dt - \int_{A_1} \rho u_1 \boldsymbol{u}_1 dA_1 dt \quad (3-28)$$

由于 u 在过流断面上的分布规律一般不知道，式(3-28)无法积分。为此，用断面平均流速 v 代替 u 进行动量计算，这就要求总流的两个过流断面必须是均匀流或渐变流断面，因为均匀流或渐变流，其流速 u 的方向与断面平均流速 v 的方向一致。与前面计算动能引入动能校正系数相类似，在用断面平均流速 v 代替点流速 u 计算动量时，必须引入动量校正系数 β，即

$$\beta = \frac{\int_A u^2 dA}{v^2 A}$$

β 是指实际动量与按断面平均流速计算的动量的比值，是无量纲数，它的大小取决于总流过流断面的流速分布，分布越均匀，β 值越小，越接近于 1.0。一般渐变流中 $\beta = 1.02 \sim 1.05$，为计算简便，常采用 $\beta = 1.0$。

因此，式(3-28)可写作

$$\sum d\boldsymbol{K} = \rho dt \beta_2 \boldsymbol{v}_2 Q_2 - \rho dt \beta_1 \boldsymbol{v}_1 Q_1$$

根据动量定律，并考虑到 $Q_1 = Q_2 = Q$，得恒定总流动量方程式

$$\sum \boldsymbol{F} = \rho Q(\beta_2 \boldsymbol{v}_2 - \beta_1 \boldsymbol{v}_1) \quad (3-29)$$

上式表明：在恒定总流中，单位时间内流出与流入流段的动量差等于作用于总流流段上所有外力的矢量和。

在直角坐标系中，恒定总流动量方程可以写成三个投影表达式

$$\left. \begin{array}{l} \sum F_x = \rho Q(\beta_2 v_{2x} - \beta_1 v_{1x}) \\ \sum F_y = \rho Q(\beta_2 v_{2y} - \beta_1 v_{1y}) \\ \sum F_z = \rho Q(\beta_2 v_{2z} - \beta_1 v_{1z}) \end{array} \right\} \quad (3-30)$$

从推导过程可以看出，恒定总流动量方程的适用范围为：

(1)不可压缩恒定流。

(2)选择的两个过流断面应是均匀流或渐变流过流断面，但控制体中的流体可以是急变流。

(3)沿程流量不发生变化。

若沿程流量发生变化，则方程可推广(请读者自行证明)：

$$\sum \boldsymbol{F} = \sum (\rho Q \beta \boldsymbol{v})_{流入} - \sum (\rho Q \beta \boldsymbol{v})_{流出} \quad (3-31)$$

恒定总流动量方程建立了作用力与流速、流量的关系，根据不同的已知条件，运用动量方程可以求解流体和固体边界之间的相互作用力，或断面平均流速、流量等。应用动量方程

的解题步骤及注意事项如下：

(1)选隔离体：根据问题的要求，将所研究的两个渐变流断面之间的流体取为隔离体，原则上隔离体可以任意选取，但一般以总流边界为隔离体边界。

(2)全面分析作用在隔离体上的外力，选择坐标系(投影轴)，投影轴可以任意选取，以计算方便为宜。

(3)正确取好外力和流速的正负号。将各作用力及流速向投影轴投影，对于已知的外力和流速的方向，凡是与选定的坐标轴方向相同者取正号。由于欲求的未知力的方向事先不明确，可先假定一个方向，若所求得该力的计算值为正值，表明原假定方向正确，若所求得的值为负，表明与原假定方向相反。

(4)列动量方程时，应注意输出的动量减去输入的动量，切不可颠倒。

(5)动量方程只能求解一个未知数，解题时若未知数超过 1 个，注意与能量方程和连续性方程的联合求解。

[例题 3−4]　一变直径弯管水平放置在混凝土支座上，由于流体运动方向的改变以及管径变化产生流速大小的改变，从而引起弯管内流体动量的改变，这种动量的改变将产生流体对弯管的作用力。已知弯管与等直径直管相接处的断面 1−1 上压力表读数 $p_1 = 19.2$ kN/m^2，管中流量 $Q = 0.1$ m^3/s，若管径 $d_1 = 300$ mm，$d_2 = 200$ mm，转角 $\theta = 60°$，如图 3−19 所示，求流体对弯管作用力 R 的大小(忽略弯管的水头损失)。

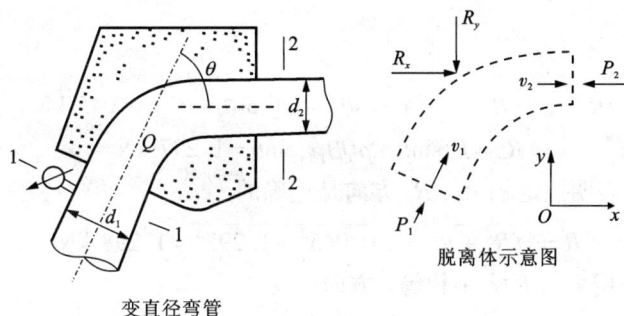

变直径弯管　　脱离体示意图

图 3−19　例题 3−4 图

解　如图 3−19 所示，取 1−1、2−2 及弯管管壁所包围的封闭曲面内的流体为隔离体，选 xOy 坐标平面位于管轴中心线所在的水平面。

由连续性方程可求得：

$$v_1 = \frac{Q}{A_1} = \frac{0.1}{\frac{\pi}{4} \times 0.3^2} = 1.42 \text{ m/s}$$

$$v_2 = \frac{Q}{A_2} = \frac{0.1}{\frac{\pi}{4} \times 0.2^2} = 3.18 \text{ m/s}$$

隔离体所受的外力包括隔离体内部流体的质量力以及隔离体边界面上的表面力。

本题质量力只有隔离体内水流的重力 G。由于弯管水平放置，于是重力 G 在坐标平面上的投影为零。表面力包括隔离体两端过流断面上的流体动压力 P_1、P_2 和管壁对隔离体内流体的反作用力 R。

$$P_1 = p_1 A = 19.2 \times \frac{\pi}{4} \times 0.3^2 = 1.356 \text{ kN}$$

$$P_2 = p_2 A = 15.152 \times \frac{\pi}{4} \times 0.2^2 = 0.476 \text{ kN}$$

式中 p_2 通过建立断面 1－1 和 2－2 能量方程求得：

$$z_1 + \frac{p_1}{\rho g} + \frac{\alpha v_1^2}{2g} = z_2 + \frac{p_2}{\rho g} + \frac{\alpha v_2^2}{2g} + h_w$$

$z_1 = z_2$，$h_w = 0$，取 $\alpha_1 = \alpha_2 = 1.0$，则得

$$p_2 = p_1 + \rho g \left(\frac{v_1^2 - v_2^2}{2g} \right) = 19.2 + 9.8 \times \left(\frac{1.42^2 - 3.18^2}{2 \times 9.8} \right) = 15.152 \text{ kN/m}^2$$

这里需要特别指出的是，在应用动量方程计算流体动压力时，其压强要以相对压强计算，这是因为对所选择的隔离体来说，周界上均作用了大小相等的当地大气压强，而任何一个大小相等的应力分布对任何封闭体的合力为零。

对于待求的力 R，以相互垂直的两个分量 R_x、R_y 表示，方向先假定与 x、y 轴的正向相同。列 x、y 方向的动量方程

x 方向 $\qquad\qquad P_1 \cos\theta - P_2 + R_x = \rho Q (\beta_2 v_2 - \beta_1 v_1 \cos\theta)$

y 方向 $\qquad\qquad P_1 \sin\theta - R_y = \rho Q (0 - \beta_1 v_1 \sin\theta)$

取 $\beta_1 \approx \beta_2 \approx 1.0$，
则有

$$R_x = \rho Q (\beta_2 v_2 - \beta_1 v_1 \cos\theta) - P_1 \cos\theta + P_2 = 0.045 \text{ kN}$$

$$R_y = P_1 \sin\theta + \rho Q \beta_1 v_1 \sin\theta = 1.297 \text{ kN}$$

计算结果为正，表明假定的 R_x、R_y 方向是正确的。

$$R = \sqrt{R_x^2 + R_y^2} = \sqrt{0.045^2 + 1.297^2} = 1.298 \text{ kN}$$

水流对弯管的作用力与 R 大小相等，方向相反。

[例题 3－5]　如图 3－20(a)所示有一高度为 50 mm、速度 v 为 18 m/s 的单宽射流，冲击在一个前后斜置的光滑平板上，平板边长为 1.2 m，板与水流方向的夹角为 30°，射流沿平板表面分成两股。平板末端为铰点。若忽略水流、空气和平板的摩阻，且流动在同一水平面上，求：(1)流量分配 Q_1 和 Q_2；(2)设射流冲击点位于平板形心，若平板自重可忽略，A 端应施加多大的垂直力 P，才能保持平板的平衡[图 3－20(b)]？

解　射流的流量为 $Q = Av = 18 \times 0.05 \times 1 = 0.9 \text{ m}^3/\text{s}$

选射流冲击前的 0－0 断面和冲击后转向的 1－1、2－2 断面，由断面 0、1、2 及大气、平板所包围的水体为隔离体，如图 3－20(c)所示取 x，y 直角坐标。

因为是水平射流，取基准面为过射流中心的水平面，同时由于射流流股四周及冲击转向后的液流表面都是大气压，故 $p_0 = p_1 = p_2 = 0$。对 0－0，1－1 断面列能量方程

$$0 + 0 + \frac{\alpha v^2}{2g} = 0 + 0 + \frac{\alpha_1 v_1^2}{2g} + h_w$$

由于 $\alpha_1 = \alpha = 1$，$h_w = 0$，可得

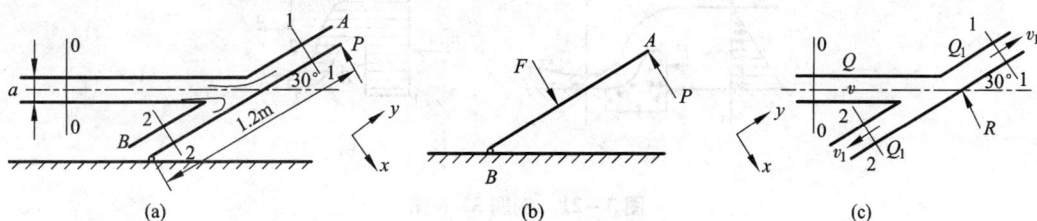

图 3－20　例题 3－5 图

$$v_1 = v$$

同理可得

$$v_2 = v$$

(1)求 Q_1 和 Q_2：

因为不计空气阻力及平板摩擦阻力，且各断面的动水压力为零，所以作用在隔离体上的表面力只有平板作用在水股上的反作用力 R，方向与平板垂直。射流方向水平，无质量力作用。沿 y 轴方向列动量方程

$$(\rho Q_1 \beta_1 v_1 - \rho Q_2 \beta_2 v_2) - \rho Q \beta v \cos 30° = 0$$

取 $\beta_1 = \beta_2 = \beta = 1$，则

$$Q \cos 30° = Q_1 - Q_2$$

由连续性方程，$Q = Q_1 + Q_2$

联立两式求得

$$Q_1 = \frac{Q(1 + \cos 30°)}{2} = 0.933Q = 0.840 \ \text{m}^3/\text{s}$$

$$Q_2 = Q - Q_1 = 0.067Q = 0.060 \ \text{m}^3/\text{s}$$

(2)沿 x 轴方向列动量方程，如图 3－20(c)所示：

$$-R = 0 - \rho Q v \sin 30°$$

$$R = \rho Q v \sin 30° = 8 \ 100 \ \text{N}$$

水对平板在 x 方向的冲击力 F 为 8 100 N，方向与 R 的方向相反。现对 B 点取矩：

$$\sum M_B = 0$$

即

$$F \times \frac{1.2}{2} = P \times 1.2$$

所以

$$P = 4 \ 050 \ \text{N}$$

[**例题 3－6**]　图 3－21 为一滚水坝，上游水位因坝的阻挡而抬高，测得断面 1－1 的水深为 1.5 m，下游断面 2－2 水深为 0.6 m。若水头损失忽略不计，求水流对 1 m 坝宽(垂直纸面方向)的水平作用力 F。

解　在坝前一段距离处，取渐变流断面 1－1；在坝下游水流较平直处，取断面 2－2。以坝基底部为基准面 0－0，设 $\alpha_1 = \alpha_2 = 1$，写出总流能量方程：

$$1.5 + \frac{v_1^2}{2g} = 0.6 + \frac{v_2^2}{2g}$$

根据连续方程，$A_1 v_1 = A_2 v_2$，取宽度为 1 m，可得 $v_2 = 2.5 v_1$，代入上式，得

$$v_1 = 1.83 \ \text{m/s}$$

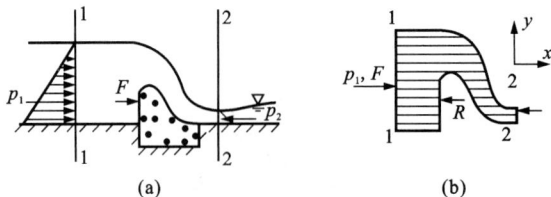

图 3-21   例题 3-6 图

$$v_2 = 4.85 \ \text{m/s}$$

1 m 坝宽的单宽流量

$$q = 1.83 \times 1.5 = 2.75 \ \text{m}^3/\text{s}$$

作用在断面 1-1 上的水压力

$$P_1 = \frac{\rho g}{2} \times 1.5^2 = 9\ 800 \times \frac{1.5^2}{2} = 11\ 025 \ \text{N}$$

作用在断面 2-2 上的水压力

$$P_2 = \frac{\rho g}{2} \times 0.6^2 = 9\ 800 \times \frac{0.6^2}{2} = 1\ 764 \ \text{N}$$

设坝对水流作用力的合力为 R，取断面 1-1 和 2-2 之间的水流为隔离体(图 b)，写出总流动量方程

$$\sum F_x = P_1 - P_2 - R = \rho q (\beta_2 v_2 - \beta_1 v_1)$$

取 $\beta_2 \approx \beta_1 \approx 1.0$，得

$$R = 1\ 698.5 \ \text{N}$$

水流对 1 m 坝宽的作用力 $F = R = 1\ 698.5$ N，方向与 R 相反。

思 考 题

1. 拉格朗日法和欧拉法有何不同?

2. 流线有哪些性质? 流线和迹线的区别和联系是什么?

3. 流动有哪些分类方法?

4. 什么是恒定流与非恒定流? 什么是均匀流与非均匀流? 什么是渐变流和急变流? 有人说"均匀流一定是恒定流，急变流一定是非恒定流"，这种说法是否正确? 为什么?

5. 总流连续方程的物理意义是什么?

6. 动水压强与静水压强有什么不同? 在推导恒定总流能量方程时，为什么过流断面必须位于渐变流段?

7. 什么是总水头线和测压管水头线? 两者的关系是怎样的?

8. 什么是水力坡度?

9. 恒定总流能量方程的限制条件有哪些? 如何选取计算断面、基准面和计算点?

10. 应用能量方程判断下列说法是否正确:(1)水一定从高处向低处流动;(2)水一定从压强大的地方向压强小的地方流动;(3)水总是从流速大的地方向流速小的地方流动?

11. 如右图断面突然缩小管道通过粘性恒定流，管路装有 U 形管水银差计，判定压差计中水银液面 A、B 哪个高？

12. 拿两张薄纸，平行提在手中，当用嘴顺纸间缝隙吹气时，问两张薄纸是不动、相互靠拢还是向外张开？为什么？

13. 应用动量方程时要注意哪些问题？由动量方程求得的力若为负值，说明什么问题？待求未知力的大小与隔离体的大小有无关系？应用动量方程时如何选择隔离体。

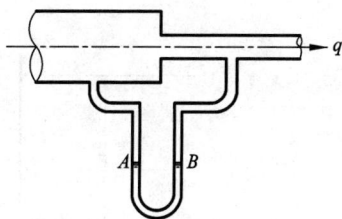

思考题 11 图

习 题

1. 如习题 1 图所示的管流，已知断面 $A-A$ 处的流速分布为 $u = \dfrac{u_{max}}{r_0^2}(r_0^2 - r^2)$，圆管半径 $r_0 = 4$ cm，$r_1 = 2$ cm，且 $A-A$ 断面中心点处的 $u_{max} = 0.2$ cm/s，求小管段的断面平均流速 v_1。

2. 某分汊河段如习题 2 图所示，已知在断面 $A-A$ 处左汊河道过水断面面积为 $2\,500$ m^2，断面平均流速为 0.97 m/s；右汊河道过水断面面积为 $3\,400$ m^2，断面平均流速为 0.62 m/s。求：①左、右汊道的分流量及总流量；②各汊道的分流量占总流量的百分比(称为分流比)。

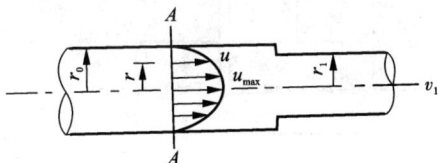

习题 1 图

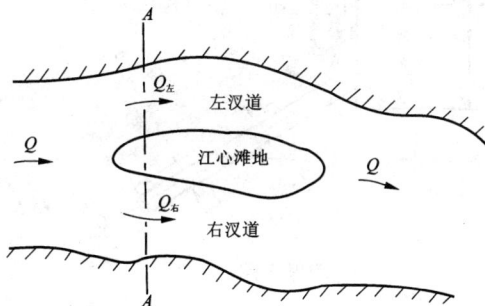

习题 2 图

3. 如习题 3 图所示的压力水管，小管直径 $d_A = 20$ cm，A 断面形心点处的压强为 75 kPa；大管直径 $d_B = 40$ cm，B 断面形心点处的压强为 45 kPa，大管断面平均流速 $v_B = 1$ m/s。求：①A、B 两断面间的总水头差；②水流流向。

4. 某变管径压力管流如习题 4 图所示，已知 $d_1 = 30$ cm，$d_2 = 25$ cm，$d_3 = 20$ cm，忽略水头损失，试求：①通过管道的

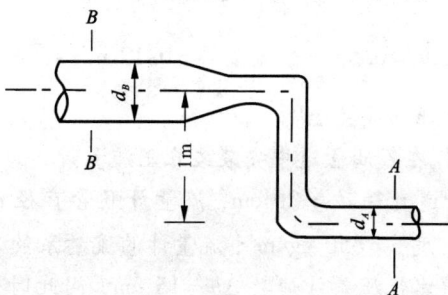

习题 3 图

流量及 A、B 和 C 各点的压强；②绘制测压管水头线。

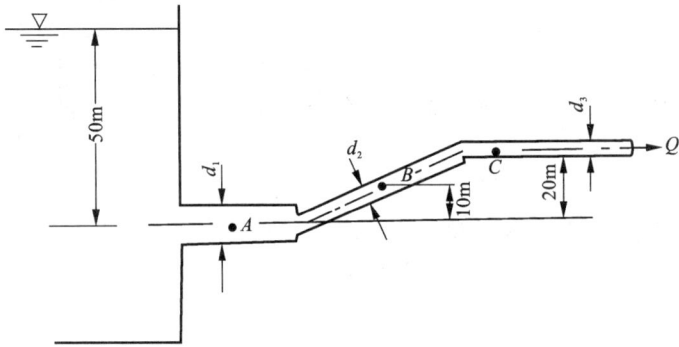

习题 4 图

5. 有一密闭盛水容器如习题 5 图所示，容器内气压由水银压差计测量，侧壁与直径为 5 cm 的圆管相接，管长 $L = 6$ m，$H = 5$ m，压差计读数为 $\Delta h = 0.4$ m，出流时总水头损失为 3.4 m，求通过管道的流量。

6. 有一安装在压力管道上的压差式毕托管，如习题 6 图所示，已知管径 $d = 30$ cm，$\Delta h = 40$ cm，$\rho_1 = 13\,600$ kg/m^3，求 A 处的点流速 u_A。

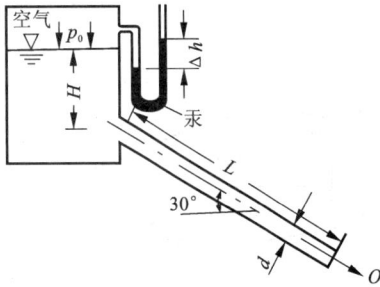

习题 5 图

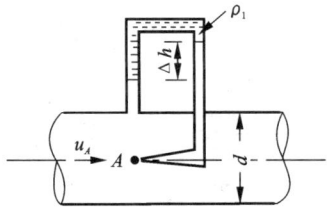

习题 6 图

7. 铅直放置的 90°输水弯管，装有一水银压差计如习题 7 图所示，直径 $d_1 = 30$ cm，$d_2 = 25$ cm，弯管段的水头损失 $h_j = 0.55\dfrac{v_2^2}{2g}$，流量 $Q = 0.12$ m^3/s，求水银压差计中的水银面高差 Δh。

8. 在石油管道中安装文丘里流量计，如习题 8 图所示，管道直径 $d_1 = 20$ cm，流量计喉管直径 $d_2 = 10$ cm，石油密度 $\rho = 850$ kg/m^3，流量计的流量系数为 $\mu = 0.95$，现测得水银压差计读数 $\Delta h = 15$ cm，问此时管中流量 Q 为多少？

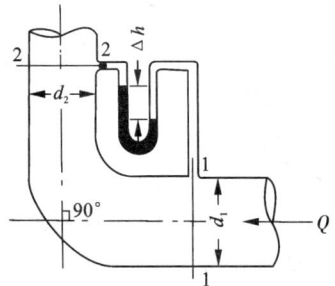

习题 7 图

9. 贮水容器内水面保持恒定,底部接一铅直输水管,如习题 9 图所示,输水管直径 d_1 = 15 cm,末端收缩管嘴出口直径 d_2 =5 cm,若不计水头损失,试求管中流量A、B、C、D 各点的压强。

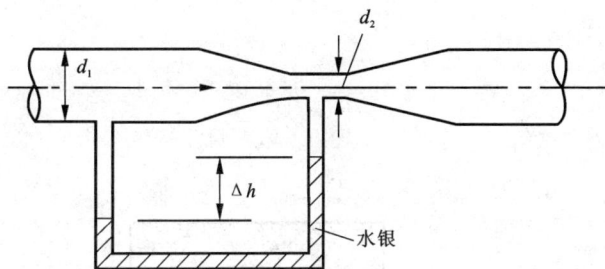

习题 **8** 图

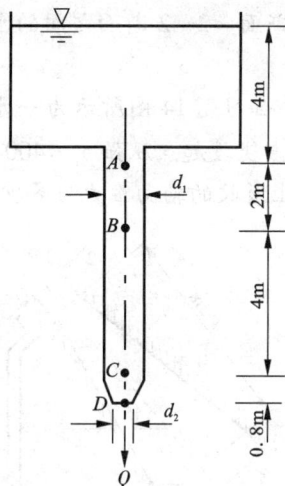

习题 **9** 图

10. 某管道中安装文丘里流量计,当通过流量 Q = 0.005 m^3/s 时水管与喉管之间的测压管高差 Δh 为 11 cm,当通过流量 Q = 0.006 m^3/s 时 Δh 为 14 cm,已知水管直径 D 为 10.4 cm,喉管直径为 6.4 cm,试求该文丘里流量计的流量系数 μ。

11. 某抽水系统如习题 11 图所示,已知管径 d = 15 cm,当抽水流量 Q = 0.03 m^3/s 时,吸水管(包括进口)水头损失 h_w = 1 m。如限制吸水管末端断面 A 中心点的真空值不超过 68.86 kN/m^2,求水泵的最大安装高度 h_{max} 为多少?

12. 有一大水箱,下接一管道,水箱面积很大,如习题 12 图所示。已知大管和收缩段管径分别为 d_1 =6 cm 和 d_2 =4 cm,水箱水面与管道出口中心点的高差为 H =2 m,如不计水头损失,问容器 A 中的水是否会沿管 B 上升?如上升,上升高度 h 为多少?

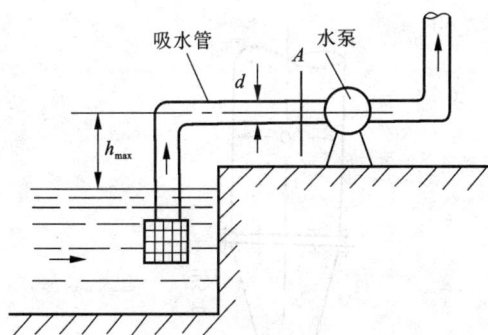

习题 **11** 图

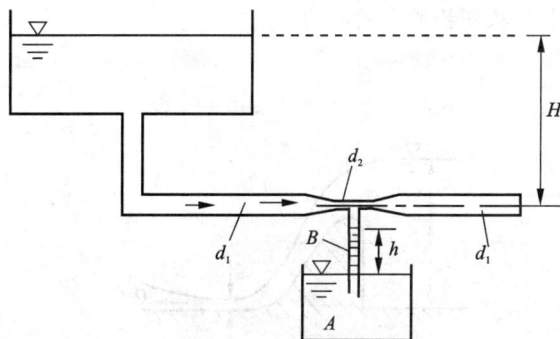

习题 **12** 图

13. 有一输油管路的渐变管，与水平面的倾角为 $45°$，其装置如习题 13 图所示。若油的密度为 $\rho' = 900 \text{ kg/m}^3$，$1-1$ 断面的管径 $d_1 = 200 \text{ mm}$，$2-2$ 断面的管径 $d_2 = 100 \text{ mm}$，两断面的间距 $l = 3 \text{ m}$，在 $1-1$ 断面处的流速 $v_1 = 2.5 \text{ m/s}$，水银压差计中的液位差 $h = 20 \text{ cm}$。试求：① $1-1$ 断面 ~ $2-2$ 断面之间的水头损失 h_{w1-2}。②判断液流流向。③ $1-1$ 断面 ~ $2-2$ 断面的压强差。

14. 如习题 14 图所示为一水电站压力水管的渐变段，直径 $d_1 = 1\ 500 \text{ mm}$，$d_2 = 1\ 000$ mm，若渐变段起点压强 $p_1 = 400 \text{ kPa}$（相对压强），流量 $Q = 1.8 \text{ m}^3/\text{s}$，不计水头损失，求渐变段镇墩上所收的轴向推力为多少？

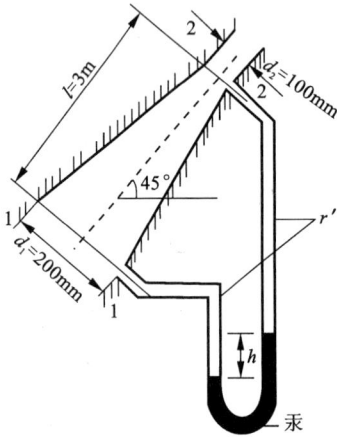

习题 13 图

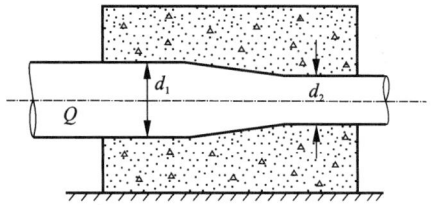

习题 14 图

15. 一近似为矩形的河床上建有一溢流坝如习题 15 图所示。已知河宽 $B = 16 \text{ m}$，且溢流坝与河床等宽，坝高 $P = 2.5 \text{ m}$，坝前水头 $H = 1.5 \text{ m}$，过坝流量 $Q = 64 \text{ m}^3/\text{s}$，不计水头损失及坝面阻力，求下游收缩断面（视为渐变流断面）水深 $h_c = 0.8 \text{ m}$ 时水流对坝体的水平总作用力。

16. 某铅直安装的管道如习题 16 图所示，末端由六枚螺栓连接一喷嘴。已知管径 $D = 30$ cm，喷嘴出口直径 $d_1 = 15 \text{ cm}$，喷嘴长为 0.5 m，喷射流量为 $Q = 0.16 \text{ m}^3/\text{s}$，不计水头损失，求每枚螺栓所受的拉力。

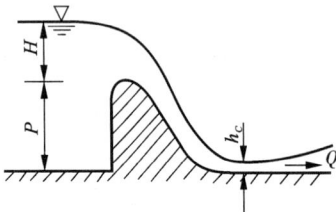

习题 15 图

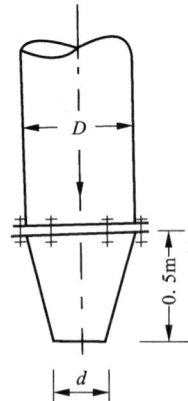

习题 16 图

17. 某水平放置的渐变弯管，转弯角 $\alpha = 45°$，如习题 17 图所示。直径 $D_1 = 30$ cm，$D_2 = 20$ cm，1 –1 断面形心处的相对压强为 $p_1 = 40$ kN/m²，流量 $Q = 0.15$ m³/s，不计弯管段的水头损失，求固定此弯管所需要的水平力及其方向。

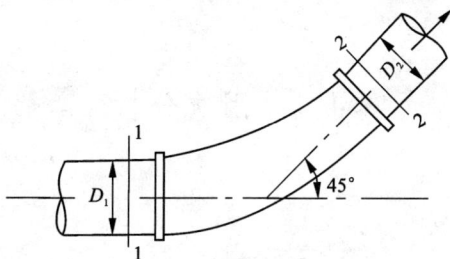

习题 17 图

18. 射流以速度 v_0 喷射至固定平面壁上，分成两股水流流出冲击区，如习题 18 图所示，射流方向与固定平面壁成 α 角，若流动在一个水平面上，并忽略水流沿平面壁流动时的摩阻力，试求 Q_1 与 Q_2，并证明沿着射流方向施加于平面壁上的压力为 $R = \rho Q v_0 \sin^2 \alpha$。

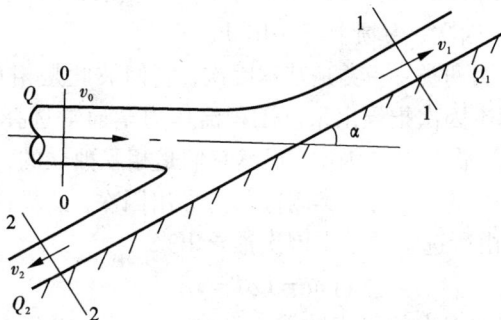

习题 18 图

19. 如习题 19 图所示的闸下出流，平板闸门宽 $b = 2$ m，闸前水深 $h_1 = 4.0$ m，闸后收缩段面水深 $h_2 = 0.5$ m，出流量 $Q = 10$ m³/s，不计摩擦阻力。试求水流对闸门的作用力。

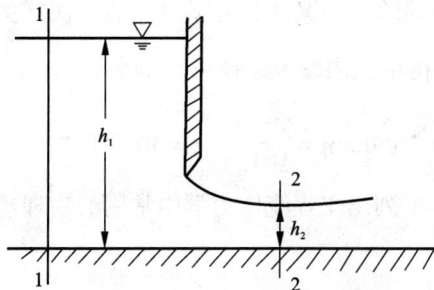

习题 19 图

第4章 因次分析与相似原理

4.1 因次分析

4.1.1 因次和单位

研究任一物理现象,都不可避免地要研究该物理现象所涉及的各个物理量的变化规律以及这些物理量之间的数值关系。

描述流体运动的物理量,如长度、时间、质量、力等,均由两个因素构成,可按其性质或种类不同加以分类。不同性质的物理量的物理属性,用因次(或称为量纲)来表征。如用 M 表示质量因次,L 表示长度因次。量度各种物理量数值大小的标准,称为单位。一个物理量的因次是唯一的,但单位却可以多种多样,所选择单位不同,同一物理量的数值大小也不同。例如长度 1 m 的渠道,可用 100 cm、1 000 mm 等不同单位来表示。所有量度长度的单位(米、厘米、毫米等)均具有同一因次,习惯上统一用 dim L 表示。

物理量的因次也可分为两类:一类是基本因次,它们彼此是相互独立的,即它们中的任何一个因次不能从其他基本因次推导出来。工程流体力学通常选择长度(L 表示)、时间(以 T 表示)和质量(以 M 表示)作为基本因次,显然它们是相互独立的,例如 L 不可能由 M、T 组成。通常表示因次的符号为 dim。另一类因次称为导出因次,这类因次可由基本因次推导出来,例如速度因次 v 就可由所选定的基本因次推导出来

$$\dim v = L/T = LT^{-1}$$

导出因次一般可用基本因次的幂指数乘积形式来表示,如 $\dim y$ 表示任一物理量的导出因次,则

$$\dim y = M^{\alpha}L^{\beta}T^{\gamma} \tag{4-1}$$

式(4-1)称为因次关系式。物理量 γ 的性质可由指数 α,β,γ 来反映,如 α,β,γ 均为 0,则 γ 为一无因次纯数。例如:流速因次式为 $\dim v = M^0LT^{-1}$,加速度因次式为 $\dim a = M^0LT^{-2}$,力的因次为 $\dim F = MLT^{-2}$。又如:切应力 τ 的因次式为 $\dim \tau = MLT^{-2}/L^2$,流速梯度 $\dfrac{dv}{dy}$ 的因次式为 $M^0L^0T^{-1}$,由牛顿内摩擦定律可导出水流动力粘度 η 的因次式为

$$\dim \eta = \frac{ML^{-1}T^{-1}}{M^0L^0T^{-1}} = ML^{-1}T^{-1}$$

为应用方便起见,表 4-1 列出工程流体力学中常用的物理量的单位和因次。

表 4-1 工程流体力学中常用物理量的单位和因次

物理量	符号	单 位		因 次
		SI 制	中文符号	MLT
长度	$L(l)$	m,km,cm,…	米,千米,厘米……	L
面积	$A(S)$	m^2,cm^2	米^2,厘米^2	L^2
体积	V	m^3,cm^3	米^3,厘米^3	L^3
时间	T	s,min,h	秒,分,时……	T
速度	$u(v)$	m/s,km/h	米/秒,千米/时	LT^{-1}
加速度	A	m/s^2,cm/s^2	米/秒^2,厘米/秒^2	LT^{-2}
角速度	ω	rad/s,rad/min	弧度/秒,弧度/分	T^{-1}
流量	Q	m^3/s,m^3/h	米^3/秒,米^3/时	L^3T^{-1}
运动粘度	ν	m^2/s	米^2/秒	L^2T^{-1}
质量	M	g,kg,t	克,千克(公斤),吨	M
力	F	N,kN,MN	牛,千牛,兆牛	MLT^{-2}
密度	ρ	g/cm^3,kg/m^3,…	克/厘米^3,千克/米^3	ML^{-3}
压强	p	Pa(N/m^2),kPa	帕,千帕	$ML^{-1}T^{-2}$
功、能	W,E	J,kJ	焦,千焦……	ML^2T^{-2}
功率	P	W,kW,…	瓦,千瓦	ML^2T^{-3}
重量	$W(G)$	N,kN	牛,千牛	MLT^{-2}
切应力	δ,τ	N/cm^2,N/mm^2	牛/厘米^2,牛/毫米^2	$ML^{-1}T^{-2}$
动力粘度	η	Pa·s(Ns/m^2)	帕·秒	$ML^{-1}T^{-1}$
弹性模量	E	Pa	帕	$ML^{-1}T^{-2}$
动量	M	kg·m/s	千克·米/秒	MLT^{-1}
表面张力	—	N/m	牛/米	MT^{-2}
引力常数	G	N·m^2/kg^2	牛·米^2/千克^2	$M^{-1}L^3T^{-2}$

在式(4-1)中,若指数 $\alpha=\beta=\gamma=0$,则

$$\dim y = M^0L^0T^0 = 1$$

上式中的 y 称为因次一的量,也称纯数,它的数值大小不受量度单位更换的影响。例如坡度是因次一的量;用于判别流态的弗汝德数 $Fr=\dfrac{v}{\sqrt{gh}}$ 为因次一的量,其因次式为

$$\dim Fr = \frac{LT^{-1}}{(LT^{-2}L)^{0.5}} = 1$$

4.1.2 因次和谐原理

凡是正确反映某一物理现象变化规律的完整的物理方程,其各项因次都必须是一致的,这就是因次和谐原理。事实表明,这一原理是正确的,因为只有类型相同的物理量才能相加减,即因次相同的项才能相加或相减;反之,把两个不同类型的物理量加减是没有意义的。

例如:伯努利方程

$$z_1 + \frac{p_1}{\rho g} + \frac{v_1^2}{2g} = z_2 + \frac{p_2}{\rho g} + \frac{v_2^2}{2g} + h_w$$

各项因次都是 L,该方程式是因次和谐的,方程中各项的量度单位不管用 m 或 cm,该方程形式都不会改变;若将方程左边和右边同时除以方程中任一项,则可得到无因次项组成的方程式,方程形式仍不改变。

利用物理方程因次和谐特性,可以探求物理方程的结构形式,检验复杂方程式的正确性和完整性,确定物理方程中各物理量的指数,还可用来导出模型试验中必须遵循的相似准则等。如果一个方程式(或函数表达式)在因次上不是和谐的,就要仔细检查方程式是否完整,在数学分析中是否有错误,在应用这类公式时,要注意采用规定的单位。

4.1.3 因次分析法

研究流动现象的目的主要在于找出参与此现象诸运动要素之间的函数关系式。然而,由于流动现象的复杂性,有时只能从实验中得到哪些因素对它有影响,但不知道它们之间的具体函数关系。因次分析法是应用因次和谐原理探求各物理量之间的函数关系的方法。因次分析法有两种:

1. 瑞利(L. Rayleigh)法

瑞利法是直接应用因次和谐原理的方法,适用于影响因素间的关系为单项指数形式。下面通过实例说明瑞利法的应用步骤。

[例题 4-1] 雷诺实验揭示了流体流动有层流和紊流两种流态,根据实验观察,恒定有压管流的下临界流速 v_k 与管径 d、流体密度 ρ、流体动力粘度 η 有关。试用因次分析法求出它们之间的函数关系式。

解 按瑞利法,首先写出 v_k 的函数形式为

$$v_k = f(d, \rho, \eta)$$

将上式写成指数形式,即

$$v_k = K d^\alpha \rho^\beta \eta^\gamma$$

式中 α, β, γ 为待定常数。选择 M,L,T 为基本因次,则上式的因次关系式为

$$\dim v_k = LT^{-1}M^0 = L^\alpha(L^{-3}T^0M)^\beta(L^{-1}T^{-1}M)^\gamma$$

根据因次和谐原理,得

$$M: 0 = \beta + \gamma$$
$$L: 1 = \alpha - 3\beta - \gamma$$
$$T: -1 = -\gamma$$

联解得：$\alpha = -1, \beta = -1, \gamma = 1$ 代入原式，得

$$v_k = k\frac{\eta}{d\rho} = k\frac{\nu}{d}$$

将上式化为无因次形式后，有

$$k = \frac{v_k d}{\nu}$$

式中，k 称为临界雷诺数，以 Re_k 表示。根据实验结果，$Re_k = 2\,320$。

瑞利法的最大优点是简单易行，但当待求的物理方程中包含的参变量大于 3 个时，瑞利法就无能为力了。

2. π 定理

π 定理是一种具有普遍性的因次分析方法，它是 1915 年由布金汉（E. Buckingham）提出来的。π 定理可以表述如下：某一物理进程，若有 n 个物理量参与作用，其中涉及 m 个因次独立的基本物理量，则经过处理，这一物理过程可由包含 $n - m$ 个无因次数 π 的函数关系式来表示，即

$$F(\pi_1, \pi_2, \pi_3, \cdots, \pi_{n-m}) \tag{4-2}$$

π 定理的数学证明可参阅有关参考书，下面应用实例说明 π 定理的应用。

[**例题 4-2**] 某长直管道任意两个断面的压强差为 Δp，已知影响 Δp 的物理量有管长 l，管径 d，管壁绝对粗糙度 Δ，流速 v，液体动力粘度 η，液体密度 ρ。用 π 定理推求恒定有压管流的压强差 Δp 和沿程水头损失 h_f 的表达式。

解 列出包含 7 个变量的函数关系式为

$$f(\Delta p, l, d, \Delta, v, \eta, \rho, g) = 0$$

选择 ρ, d, v 为基本物理量，其中 d 代表几何尺度，v 代表运动特性，ρ 代表流体特性。它们包含了 3 个基本因次 M, L, T，各基本量的因次式分别为

$$\dim d = M^0 L^1 T^0$$
$$\dim v = M^0 L^1 T^{-1}$$
$$\dim \rho = M^1 L^{-3} T^0$$

检查 ρ, d, v 在因次上的独立性，它们的指数行列式为

$$\begin{vmatrix} 0 & 1 & 0 \\ 0 & 1 & -1 \\ 1 & -3 & 0 \end{vmatrix} = -1 \neq 0$$

行列式不等于 0，表明 ρ, d, v 是因次独立的。

根据 π 定理，写出 $n - 3 = 7 - 3$ 个 π 项，即

$$\pi_1 = \Delta p \rho^{a_1} v^{b_1} d^{c_1}$$
$$\pi_2 = l \rho^{a_2} v^{b_2} d^{c_2}$$
$$\pi_3 = \eta \rho^{a_3} v^{b_3} d^{c_3}$$
$$\pi_4 = \Delta \rho^{a_4} v^{b_4} d^{c_4}$$

各 π 项的指数可根据因次和谐原理确定，以 π_1 为例

$$\dim \pi_1 = L^0 T^0 M^0 = (L^{-1} T^{-2} M)(L^{-3} T^0 M)^{a_1} (LT^{-1})^{b_1} (L)^{c_1}$$

根据因次和谐原理，得

M：$0 = 1 + a_1$

L：$0 = -1 - 3a_1 + b_1 + c_1$

T：$0 = -2 - b_1$

解得 $a_1 = -1$，$b_1 = -2$，$c_1 = 0$。所以

$$\pi_1 = \Delta p \rho^{-1} v^{-2} d^0 = \frac{\Delta p}{\rho v^2}$$

同理可得
$$\pi_2 = \frac{l}{d}, \quad \pi_3 = \frac{\eta}{dv\rho} = \frac{1}{Re}, \quad \pi_4 = \frac{\Delta}{d}$$

所以

$$F(\pi_1, \pi_2, \pi_3, \cdots, \pi_{n-m}) = F\left(\frac{\Delta p}{\rho v^2}, \frac{l}{d}, \frac{1}{Re}, \frac{\Delta}{d}\right) = 0$$

求解压差，得

$$\Delta p = F_1\left(\frac{l}{d}, \frac{1}{Re}, \frac{\Delta}{d}\right)\rho v^2$$

或

$$\Delta p = \frac{l}{d} F_2\left(\frac{1}{Re}, \frac{\Delta}{d}\right)\rho v^2 = F_3\left(\frac{1}{Re}, \frac{\Delta}{d}\right)\frac{l}{d}\frac{\rho v^2}{2} = \lambda \frac{l}{d}\frac{\rho v^2}{2}$$

式中 $\lambda = F_3\left(\dfrac{1}{Re}, \dfrac{\Delta}{d}\right)$，可由实验进一步求得 λ 与雷诺数 Re 和相对粗糙度 $\dfrac{\Delta}{d}$ 的关系。如以沿程水头损失 h_f 表示，则

$$\frac{\Delta p}{\rho g} = h_f = \lambda \frac{l}{d}\frac{v^2}{2g}$$

上式即为计算沿程水头损失的普遍公式。

因次分析法可以检验由理论推导出的或由实验分析出的物理方程式的正确性；也可以直接求出各变量之间的联系，建立能反映一定物理规律的物理方程式；还能把包含若干个变量的函数式转换为包含几个无因次数的函数式，能更简便、更正确地处理实验数据。因次分析法的前提是必须正确地确定影响物理过程的主要参数，不能遗漏重要的变量或列入与研究现象无关的变量，这就要求研究者对物理现象具有正确的认识，越是有经验的、能把握事物的物理本质的研究者，越能发挥因次分析的作用，分析的结果是否正确又必须以实验来检验。

4.2 流动相似的理论基础

4.2.1 相似现象及相似概念

自然界中流动现象的相似，是指两个流动体系（通常一个是实际的流动现象，称为原型；另一个是在实验室内缩小了尺度后，模拟原型的流动，称为模型）的形态和某种变化过程相似。为了能用模型实验的结果去预测原型流动将要发生的情况，必须使原型和模型两个流动物理体系相似，要求能用相同的数学物理方程描述这两个流动体系，并同时满足几何相似、运动相似、动力相似和边界条件、初始条件相似。

在下面的讨论中，凡涉及原型中的物理量，以下标"p"表示，模型中的物理量以下标"m"

表示，物理量的比尺以 λ 表示，并以下标表示物理量的类别。

（1）几何相似：指原型和模型两个流场中，所有对应线段的长度都维持一定的比例关系，该比例常数称为长度比尺，用 λ_l 表示，即

$$\lambda_l = \frac{l_p}{l_m} \tag{4-3}$$

λ_l 视实验场地和实验要求不同而取不同的值。在 $Oxyz$ 坐标系中，若三个方向的 λ_l 均相同，即 $\lambda_x = \lambda_y = \lambda_z = \lambda_l$，则称为正态相似；若有某个方向的 λ_l 不能取得一致，如 $\lambda_x = \lambda_y \neq \lambda_z$，则原型和模型就是变态相似，两个不同方向的几何比尺之比称为变率 η。若以水平比尺 λ_l 和垂直比尺 λ_h 之比表示变率，即 $\eta = \dfrac{\lambda_l}{\lambda_h}$，则变率越大，几何相似性越差。

长度比尺 λ_l 是几何相似的基本比尺，其他比尺均可通过长度比尺 λ_l 来表示。不难证明，在正态相似的体系中，面积比尺和体积比尺分别表示为

$$\lambda_A = \frac{A_p}{A_m} = \lambda_l^2 \tag{4-4}$$

$$\lambda_V = \frac{V_p}{V_m} = \lambda_l^3 \tag{4-5}$$

（2）运动相似：指原型和模型两个流场中各对应点的速度（加速度）的方向相同，大小维持一定的比例关系。对应的比例常数有

时间比尺

$$\lambda_t = \frac{t_p}{t_m} \tag{4-6}$$

速度比尺

$$\lambda_v = \frac{v_p}{v_m} = \frac{l_p/t_p}{l_m/t_m} = \frac{\lambda_l}{\lambda_t} \tag{4-7}$$

加速度比尺

$$\lambda_a = \frac{a_p}{a_m} = \frac{v_p/t_p}{v_m/t_m} = \frac{\lambda_v}{\lambda_t} = \frac{\lambda_l}{\lambda_t^{1/2}} \tag{4-8}$$

物理现象本身的规律决定了这些比例常数之间存在一定的制约关系。如由式（4-7）可知，时间比尺 λ_t、速度比尺 λ_v，几何比尺 λ_l 之间应该满足 $\dfrac{\lambda_v \lambda_t}{\lambda_l} = 1$。说明在模型设计中，各种比尺不能全部任意指定。

对于重力加速度 g，其比尺为 $\lambda_g = \dfrac{g_p}{g_m}$，由于原型流动和模型流动都在地球上进行，有 $\lambda_g = 1$，在实际工作应予注意。

（3）动力相似：指作用于原型和模型两个流场相应点上的各种作用力的方向对应一致，大小维持同一比例关系，也称力的作用相似，即力的比尺为

$$\lambda_F = \frac{F_p}{F_m} \tag{4-9}$$

流场中可能同时存在多个动力作用。根据达朗贝尔原理，引进流体质点的惯性力，那么，惯性力与质点所受的诸力平衡，形式上构成封闭力多边形。因此对于惯性力 F_I、重力 F_g、粘滞力 F_η、摩阻力 F_D、表面张力 F_σ 和弹性力 F_e，在动力相似体系中，所有这些对应的力的方向应相互平行，大小成同一比例，即

$$\lambda_F = \frac{F_p}{F_m} = \frac{F_{Ip}}{F_{Im}} = \frac{G_p}{G_m} = \frac{F_{\eta p}}{F_{\eta m}} = \frac{F_{Tp}}{F_{Tm}} = \frac{F_{\sigma p}}{F_{\sigma m}} = \frac{F_{ep}}{F_{em}}$$

或

$$\lambda_F = \lambda_{F_I} = \lambda_{F_g} = \lambda_{F_\eta} = \lambda_{F_T} = \lambda_{F_\sigma} = \lambda_{F_e} \qquad (4-10)$$

(4)初始条件和边界条件相似:任何流动过程的发展都受到初始状态的影响。如初始时刻的流速、加速度等物理参数是否随时间变化对其后的流动发展与变化有重要的作用。因此,对于非恒定流,要使两个流动相似,应使其初始状态的物理参数相似,对于恒定流则无需初始条件相似。

边界条件同样是影响流动过程的重要因素,要使两个流动力学相似,则应使其对应的边界的性质相同。在一般情况下,边界条件也可分为几何学、运动学、动力学几方面,如水流进出口处几何相似、流场相似等;又如原型中是固体壁面,则模型中对应部分也应该是固体壁面,原型中是自由液面,则模型中对应部分也应是自由液面。

几何相似是运动相似和动力相似的前提和依据;动力相似是决定水流运动相似的主导因素;运动相似是几何相似和动力相似的具体表现和结果,初始条件和边界条件是保证相似的必要条件,它们是一个统一整体,缺一不可。

4.2.2 牛顿相似律

满足流动相似,则各种比尺应遵循一定的约束关系,这种约束关系叫做相似准则,也称为相似律。任何流体运动,不论是原型还是模型,都必须遵循牛顿第二定律。设作用于流体上的合外力为 F,流体加速度为 a,若该流体运动现象在原型和模型彼此相似,则各同名物理量之间应有固定的相似比尺,力的比尺为

$$\lambda_F = \frac{\vec{F_P}}{\vec{F_m}} = \frac{m_p a_p}{m_m a_m} = \lambda_m \lambda_a = \lambda_m \frac{\lambda_v}{\lambda_t}$$

整理得

$$\frac{\lambda_F \lambda_t}{\lambda_m \lambda_v} = 1 \qquad (4-11)$$

式中,$\dfrac{\lambda_F \lambda_t}{\lambda_m \lambda_v}$ 称为相似指标或相似判据。式(4-11)表明,仅当这一相似指标为 1 时,原型和模型才都遵循牛顿第二定律。进一步改写可得到如下相似准数:

$$\left(\frac{Ft}{mv}\right)_p = \left(\frac{Ft}{mv}\right)_m = Ne \qquad (4-12)$$

Ne 称为牛顿相似准数,又称牛顿数,它是因次一的量。上式表明,两个流动的动力相似,归结为牛顿数相等。

由于 $m = \rho V$,有

$$\lambda_m = \lambda_\rho \lambda_V = \lambda_\rho \lambda_l^3$$

代入式(4-11),得

$$\frac{\lambda_F}{\lambda_\rho \lambda_l^2 \lambda_v^2} = 1 \qquad (4-13)$$

或
$$\left(\frac{F}{\rho l^2 v^2}\right)_p = \left(\frac{F}{\rho l^2 v^2}\right)_m = Ne \qquad (4-14)$$

以上推导表明，若两流体运动现象相似，则相似比尺不再是独立存在，而是服从相似准数及相似指标的约束。

4.2.3 常用的相似准则

要使原型与模型流体运动相似，除了必须满足牛顿数 Ne 相等的条件外，作用于流体上的各种力还必须满足由其自身性质决定的规律。然而，由于各种力的性质不同，影响它们的物理因素不同，要考虑所有不同性质的力的相似是非常困难的，往往无法做到。对于某种具体的流动，起支配地位并决定流体运动状态的可能是一种或两种力。只要在模型实验中让起主导作用的力满足相似条件，就能基本上反映流体运动状态的相似。

1. 重力相似准则（弗汝德准则）

若作用在流体上的外力以重力作用为主，如天然河道的水流运动，则应满足重力相似。重力可表示为 $F_g = Mg = \rho V g$，可得重力比尺为 $\lambda_{F_g} = \lambda_\rho \lambda_g \lambda_l^3$

根据动力相似条件式（4-10），$\lambda_F = \lambda_{F_g}$，于是有
$$\lambda_\rho \lambda_g \lambda_l^3 = \lambda_\rho \lambda_l^2 \lambda_v^2$$

整理后得

$$\frac{\lambda_v^2}{\lambda_g \lambda_l} = 1 \qquad (4-15)$$

或

$$\left(\frac{v}{\sqrt{gl}}\right)_p = \left(\frac{v}{\sqrt{gl}}\right)_m = Fr \qquad (4-16)$$

式中：Fr 为重力相似准数，或称弗汝德数（Froude）。由推导可知，弗汝德数是惯性力和重力的比值。

式（4-16）表明，在重力起主导作用的流动中，要保持原型和模型两个流动满足动力相似，它们的弗汝德数 Fr 应相等，这就是重力相似准则或弗汝德相似准则。如波浪、水流的运动机理及它们与建筑物相互作用等的试验研究都是根据重力相似准则来设计模型的。

2. 粘性力相似准则（雷诺准则）

若液体运动的作用力主要为粘性力，则应保持原型和模型间的粘性力相似。由牛顿内摩擦定律可得粘性力的比尺 $\lambda_{F_\eta} = \lambda_\eta \lambda_l \lambda_v$，根据式（4-10），有
$$\lambda_\eta \lambda_l \lambda_v = \lambda_\rho \lambda_l^2 \lambda_v^2$$

即
$$\frac{\lambda_v \lambda_l \lambda_\rho}{\lambda_\eta} = 1 \qquad (4-17)$$

或
$$\left(\frac{vl}{\nu}\right)_p = \left(\frac{vl}{\nu}\right)_m = Re \qquad (4-18)$$

式中 Re 称为雷诺数。由推导可知，雷诺数反映了惯性力与粘性力的比值。式（4-17）或式（4-18）反映了粘性力作用为主的流动中，要保持原型和模型流动的动力相似，它们的雷诺数应保持同一常数，这就是雷诺相似准则，也称为内摩擦力相似准则。

3. 压力相似准则（欧拉准则）

如流体运动中起主导作用的力是压力，则在原型和模型之间应保持压力作用下的动力相

似。由 $F_p p = pA$ 及式(4 - 10)，可得

$$\lambda_{F_p} = \frac{F_{P_p}}{F_{P_m}} = \frac{P_p A_p}{p_m A_m} = \lambda_p \lambda_l^2 = \lambda_\rho \lambda_l^2 \lambda_v^2$$

即

$$\frac{\lambda_p}{\lambda_\rho \lambda_v^2} = 1 \qquad\qquad (4 - 19)$$

或

$$\left(\frac{p}{\rho v^2}\right)_p = \left(\frac{p}{\rho v^2}\right)_m = Eu \qquad\qquad (4 - 20)$$

式中：p 为压强，Eu 称为压力相似准数，也称为欧拉(Euler)数。上式说明，原型和模型的欧拉数相等，是压力为主要作用的动力相似准则，称为欧拉准则。欧拉准则不是独立的准则，当雷诺准则和重力相似准则得到满足时，欧拉准则自动满足。

4. 非恒定流相似准则(斯特鲁哈准则)

由欧拉加速度 $a = \dfrac{dv}{dt} = \dfrac{\partial v}{\partial t} + \dfrac{\partial v}{\partial s} \dfrac{ds}{dt} = \dfrac{\partial v}{\partial t} + v \dfrac{\partial v}{\partial s}$，可推导出非恒定流动中模型和原型应满足的非恒定流相似准则，即

$$\frac{\lambda_v \lambda_t}{\lambda_l} = 1 \qquad\qquad (4 - 21)$$

或

$$\left(\frac{vt}{l}\right)_P = \left(\frac{vt}{l}\right)_m = St \qquad\qquad (4 - 22)$$

式中：St 为非恒定流相似准数，或称斯特鲁哈(Strouhal)数，它是控制非恒定流时间的准数，又称为时间相似准数。如果原型和模型要达到非恒定流相似，就要求斯特鲁哈数相等。换言之，若模型和原型中的斯特鲁哈数相等，就能达到非恒定流下的动力相似。这就是非恒定流相似准则，或称斯特鲁哈相似准则。

5. 表面张力相似准则(韦伯准则)

流体中表面张力起主导作用时，按照类似的推导方法，可得到

$$\frac{\lambda_v^2 \lambda_l \lambda_\rho}{\lambda_\sigma} = 1 \qquad\qquad (4 - 23)$$

或

$$\left(\frac{v^2 l \rho}{\sigma}\right)_p = \left(\frac{v^2 l \rho}{\sigma}\right)_m = We \qquad\qquad (4 - 24)$$

式中：σ 为表面张力系数，We 为韦伯数。上式为表面张力相似准则，也称为韦伯相似准则。它表明，两个液流在表面张力作用下的力学相似条件是它们的韦伯数相等。

6. 弹性力相似准则(柯西准则或马赫准则)

当某一运动现象以弹性力作用为主，例如研究可压缩流体流动(当流速接近或超过音速时，流体弹性压缩现象将比较显著)、水击现象等，原型和模型之间必须保持弹性力作用相似。弹性力可表示为 $F_E = EA = El^2$，则 $\lambda_{F_E} = \lambda_E \lambda_l^2$，由式(4 - 10)，可得

$$\frac{\lambda_\rho \lambda_v^2}{\lambda_E} = 1 \qquad\qquad (4 - 25)$$

或

$$\left(\frac{v^2 \rho}{E}\right)_p = \left(\frac{v^2 \rho}{E}\right)_m = Ca \qquad\qquad (4 - 26)$$

或

$$\left(\frac{v}{c}\right)_p = \left(\frac{v}{c}\right)_m = Ma \qquad\qquad (4 - 27)$$

式中：Ca 为柯西数，反映了惯性力与弹性力之比；E 为弹性模量；Ma 为马赫数，c 为声音在流体中的传播速度（音速）$c = \sqrt{\dfrac{E}{\rho}}$。式（4-26）和式（4-27）即为弹性力相似准则，也称柯西（Cauchy）准则或马赫（Mach）准则。在研究气流速度很大、气体压缩性影响显著的情况下，要满足马赫准则。

4.3　模型实验

实际工程中许多项目需要进行模型实验，模型实验是根据相似原理，将各种设计方案按比例缩小成流动相似模型，在实验中观测流动现象，以选择最合理的方案。

4.3.1　模型相似准则的选择

模型的设计，要解决模型与原型各种比尺的选择问题，首先必须根据流动运动特性，找出所研究问题的主要作用力，进而选定与主要作用力相对应的相似准则，然后算出各物理量的模型比尺。例如，在具有自由液面的明渠流、堰闸出流、桥墩绕流等问题中，液体是在重力作用下流动的，应采取重力相似准则；对于有压管流，当流速分布及沿程损失主要取决于流层间的粘性力时，采用雷诺相似准则。

若所研究问题需要采用重力相似准则设计模型，由于一般情况下，$\lambda_g = 1$，根据式（4-15），可得重力相似条件下的流速比尺为

$$\lambda_v = \lambda_l^{1/2} \tag{4-28}$$

相应的流量比尺和时间比尺分别为

$$\lambda_Q = \lambda_v \lambda_l^2 = \lambda_l^{5/2} \tag{4-29}$$

$$\lambda_t = \lambda_l / \lambda_v = \lambda_l^{1/2} \tag{4-30}$$

若所研究问题需要采用雷诺相似准则设计模型，且原型和模型采用相同的流体，试验时温度也一致，则

$$\lambda_v \lambda_l = 1 \tag{4-31}$$

由此可得到雷诺相似条件下的速度比尺为

$$\lambda_v = 1/\lambda_l \tag{4-32}$$

相应的流量比尺和时间比尺分别为

$$\lambda_Q = \lambda_v \lambda_l^2 = \lambda_l \tag{4-33}$$

$$\lambda_t = \lambda_l^2 \tag{4-34}$$

如果原型和模型要同时满足重力相似和粘性力相似，则必须同时满足式（4-28）和式（4-31），此时，必须 $\lambda_l = 1$，即原型和模型相同，失去了模型实验的价值。

可见，一般情况下同时满足两个或两个以上作用力相似是很难实现的。

4.3.2　模型设计

选定相似律后，通常结合试验要求和试验范围，根据实验场地、供水供电条件和模型制作的其他限制条件，先确定长度比尺 λ_l；按所选定的 λ_l，计算模型的几何尺寸及几何边界；按式（4-31）～（4-34）计算流速、流量等各物理量的相似比尺；按相似比尺，将原型的流

量、流速等运动要素换算成模型值；确定边界条件，确保模型进出口断面的流速分布、水位、压强等边界条件完全相似。

思 考 题

1. 因次分析有何作用？
2. 瑞利法和 π 定理各适用于何种情况？
3. 基本物理量的选择有哪些依据？
4. 两液流相似应满足哪些条件？
5. 有哪些常用的相似准则？

习 题

1. 根据牛顿内摩擦定理 $\tau = \eta \dfrac{\mathrm{d}u}{\mathrm{d}y}$，推导动力粘度 η、运动粘度 ν 的量纲和单位。

2. 实验表明，流动有层流和紊流两种状态，流态相互转化时的流速称为临界流速。已知恒定有压管流的下临界流速 v'' 与管径 d、流体密度 ρ、流体动力粘度 η 有关。试用量纲分析法求出它们的函数关系。

3. 已知总流边界单位面积上的切应力 τ_0 与流体密度 ρ、动力粘度 η、断面平均流速 v、管径 d 及表面粗糙突出高度 Δ 有关。试分别用瑞利法和 π 定理求 τ_0 的表达式。

4. 文丘里管喉管处的流速 v_2 与文丘里管进口断面直径 d_1、喉管直径 d_2、流体密度 ρ、动力粘度 η 及两断面间压差 Δp 有关，试用 π 定理求文丘里管通过的流量 Q 的表达式。

5. 实验观测得知，矩形薄壁堰的流量 Q 与堰上水头 H、堰宽 b、重力加速度 g 等有关。试用 π 定理分析堰流流量公式的结构形式。

6. 溢水堰模型设计长度比尺 $\lambda_l = 25$，当在模型上测得流量为 $Q_m = 0.18 \ \mathrm{m^3/s}$ 时，水流对堰体的推力 $F_m = 300 \ \mathrm{N}$，求实际流量和推力。

7. 在某泄洪闸模型试验中，已知 $\lambda_l = 36$，模型流量 $Q_m = 0.75 \ \mathrm{m^3/s}$，测得模型跃前断面水深 8 cm，流速为 1.45 m/s，试求：①原型流量 Q_p；②原型跃前断面流速 v_p；③原型水跃高度 a_ρ。

8. 设有一输油管，管径 $d_p = 500 \ \mathrm{mm}$，管长 $l_p = 100 \ \mathrm{m}$，管中油的流量 $Q_p = 0.1 \ \mathrm{m^3/s}$。现用 20℃ 的水作模型中的流体，模型管径 $d_m = 25 \ \mathrm{mm}$。已知 20℃ 水的运动粘度 $\nu_m = 1.003 \times 10^{-6} \ \mathrm{m^2/s}$，20℃ 油的运动粘度 $\nu_p = 150 \times 10^{-6} \ \mathrm{m^2/s}$。试求模型中管长 l_m 和模型流量 Q_m。

9. 某桥墩长度 $l_p = 24 \ \mathrm{m}$，桥墩宽度 $b_p = 4.3 \ \mathrm{m}$，两桥墩距离 $B_p = 90 \ \mathrm{m}$，水深 $h_p = 8.2 \ \mathrm{m}$，平均流速 $v_p = 2.3 \ \mathrm{m}$。设制作模型的长度比尺 $\lambda_l = 50$，试求模型尺寸及模型平均流速和流量。

10. 某 $d = 20 \ \mathrm{cm}$ 的水平输油管道，输送原油，运动粘度 $\nu = 0.42 \ \mathrm{cm^2/s}$，流量 $Q = 12.5$ L/s。若用 10℃ 的水在管径为 5 cm 的管道上按粘滞力相似准则进行试验。并测得 3 m 长试验管道上测压管水面下降 2.5 cm，试求模型流速和 24 m 长原型管道上的水头损失。

11. 某水平输油管道，管径 $d = 50 \ \mathrm{cm}$，长度 $L = 80 \ \mathrm{m}$，流量 $Q = 0.49 \ \mathrm{m^3/s}$，运动粘滞系数 $\nu = 1.5 \ \mathrm{cm^2/s}$，在 $\lambda_1 = 20$ 的模型上用 20℃ 的水做试验，并测得 2 m 实验管段上测压管水面下

降 1.6 cm。试求模型长度、流速以及原型管壁上的切应力。

12. 有一长 500 m，直径 5 m 的泄洪隧洞，洞中水流属紊流粗糙区，现需进行模型试验。要求：①说明按何种相似准则设计模型，并写出其相似准则表达式；②按相似准则导出流速、流量、力及糙率比尺的表达式。

第5章　流动阻力及水头损失

能量方程反映了流体运动的能量守恒与转化规律，水头损失是应用能量方程时必须考虑的问题。由于流体运动的复杂性，目前还难于用纯理论的方法来解决水头损失的计算问题，通常采用理论分析和实验研究相结合的方法探讨水头损失的规律。

5.1　流动阻力和水头损失的分类

流动阻力和水头损失是两个不同而又关联的概念，流动阻力是流体与边界相互作用而产生的与来流方向平行的作用力，流动阻力做功造成机械能损失。流动阻力和水头损失的变化规律因流动状态和流动的边界条件而异，研究流动阻力和水头损失的性质、大小和变化规律在工程实践上有十分重要的意义。

5.1.1　流动阻力和水头损失的分类

在边壁形状、尺寸、流动方向均无变化的均匀流流段上，产生的流动阻力称为沿程阻力或摩擦阻力。克服沿程阻力做功而引起的水头损失称为沿程水头损失，简称沿程损失，用 h_f 表示。沿程水头损失均匀分布在整个流段上，与流段的长度成正比。一般认为在均匀流和渐变流的情况下产生的水头损失只有沿程水头损失。

在固体边界的形状、尺寸或两者之一沿流程急剧变化的局部流段上，因漩涡区的存在、流动速度方向和大小的改变使该流段和附近区域受到集中阻力的作用。这种集中产生的流动阻力称为局部阻力。克服局部阻力引起的水头损失称为局部水头损失，用 h_j 表示。

如图 5 – 1 所示的管路，当流体经过 2、4、6 流段时只有沿程水头损失，当流体经过 1（闸门）、3（突然扩大）、5（突然缩小）、7（转弯）等变形管段时，产生局部水头损失。

流体产生水头损失的必要条件：①流体具有粘性；②固体边界的影响。前者是主要的，起决定作用的。把水头损失区分为沿程水头损失和局部水头损失，对流体本身来说，仅仅是水头损失产生的外部原因（边界影响）不同，但内因是相同的，都是由于液流内部质点的相对运动和摩擦，由粘性作用将液流机械能转化为热能而耗散掉了。

如图 5 – 1 所示，整个管路的水头损失等于各管段的沿程水头损失和局部水头损失之和。

$$h_w = \sum h_f + \sum h_j$$

5.1.2　过流断面的水力要素及其对水头损失的影响

影响水头损失的过流断面水力要素包括过流断面面积 A、湿周 χ 和水力半径 R。

对于两个相同形状的过流断面，如半径分别为 r_1 和 r_2 的两个圆形管道，$r_1 < r_2$，当通过的流量相同时，流速 $v_1 > v_2$，则 $\dfrac{du_1}{dr_1} > \dfrac{du_2}{dr_2}$，根据牛顿内摩擦定律，$\tau_1 > \tau_2$，说明其他条件相同时，过流断面面积越大，水头损失越小。

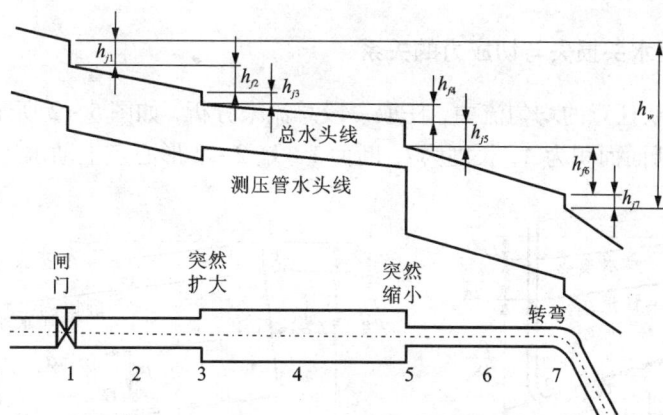

图 5 - 1 管路沿程水头损失和局部水头损失

流体在过流断面上与固体边壁接触的周界线，称为湿周，用 χ 表示。显然，在其他条件相同的情况下，湿周越大，流体与固体边界接触的周界越长，边壁阻力越大，水头损失也越大。

如果两个过流断面形状不同，二者湿周一般是不相等的，只用面积或湿周均不能全面表征过流断面的水力特征，只有把两者结合起来才较为全面。为此，将面积 A 与湿周 χ 的比值称为水力半径，用 R 表示，即

$$R = \frac{A}{\chi}$$

水力半径是一个非常重要的水力要素，很多流体力学公式均包含这个要素。水力半径具有长度量纲，常用 m 或 cm 为单位。例如圆管满流时，圆管直径为 d，水力半径为

$$R = \frac{\pi d^2/4}{\pi d} = \frac{d}{4}$$

5.1.3　水头损失的计算公式

实验表明，圆管满流时沿程水头损失 h_f 与流程的长度 l 成正比，与管道的直径 d 成反比，其计算公式为

$$h_f = \lambda \frac{l}{d} \frac{v^2}{2g} \tag{5-1}$$

式(5-1)称为达西-魏斯巴赫(Darcy - Weissenberg)公式。式中，v 为管流的断面平均流速，λ 称为沿程水头损失系数，λ 值与流动特性及管壁的粗糙程度有关，λ 的分析与计算是本章的重点内容。

对于非圆形截面管道，沿程水头损失可表示为

$$h_f = \lambda \frac{l}{4R} \frac{v^2}{2g} \tag{5-2}$$

局部水头损失的计算公式为

$$h_j = \zeta \frac{v^2}{2g} \tag{5-3}$$

式中，ζ 称为局部水头损失系数。

5.1.4 均匀流沿程水头损失与切应力的关系

在过流断面形状任意的均匀流中，任取一段总流来分析，如图 5-2 所示。设总流与水平面夹角为 α，过流断面面积为 A，长度为 l，断面 1-1、2-2 形心点上动水压强分别为 p_1，p_2，

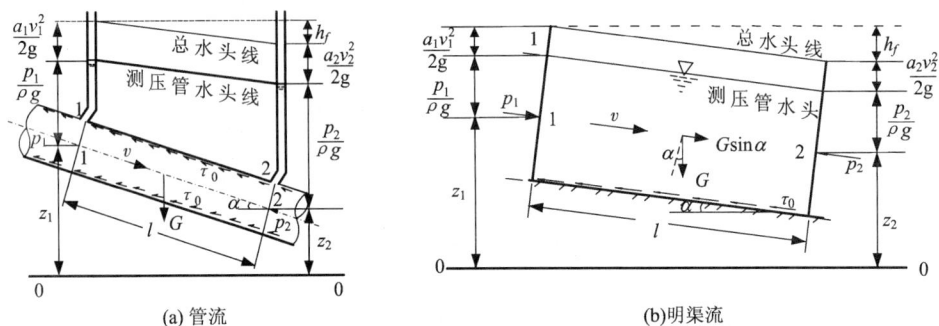

(a) 管流　　　　　　　　　　　(b)明渠流

图 5-2　均匀流沿程损失与切应力

该两断面形心点距离基准面的高度分别为 z_1，z_2。作用在该总流流段上的作用力有动水压力、重力、边界摩擦阻力。由于是均匀流，沿流动方向各作用力满足受力平衡条件，即

$$P_1 - P_2 + G\sin\alpha - T = 0 \qquad (5-4)$$

式中，$P_1 = p_1 A$，$P_2 = p_2 A$ 分别为 1-1 断面和 2-2 断面的动水压力，$G = \rho g A l$ 为重力，$T = \tau_0 x l$ 为流段边界摩阻力，τ_0 为边界切应力。$\sin\alpha = \dfrac{z_1 - z_2}{l}$，得到

$$p_1 A - p_2 A + \rho g A l \frac{z_1 - z_2}{l} - \tau_0 x l = 0$$

用 $\rho g A$ 除上式各项，经整理后得到：

$$\left(z_1 + \frac{p_1}{\rho g}\right) - \left(z_2 + \frac{p_2}{\rho g}\right) = \frac{\tau_0}{\rho g} \frac{x}{A} l \qquad (5-5)$$

$$h_f = \frac{\tau_0}{\rho g} \frac{x}{A} l = \frac{\tau_0}{\rho g} \frac{l}{R} \qquad (5-6)$$

令水力坡度 $J = \dfrac{h_f}{l}$，因为 $J = h_f / l$，则水流边界切应力可表示：

$$\tau_0 = \rho g R \frac{h_f}{l} = \rho g R J \qquad (5-7)$$

将式(5-1)代入式(5-7)，可得

$$\tau_0 = \frac{\lambda}{8} \rho v^2 \qquad (5-8)$$

这就是边壁切应力与沿程水头损失系数之间的关系。

流体各流层之间均有内摩擦切应力存在，在均匀流内部任取一流束，如其水力坡度为 J'，流束与总流的水力坡度相同，即 $J' = J$。按上述推导方法可得任一流层的切应力为：

$$\tau = \rho g R' J \qquad (5-9)$$

式中：R'——流束的水力半径。

将式(5-9)除以式(5-7)，并整理得

$$\tau = \frac{\rho g R' J}{\rho g R J} \tau_0 = \frac{R'}{R} \tau_0 = \frac{r}{r_0} \tau_0 \qquad (5-10)$$

上式说明圆管均匀流过流断面上切应力是按直线分布的，圆管中心处切应力为零，管壁处切应力最大。

对于水深为 h 的宽浅明渠均匀流(图5-3)，因此近似可取 $R=h$。用同样方法可以推导出离渠底 y 处的切应力为

$$\tau = (1 - \frac{y}{h}) \tau_0 \qquad (5-11)$$

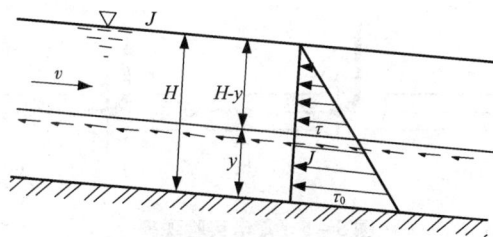

图5-3 明渠均匀流

5.2 粘性流体运动的两种形态

影响水头损失的因素有很多，包括固体壁面阻力和流体内部的流动结构。为了对流体的运动进行分析，1883年英国科学家雷诺(O. Reynolds)通过圆管实验揭示了流体运动存在层流和紊流两种形态。

5.2.1 雷诺实验

雷诺实验装置如图5-4所示。实验时向左侧水箱注水，并使水位保持恒定，当阀门 K_1 打开，颜色水用细管导入水箱下游管道中，将阀门 K_2 徐徐打开，让颜色液体与管道中水流一起运动。当阀开度小，也就是流速小时，管中形成界限分明而平稳的细直线有色流束，它与周围清水互不混合[图5-5(a)]，说明各流层质点互不混掺，运动有序，此种流动状态称为层流。若阀门 K_2 继续加大，管中流速增大，有色流束出现波动[图5-5(b)]。当流速增加的某一数值时，颜色水断裂，扩散至全管，并迅速与清水掺混[图5-5(c)]，此种流动状态称为紊流。

若实验以相反的过程进行，即先将阀门 K_2 全开，管中流速较大，处于紊流状态，然后再逐渐关小阀门，使流速减小，当流速减小到某一数值时，管中也形成界限分明而平稳的细直线有色流束，表明管中流动形态已经由紊流转变为层流。若继续关小阀门，流速进一步减小，水流则继续保持层流状态。

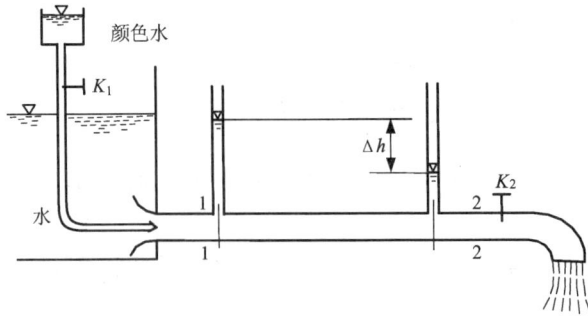

图 5-4 雷诺实验装置

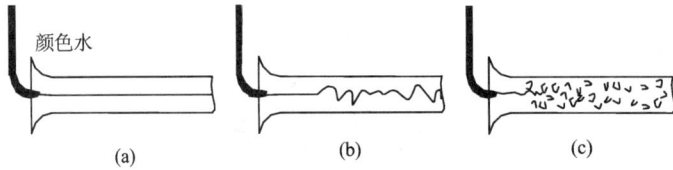

(a)　　　　　　　　(b)　　　　　　　　(c)

图 5-5 雷诺实验现象

5.2.2 沿程水头损失与流速的关系

在图 5-4 的圆管中取两个断面 1-1 和 2-2，安装测压管，在恒定流的条件下，两根测压管水面高差 Δh 就是 1-1 和 2-2 段面之间的沿程水头损失 h_f，通过改变阀门 K_2 的开度，得到不同的圆管平均流速 v，以及相应的沿程水头损失 h_f。分别对其取对数，在对数坐标纸上绘出 h_f 和 v 的关系曲线，如图 5-6 所示。当流速从小逐渐增大时，实验数据位于 $ACDE$ 上，C 点对应的流速是层流向紊流转换的流速，称为上临界流速，用 v_k' 表示。当流速从大逐渐减小时，实验数据位于 $EDBA$ 上，B 点对应的流速是紊流向层流转换的流速，称为下临界流速，用 v_k 表示。

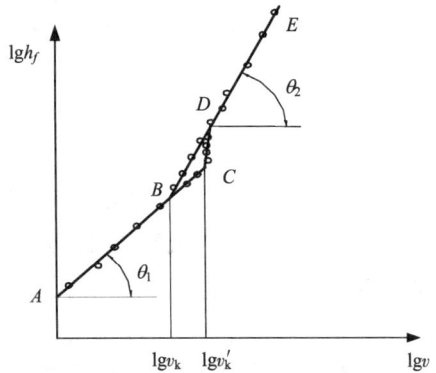

图 5-6 沿程水头损失与流速的关系

如图 5-6 所示，直线段 AB 为层流区，$v < v_k$，直线段 DE 为紊流区，$B(C)D$ 段为不稳定的区域，可能为层流也可能为紊流，称为过渡段。对于直线 AB 和 DE，可表示为

$$\lg h_f = \lg k + m\lg v$$

即
$$h_f = kv^m$$

式中，k 是取决于液体性质、管径、管壁粗糙度的系数，m 是相应直线的斜率。在 AB 段，$\theta_1 =$

$45°$，直线斜率 $m_1 = 1$。即 $h_f = kv$，说明圆管层流时，沿程水头损失与流速的 1 次方成比例。在 DE 段，$v > v'$，$\theta_2 > 45°$，$m_2 = 1.75 \sim 2.0$，即 $h_f = kv^{1.75 \sim 2.0}$，说明圆管紊流时，沿程水头损失与流速的 $1.75 \sim 2.0$ 次方成比例。

5.2.3 流动型态的判别

雷诺实验用的是圆管，所用的流体是水，对于其他任意边界形状，其他性质流体的流动，都可以发现存在层流和紊流两种流动型态。由于层流和紊流的能量损失规律并不相同，所以在分析实际流动问题时，必须首先区分流动的型态。

雷诺实验发现：在相同直径圆管中用不同流体进行实验所测得的临界速度 v_k 各不相同；用同一流体在不同直径的管中进行实验所测得的临界速度 v_k 也各不相同。说明用临界流速判别流态是不实际的。进一步实验表明，v_k 与运动粘度 ν 成正比，与流体的密度 ρ 和管径 d 成反比。其比例系数定义为临界雷诺数，以 Re_k 表示，即

$$Re_k = \frac{\rho v_k d}{\eta} = \frac{v_k d}{\nu} \tag{5-12}$$

由于临界流速有上临界流速 v'_k 和下临界流速 v_k，临界雷诺数也有上临界雷诺数 Re'_k 和下临界雷诺数 Re_k。许多学者进行了试验，他们所得到的下临界雷诺数是一个比较稳定的数值，约为 2 320，但上临界雷诺数的值相差很大。

对于实际流速 v，管流的实际雷诺数为

$$Re = \frac{\rho v d}{\eta} = \frac{v d}{\nu} \tag{5-13}$$

这样，就可以用 Re 和临界雷诺数来判别流态。工程上通常采用下临界雷诺数作为判别流态的标准：当管流雷诺数小于 2 320 时，其流动型态为层流；当管流雷诺数大于 2 320 时，其流动型态为紊流。

雷诺数的物理意义可以理解为流体的惯性力和粘性力的比值。这一点可以通过对各物理量的量纲分析加以说明。雷诺数越小，就意味着惯性力对流动的影响越小，粘性力对流动的影响就越大，对流体质点运动起抑制作用，当雷诺数小到一定程度，则呈层流状态；反之，呈紊流状态。

对于明渠流，一般用水力半径 R 来表征过流断面的特征长度，则雷诺数

$$Re = \frac{vR}{\nu} \tag{5-14}$$

此时，相应的下临界雷诺数为 $Re_k \approx 580$。

[**例题 5 - 1**] 某输水管道，直径 d 为 30 mm，管中流速 v 为 1.0 m/s，水温为 10℃，请判别管中水流的型态。

解 当水温为 10℃时，查表则得运动粘度 $\nu = 0.013\ 1\ \text{cm}^2/\text{s}$，管中水流的雷诺数 $Re = \frac{vd}{\nu}$

$= \frac{0.03 \times 1}{1.31 \times 10^{-6}} = 22\ 971 > 2\ 320$，则管中水流流动型态为紊流。

5.3 圆管中的层流运动规律

层流属于低雷诺数的流动，地下水渗流、机械工程中的润滑油流动、输油管道中的流动

等等多属于层流。本节中着重阐述圆管中的层流运动规律。认识层流是研究紊流的基础，层流的结构研究具有重要的理论价值。最早研究圆管层流运动的学者是法国生物学家泊肃叶（Poiseuille），他在1841年导出了圆管层流流速分布公式，现在人们把长直圆管中的层流流动也称为泊肃叶流动。

5.3.1 圆管均匀层流的流速分布

圆管均匀层流是轴对称流动，管中流层可以看作是一系列同心圆筒薄层。管内的流速分布必然与层与层之间的切应力有关。由式（5-7）可知

$$\tau = \rho g R J = \rho g \frac{r}{2} J \tag{5-15}$$

圆管内层流还应服从牛顿内摩擦定律。若设坐标原点于横断面圆心，轴向流速方向为 x 正方向，径向为 r 正方向，牛顿内摩擦定律可表示为：

$$\tau = -\eta \frac{\mathrm{d}u_x}{\mathrm{d}r} \tag{5-16}$$

由于各流层的纵向流速 u_x 总是随半径 r 增大而递减，故流速梯度 $\frac{\mathrm{d}u_x}{\mathrm{d}r}$ 恒为负值。

联立（5-15）和（5-16）两式，经整理后可得：

$$\frac{\mathrm{d}u_x}{\mathrm{d}r} = -\frac{\rho g J}{2\eta} r$$

将上式沿径向积分，并代入边界条件：$r = r_0$ 时，$u_x = 0$，即圆管边缘处固壁上的流速为零，得圆管均匀层流的流速分布公式：

$$u_x = \frac{\rho g J}{4\eta}(r_0^2 - r^2) \tag{5-17}$$

可见圆管层流运动的断面流速分布是以管中心线为轴的旋转抛物面，见图 5-7。当 $r = 0$，有

$$u_m = \frac{\rho g J}{4\eta} r_0^2 = \frac{g J}{16\nu} d^2 \tag{5-18}$$

即管中最大流速位于管轴心处。

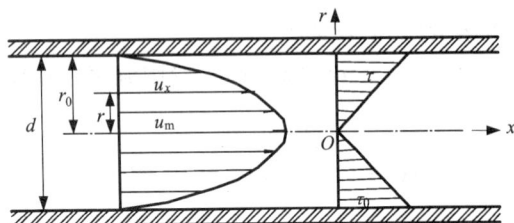

图 5-7　圆管层流的流速分布

将流速分布公式（5-17）代入断面平均流速定义式，可得

$$v = \frac{\int_A u_x \mathrm{d}A}{A} = \frac{\int_0^{r_0} \frac{\rho g J}{4\eta}(r_0^2 - r^2)2\pi r \mathrm{d}r}{\pi r_0^2} = \frac{\rho g J}{8\eta}r_0^2 = \frac{\rho g J}{32\eta}d^2 \qquad (5-19)$$

比较式(5 - 18)和式(5 - 19)，得

$$v = \frac{1}{2}u_{\max}$$

上式表明圆管层流运动的断面平均流速为最大流速的一半。

5.3.2　圆管层流沿程水头损失系数

由式(5 - 19)可得

$$J = \frac{32\eta v}{\rho g d^2}$$

而 $h_f = Jl$，则

$$h_f = \frac{32\eta v l}{\rho g d^2} \qquad (5-20)$$

上式从理论上证明了 h_f 和 v 的一次方成比例，这与雷诺实验的结论完全一致。

如将式(5 - 20)改写成达西 - 魏斯巴赫公式的形式

$$h_f = \frac{32\nu v l}{g d^2} = \frac{64}{\frac{v d}{\nu}}\frac{l}{d}\frac{v^2}{2g} = \frac{64}{Re}\frac{l}{d}\frac{v^2}{2g}$$

可见

$$\lambda = \frac{64}{Re} \qquad (5-21)$$

5.4　紊流概述

紊流的流动结构较为复杂，流速分布规律及沿程水头损失规律也比层流要复杂得多。目前仍然有很多与紊流运动有关的问题未得到满意的解决。本节主要介绍紊流的基本概念及其基本特征，下一节介绍紊流沿程水头损失的研究成果与计算方法。

5.4.1　紊流的形成

由雷诺实验可知，紊流和层流的根本区别在于流动中有无流层间的掺混，而涡体的形成则是产生这种横向掺混的根源。

涡体的形成与发展过程如图 5 - 8 所示，假定流动的初始状态为层流流态，由于实际流体的粘性作用，过流断面上的流速分布总是不均匀的。对于图 5 - 8(a)中所选定的任意流层而言，流速较大的高流速层会通过摩擦切应力的形式拖动相邻的低流速层向前运动，而低流速层作用于高流速层的摩擦切应力则表现为阻力。因此，该选定流层上、下两侧的摩擦切应力有构成顺时针方向的力矩促使涡体产生的倾向。

由于外界的干扰或来流中残存的扰动，所选定的流层可能会在局部发生微小的波动，如图 5 - 8(b)。这将导致局部区域的流速和压强的调整。波峰一侧由于流线间距变窄，微小流

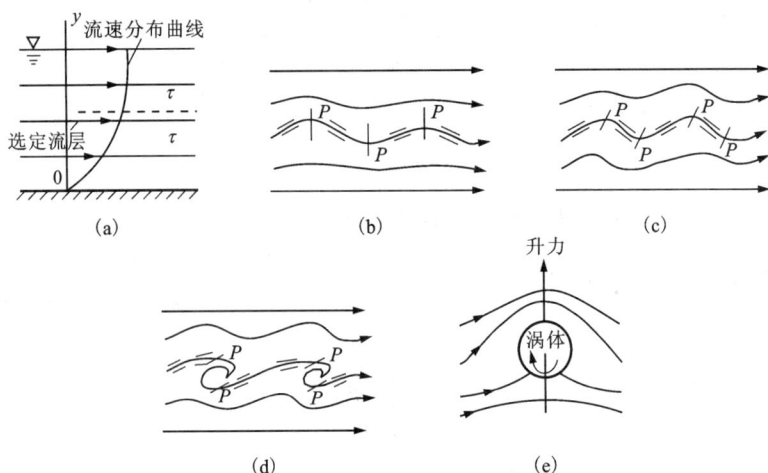

图 5 - 8　涡体的形成过程

束过流断面面积变小,流速增加,压强降低;波谷一侧则相反,微小流束过流断面面积增大,流速减小,压强增高。这样就使发生微小波动的流层各段承受不同方向的横向压力 P,显然,这种横向压力的作用将使波动加剧,如图 5 - 8(c) 所示。当波幅增大到一定程度后,在横向压力与摩擦切应力力矩的共同作用下,波峰和波谷重叠,形成涡体,如图 5 - 8(d) 所示。涡体形成后,涡体的旋转方向与流体速度方向一致的一边流速增大,压强减小;另一边则流速减小,压强增大,使得旋转着的涡体上下两边产生压差,形成作用于涡体的横向升力,这种升力有可能推动涡体做横向运动,进入其他流层,从而发生紊流运动,如图 5 - 8(e) 所示。

涡体的形成并不意味着一定能形成紊流,随流运动的涡体是继续发展还是逐渐衰减,与流体受到的惯性力和粘性力的大小有关。如果惯性力大于粘性力,则涡体不断加强,流动将向紊流发展;如果惯性力小于粘性力,涡体不断衰减,直至消失,流态表现为层流。正因为如此,我们可以用表征惯性力与粘性力比值的雷诺数作为判别流态的特征参数。

5.4.2　紊流的脉动

从雷诺实验中可以看出,紊流运动的流体质点不断做不规则的相互掺混、碰撞,流体内任意点的流速、压强等运动要素(大小和方向)随时间不断发生变化。即使在恒定流中,利用高精度的仪器(如声学多谱勒测速仪)测量紊流场中某一点的流速,测量值也呈现随机性(图 5 - 9),我们把瞬时运动要素随时间做不规则急剧变化的现象称为脉动。由图可以看出,x 方向上,虽然瞬时流速 u_x 的值都不相同,但是都围绕某一段时间的平均值附近上下波动。我们将这个平均值称为时均值,记作 $\bar{u}_x$。取一段足够长的时间 T,则

$$\bar{u}_x = \frac{1}{T}\int_0^T u_x \mathrm{d}t \tag{5 - 22}$$

由此,可以把某瞬时的流速值 u_x 看作由时均值 $\bar{u}_x$ 和脉动值 u'_x 叠加得到,即

$$u_x = \bar{u}_x + u'_x \tag{5 - 23}$$

式中的脉动流速是瞬时流速和时均流速的差值。显然对于脉动流速取平均则有

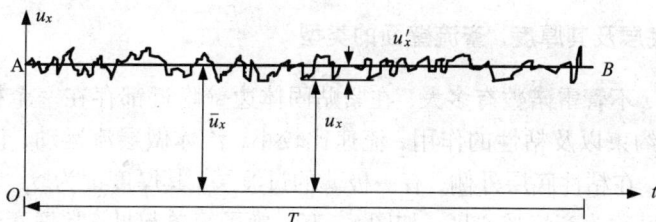

图 5 – 9 瞬时流速与时均流速

$$\bar{u}'_x = \frac{1}{T}\int_0^T (u_x - \bar{u}_x)\,dt = \frac{1}{T}\int_0^T u_x\,dt - \bar{u}_x = 0$$

同样，y 方向的流速可以写成 $u_y = \bar{u}_y + u'_y$。其他运动要素亦可用上述时均法处理，如对某时段 T 内的某点的瞬时压强 p 取平均，则得时均压强 $\bar{p}$ 为

$$\bar{p} = \frac{1}{T}\int_0^T p\,dt$$
$$p = \bar{p} + p'$$

上式中 p' 为脉动压强。

具有随机分布的脉动值是紊流运动要素的一个重要特征，层流运动要素则没有脉动值。由于脉动现象极其复杂，对流动的影响很大，所以紊流的流速分布、沿程水头损失系数的规律远比层流复杂。就脉动现象而言，紊流总是非恒定流，然而，研究紊流时，广泛采用运动要素的时均值。如果时均值不随时间变化，称为 (时均) 恒定流；反之，时均值随时间变化，称为 (时均) 非恒定。在时均意义上，可以方便地应用前几章讨论的均匀流、渐变流的概念和基本方程式。今后不加说明，均省略"时均"两字和时均顶标"—"。

5.4.3 紊流附加切应力

在层流运动中，各流层之间的相对运动所引起的粘性切应力可用牛顿内摩擦定律计算。在紊流中，各流层除了有相对运动外，还有横向的质点交换，因此除了受到粘性切应力的作用以外，流体还受到紊流附加切应力的作用。根据紊流理论，紊流切应力可表示为

$$\tau = \eta \frac{du_x}{dy} - \rho u \bar{u}'_x u \bar{u}'_y \qquad (5-24)$$

式中，$-\rho u \bar{u}'_x u \bar{u}'_y$ 称为雷诺应力，也称为紊流附加切应力。紊流中粘性切应力远远小于紊流附加切应力，因而可以忽略不计，紊流所受到的切应力可表示为

$$\tau = -\rho \bar{u}'_x \bar{u}'_y \qquad (5-25)$$

由于紊流的微观结构很复杂，还没有计算紊流附加切应力的纯理论公式。目前在实用上主要依靠半经验半理论公式，比较著名的有普朗特混合长理论。

普朗特假设流体质点在横向脉动运移过程中瞬时流速保持不变，因而动量也保持不变，到达新位置后，动量突然改变，并与新位置上原来的流体质点所具有的动量一致。根据动量定律，这种流体质点的动量变化将产生附加切应力。根据这一学说，可推得

$$\tau = \rho l^2 \left(\frac{du\bar{u}'_x}{dy}\right)^2 \qquad (5-26)$$

式中 l 称为普朗特混合长度，需要根据具体问题作出新的假定，并结合实验结果才能确定。

5.4.4 紊流粘性底层及其厚度、紊流壁面的类型

紊流实验揭示，不管雷诺数有多大，在紧贴固体边壁附近都存在一个极薄的流层，在该层内，由于边壁的约束以及粘性的作用，流速比较小，流体做层流运动，该薄层称为粘性底层，其厚度记为 δ_0。在粘性底层外侧，有一极薄的过渡层，其厚度记为 δ_1，过渡层以外，紊流运动充分发展，该区称为紊流核心区。如图 5-10。为了简单起见，常把紊流过渡层并入紊流核心区。在粘性底层，流速分布近似为直线分布；在紊流核心区，粘性切应力很小，可以认为紊流切应力等于紊流附加切应力。

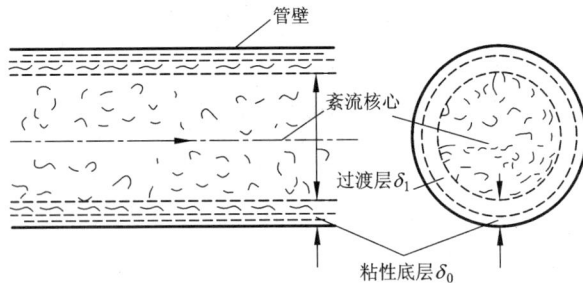

图 5-10 紊流区域划分

对于圆管紊流，实验观测表明，粘性底层厚度

$$\delta_0 = \frac{32.8d}{Re\sqrt{\lambda}} \qquad (5-27)$$

可见，随着雷诺数 Re 的增大，粘性底层厚度减小。令

$$u_* = \sqrt{\frac{\tau_0}{\rho}} \qquad (5-28)$$

u_* 称为摩阻流速，它具有流速量纲，反映了边界摩阻作用对流速的影响。

由式(5-8)，$\tau_0 = \frac{\lambda}{8}\rho v^2$，

可得

$$u_* = v\sqrt{\frac{\lambda}{8}} \qquad (5-29)$$

将式(5-29)以及雷诺数 $Re = \frac{vd}{\nu}$ 代入式(5-27)，得

$$\delta_0 = 11.6\frac{\nu}{u_*} \qquad (5-30)$$

粘性底层对研究紊流的沿程阻力规律有重要意义，因为任何固体壁面不管加工得如何精细，都不可能绝对平整。常将固体壁面平均的凸出高度称为绝对粗糙度，以 Δ 表示。绝对粗糙度 Δ 对紊流结构的影响程度直接关系到水流阻力的大小。绝对粗糙度与管径 d（或水力半径 R）的比值为无因次数 $\frac{\Delta}{d}$ 或 $\frac{\Delta}{R}$，常称为相对粗糙度。比较管壁粗糙度和粘性底层厚度，可以

将边壁分为三种情况：

（1）当壁面的绝对粗糙度相对较小，壁面的凸出高度完全被粘性底层掩盖，这种壁面称为水力光滑面。此时，$\Delta < \delta_0$，相当于紊流在光滑的壁面上流动，边壁对紊流的阻力主要是粘性阻力，粗糙度对紊流不起作用，如图5-11(a)。对于管壁可作为水力光滑面对待的管道，称为水力光滑面。

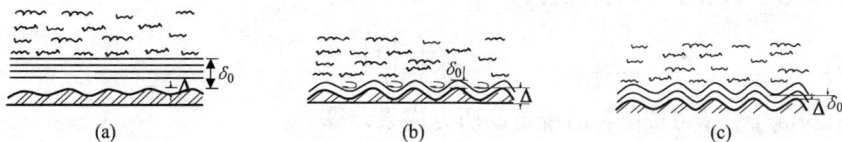

图5-11　边壁类型

（2）当壁面的绝对粗糙度相对较大，壁面的凸出高度完全伸入到紊流核心区，紊流在经过边壁凸起时，不断在凸起点背后产生小漩涡，加剧紊流的脉动，这种壁面称为水力粗糙面。此时，$\Delta > \delta_0 + \delta_1$，壁面对流动阻力、能量损失影响很大，如图5-11(b)。若为管道，则称为水力粗糙面。

（3）当壁面的绝对粗糙度不足以完全被粘性底层厚度掩盖，但壁面的凸出高度还没有起决定性作用，这种壁面称为过渡粗糙面。它介于水力光滑面和水力粗糙面之间，壁面开始对流动阻力、能量损失产生影响，如图5-11(c)。若为管道，则称为过渡粗糙面。

必须指出，由于雷诺数不同，粘性底层的厚度不同，即使对于同一个固体壁面，绝对粗糙度相同，在某种条件下可能是水力光滑面，而随着流速增加，雷诺数增大，则可能转变为水力粗糙面。

5.4.5　紊流的流速分布

在紊流中，由于流体质点相互碰撞、掺混，带来内部质点间的动量传递，动量大的质点将动量传递给动量小的质点，动量小的质点牵制动量大的质点，结果造成断面流速分布的均匀化(图5-12)。

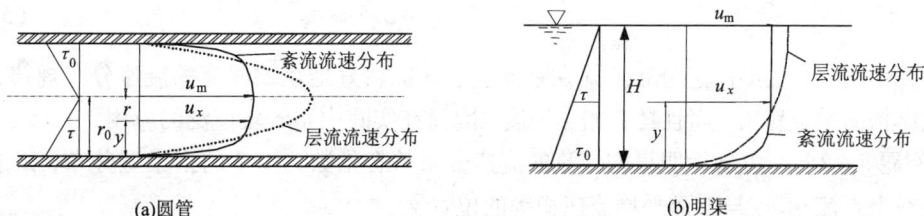

(a)圆管　　　(b)明渠

图5-12　断面流速分布

1. 指数型流速分布

普朗特建议，紊流流速分布可用下式表示

$$\frac{u_x}{u_m} = \left(\frac{y}{r_0}\right)^n \qquad (5-31)$$

式中指数 n 与 Re 有关。当 $Re < 10^5$ 时，$n = 1/7$。当 $Re > 10^5$ 时，其值在 $1/8 \sim 1/10$，其他符号见图 $5-12$。

2. 对数型流速分布

在紊流核心区，根据普朗特混合长理论，有

$$\tau = \rho l^2 \left(\frac{\mathrm{d}u_x}{\mathrm{d}y}\right)^2$$

上式中的混合长 l 可按萨特凯维奇的研究成果计算

$$l = \kappa y \sqrt{1 - \frac{y}{r_0}} \qquad (5-32)$$

式中，κ 称卡门常数，根据实验结果，可取 $\kappa \approx 0.4$。

对于圆管流，由式 $(5-10)$，若将坐标轴设于下管壁，$r = r_0 - y$[如图 $5-12(a)$]，得

$$\tau = \frac{r}{r_0}\tau_0 = \left(1 - \frac{y}{r_0}\right)\tau_0$$

于是

$$\tau_0 = \rho\kappa^2 y^2 \left(\frac{\mathrm{d}u_x}{\mathrm{d}y}\right)^2$$

即

$$\frac{\mathrm{d}u_x}{\mathrm{d}y} = \frac{1}{\kappa y}\sqrt{\frac{\tau_0}{\rho}} = \frac{u_*}{\kappa y}$$

积分得

$$u_x = \frac{u_*}{\kappa}\ln y + C \qquad (5-33)$$

上式即为紊流核心区对数型流速分布公式的一般形式。根据尼古拉兹实验结果，求得：

（1）水力光滑管

$$\frac{u_x}{u_*} = 2.5\ln\frac{yu_*}{v} + 5.5 \qquad (5-34)$$

（2）水力粗糙管

$$\frac{u_x}{u_*} = 2.5\ln\frac{y}{\Delta} + 8.5 \qquad (5-35)$$

实践证明，对数型流速分布公式在紊流核心区能较好地反映紊流的流速分布规律，指数型公式结构简单、易用，而且具有相当精度，因而在实际中得到较广泛的应用。

[例题 $5-2$]　设二元明渠均匀流的流速分布符合指数为 $1/7$ 的指数型分布，试求流速分布曲线上点流速 u_x 与断面平均流速相等的位置 y_c。

解　由式 $(5-31)$，$u_x = u_m\left(\frac{y}{h}\right)^{1/7}$

故单位宽度的渠道所通过的流量

$$q = \int_0^h u_x \mathrm{d}y$$

则垂线平均流速

$$v = \frac{q}{h} = \frac{1}{h}\int_0^h u_x \mathrm{d}y = \frac{1}{h}\int_0^h u_m\left(\frac{y}{h}\right)^{\frac{1}{7}}\mathrm{d}y = \frac{7u_m}{8}$$

令 $u_x = v$，则 $y = y_c$，有，$u_m\left(\dfrac{y}{h}\right)^{\frac{1}{7}} = \dfrac{7u_m}{8}$

整理后得

$$y_c = 0.393\,h$$

或

$$h - y_c = h - 0.393\,h = 0.607\,h$$

所以在水文测验时，常测量水面下 0.6 倍水深处的流速近似作为垂线平均流速。

5.5　沿程水头损失系数的变化规律

如前所述，对于层流，$\lambda = \dfrac{64}{Re}$，而由于紊流结构复杂，至今尚无 λ 的理论公式，主要靠实验求得。

5.5.1　沿程阻力系数 λ 的分析——尼古拉兹试验

1933 年，德国科学家尼古拉兹(J. Nikuradse)通过实验得到了人工粗糙管的沿程水头损失系数的规律。所谓人工粗糙管是用粒径 Δ 相等的砂粒粘贴在管径为 d 的管道内壁上制成的管道。砂粒直径 Δ 与管道直径 d 的比值 Δ/d 为相对粗糙度，而 $\dfrac{d}{\Delta}$ 则称为相对光滑度。尼古拉兹试验采用了 6 组相对粗糙度，即 $\dfrac{\Delta}{d} = \dfrac{1}{30}, \dfrac{1}{61}, \dfrac{1}{120}, \dfrac{1}{252}, \dfrac{1}{504}, \dfrac{1}{1\,014}$，将实验数据点绘于对数坐标上，得到如图 5-13 所示的 6 条曲线，称为尼古拉兹曲线。按照实验成果，可以分为以下各区：

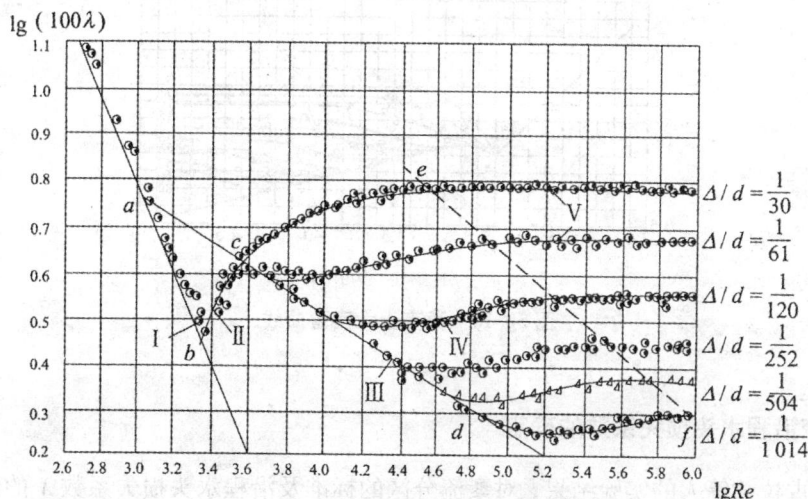

图 5-13　尼古拉兹实验曲线

（1）层流区（ab 直线段）。当 $Re < 2\,320$ 时，水流为层流，所有实验点据都落在直线 I 上，表明层流时 λ 值与相对粗糙度无关，此时 $\lambda = \dfrac{64}{Re}$，与圆管层流理论公式一致。

（2）过渡区（bc 线）。当 $2\,320 < Re < 4\,000$ 时，这一区是层流向紊流转化的过渡区，实验点基本上落在曲线 bc 上，由于流态极不稳定，实验点散乱。

（3）当 $Re > 4\,000$ 时，水流已处于紊流状态，λ 值具有三种不同的变化规律：

① 水力光滑区（cd 直线段）。当 Re 较小时，粘性底层较厚，壁面属于水力光滑管，不同相对光滑度的试验点都落在同一直线 cd 上，它表明在水力光滑区，λ 不受 Δ 的影响，仅与 Re 有关，即 $\lambda = f(Re)$，且随 Re 的增大而减小。

② 过渡粗糙区（cd 线与 ef 线所包围的区域）。不同相对粗糙度的实验点在该区已脱离光滑区直线，各自独立形成一条条略有升高的曲线，说明随着雷诺数增大，粘性底层厚度逐渐减小，边壁粗糙度对紊流的影响逐渐增强，表明 λ 既与 Re 有关，也与 $\dfrac{d}{\Delta}$ 有关，即 $\lambda = f(Re, \Delta)$

③ 水力粗糙区（ef 线右边的区域）。当 Re 较大时，粘性底层的粘滞阻力可忽略不计。此时，不同粗糙度的实验点据各自形成一条近似水平线，表明 λ 与 Re 无关，仅与 $\dfrac{d}{\Delta}$ 有关，即 $\lambda = f(\Delta)$。由于该区的沿程损失和断面平均流速的平方成正比，所以又称阻力平方区。图中还表明，管壁越粗糙，沿程水头损失系数就越大。在此阻力区范围内，对于模型试验研究的阻力条件，因 λ 与雷诺数无关，只与管壁粗糙度有关，只需保持原型与模型几何相似就可以达到阻力相似，故又称为自动模型区。

对于明渠，蔡克士大（Зегжда，1938）在人工矩形加糙明渠中按照相同的办法也进行了沿程水头损失系数的试验，得出了和尼古拉兹管流试验相似的结论，如图 5-14 所示。

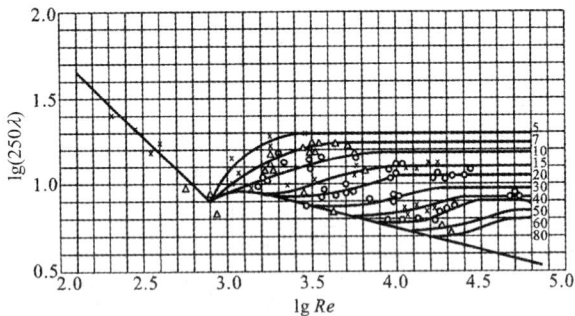

图 5-14 蔡克士大实验曲线

5.5.2 紊流沿程水头损失系数的确定

根据尼古拉兹等人的实验结果，对紊流分区的标准及沿程水头损失系数 λ 的经验公式归纳如下：

（1）紊流光滑区（$\dfrac{\Delta}{\delta_0} < 0.3$）

①伯拉修斯(Blasius. H.)公式

$$\lambda = \frac{0.316}{Re^{0.25}} \tag{5-36}$$

适用范围：$4\,000 < Re < 10^5$

②尼古拉兹公式

$$\frac{1}{\sqrt{\lambda}} = 2\lg(Re\sqrt{\lambda}) - 0.8 \tag{5-37}$$

适用范围：$Re < 10^6$

(2)过渡粗糙区($0.3 \leqslant \dfrac{\Delta}{\delta_0} \leqslant 6$)

柯列布鲁克 - 怀特(Colebrook - White)公式

$$\frac{1}{\sqrt{\lambda}} = -2\lg\left(\frac{2.51}{Re\sqrt{\lambda}} + \frac{\Delta}{3.7d}\right) \tag{5-38}$$

适用范围：$3\,000 < Re < 10^6$

(3)紊流粗糙区($\dfrac{\Delta}{\delta_0} > 6$)

尼古拉兹公式

$$\lambda = \frac{1}{2\lg\left(3.7\dfrac{d}{\Delta}\right)} \tag{5-39}$$

适用范围：$Re > \dfrac{382}{\sqrt{\lambda}}\left(\dfrac{r_0}{\Delta}\right)$

5.5.3 工业管道的沿程水头损失系数

尼库拉兹曲线以及根据实验结果整理得到的沿程水头损失系数的经验公式极大地推动了紊流的研究。但是，将这些结果直接用于工业管道还有一定困难。尼库拉兹实验管道的粗糙度是根据人工砂直径得到的，是均匀和可控制的，而工业管道的粗糙度是制造过程中形成的，不能直接测量，解决办法是引入当量粗糙度来表示工业管道的粗糙度。

将工业管道和人工砂粒加糙管道在同样的实验条件下进行沿程水头损失试验，把具有相同 λ 值的人工管道粗糙度作为工业管道的绝对粗糙度，称为当量粗糙度，也以 Δ 表示。表 5-1 为常用工业管道的当量粗糙度。

表 5-1 工业管道的当量粗糙度 Δ 值

管道材料	Δ/mm	管道材料	Δ/mm
玻璃管	0.001	新镀锌铁管	0.15
新无缝钢管	0.014	旧镀锌铁管	0.5
旧无缝钢管	0.20	新铸铁管	0.3
新焊接钢管	0.06	旧铸铁管	1.2
旧焊接钢管	1.0	水泥管	0.5

1944 年莫迪(Moody)发表了工业管道(钢管、铁管、混凝土管、玻璃管等)的实验成果，绘制了不同相对粗糙度 Δ/d 的沿程水头损失系数 λ 和雷诺数 Re 的关系曲线，称为莫迪图(图 5 – 15)。根据 Re 和 Δ/d，可直接从莫迪图中查得 λ 值。

1953 年，舍维列夫根据钢管和铸铁管的实测资料，提出了计算紊流过渡粗糙区和水力粗糙区的沿程水头损失系数的经验公式，称为舍维列夫公式。

过度粗糙区($v < 1.2$ m/s)：

$$\lambda = \frac{0.0179}{d^{0.3}}\left(1 + \frac{0.867}{v}\right)^{0.3} \qquad (5-40)$$

水力粗糙区($v \geq 1.2$ m/s)：

$$\lambda = \frac{0.021}{d^{0.3}} \qquad (5-41)$$

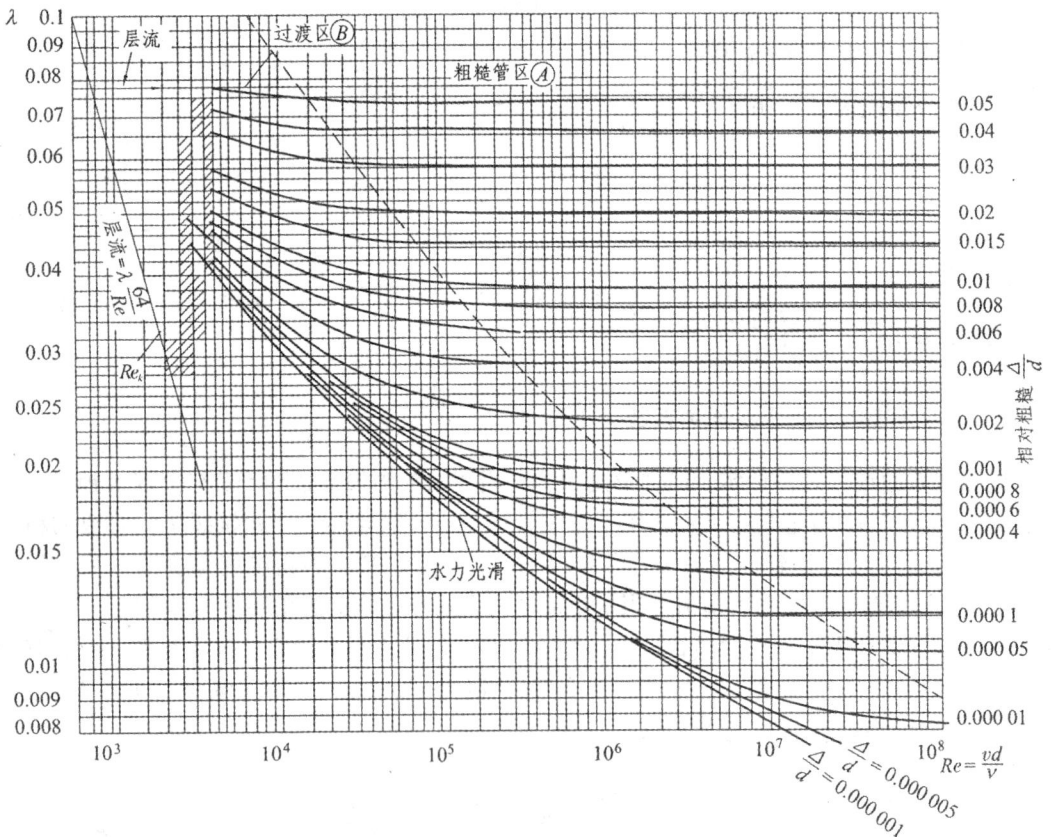

图 5 – 15 莫迪图

[例题 5 – 3] 某输水钢管长 $l = 100$ m，直径 $d = 200$ mm，管壁当量粗糙度 $\Delta = 0.1$ mm，水温 $T = 10℃$，当流量 $Q = 0.01$ m³/s 时，求管道的沿程水头损失。

解 流速 $v = \dfrac{Q}{A} = \dfrac{4Q}{\pi d^2} = \dfrac{4 \times 0.01}{3.14 \times 0.2^2} = 0.318$ m/s

当 $T = 10℃$ 时，运动粘度 $\nu = 1.31 \times 10^{-6}$ m²/s，故雷诺数为

$$Re = \frac{vd}{\nu} = \frac{0.318 \times 0.2}{1.31 \times 10^{-6}} = 4.86 \times 10^4 > 2\,320$$

则该流动为紊流。下面确定 λ 值：

（1）计算法

因为 $Re < 10^5$，故先假设为紊流光滑区，采用伯拉修斯公式：

$$\lambda = \frac{0.316}{Re^{0.25}} = \frac{0.316}{(4.86 \times 10^4)^{0.25}} = 0.021\,3$$

粘性底层厚度

$$\delta_0 = \frac{32.8d}{Re\sqrt{\lambda}} = \frac{32.8 \times 0.2}{4.86 \times 10^4 \times \sqrt{0.021\,3}} = 0.000\,92 \text{ m} = 0.92 \text{ mm}$$

因为 $\dfrac{\Delta}{\delta_0} = \dfrac{0.1}{0.92} < 0.3$，属紊流光滑区，该公式适用，$\lambda$ 即为所求。

（2）查图法

因为 $Re = 4.86 \times 10^4$，且 $\dfrac{\Delta}{d} = \dfrac{0.1}{200} = 0.000\,5$。在莫迪图上选择 $\dfrac{\Delta}{d} = 0.000\,6$ 和 $\dfrac{\Delta}{d} = 0.000\,4$ 的两条曲线，进行内插，算得 $\lambda = 0.022$。与计算值相比，两者相差很小。

管道的沿程水头损失：

$$h_f = \lambda \frac{l}{d} \frac{v^2}{2g} = 0.022 \times \frac{100}{0.2} \times \frac{0.313^2}{2 \times 9.8} = 0.055 \text{ m}。$$

5.6 均匀流沿程水头损失的计算

实验研究表明，明渠紊流沿程水头损失的规律与圆管紊流类似，如蔡克士大的实验曲线所示。1775 年，谢才在大量的实测资料的基础上，对沿程水头损失进行归纳总结，并得出计算恒定均匀流的经验公式，这就是著名的谢才公式，其形式为

$$v = C\sqrt{RJ} \tag{5-42}$$

式中，v 为断面平均流速，单位为 m/s；C 称为谢才系数，与边界对水流的影响情况有关，单位为 $\text{m}^{1/2}/\text{s}$；R 为水力半径，单位为 m；J 为水力坡度。

若将谢才公式与达西公式比较，可推得

$$C = \sqrt{\frac{8g}{\lambda}} \tag{5-43}$$

可见，谢才公式和达西公式实际上是一致的。

谢才系数 C 通常按照经验公式确定。其中最著名的是爱尔兰工程师曼宁（Manning）于 1890 年提出的经验公式

$$C = \frac{1}{n} R^{\frac{1}{6}} \tag{5-44}$$

式中，R 为水力半径，以 m 计；n 为粗糙系数，简称糙率。

糙率 n 是衡量边界形状不规则性和边壁粗糙影响的一个无量纲综合系数，目前已积累了较多资料。不同边壁的 n 值由表 5-2 可查到。

俄国水力学家巴甫洛夫斯基于 1925 年也提出了计算谢才系数的经验公式：

$$C = \frac{1}{n} R^y \tag{5-45}$$

式中 $y = 2.5\sqrt{n} - 0.13 - 0.75\sqrt{R}(\sqrt{n} - 0.10)$；水力半径的单位为 m。巴普洛夫斯基公式适用条件为 $0.1\ \text{m} \leqslant R \leqslant 3.0\ \text{m}$，$0.011 \leqslant n \leqslant 0.04$。

工程中还会遇到非圆形有压管流的沿程水头损失的计算问题，可采用式(5-2)计算。

表 5-2 粗糙系数 n 值

序号	壁面种类及状况	n
1	特别光滑的黄铜管、玻璃管、涂有珐琅质或其他油料的表面	0.009
2	精致水泥抹面,安装及联接良好的新制的清洁铸铁管及钢管,精刨木板	0.011
3	未刨光但联接良好的木板,正常情况下无显著水锈的给水管	0.012
4	良好的砖砌体,正常情况下的排水管,略有污秽的给水管	0.013
5	污秽的给水管和排水管,一般情况下的渠道混凝土面,一般的砖砌面	0.014
6	旧的砖砌面,相当粗糙的混凝土面,特别光滑。仔细开挖的岩石面	0.017
7	坚实黏土的渠道,有不密实淤泥层(有的地方是不连续的)的黄土,或砂砾及泥土渠道,养护良好的大土渠	0.022 5
8	良好的干砌圬工,中等养护情况的土渠,情况极良好的天然河道(河床清洁、顺直、水流畅通、没有浅滩深槽)	0.025
9	养护情况中等以下的土渠	0.027 5
10	情况较坏的土渠(如部分渠底有杂草、卵石或砾石、部分岸坡崩塌等),情况良好的天然河道	0.030
11	情况很坏的土渠(如断面不规则,有杂草、块石、水流不畅等),情况比较良好的天然河道,但有不多的块石和野草	0.035
12	情况特别坏的土渠(如有不少深槽及塌岸,杂草丛生,渠底有大块石等),情况不大良好的天然河道(如杂草、块石较多,河床不规则有弯曲,有不少深潭和塌岸)	0.040

[例题 5-4] 某混凝土抹面的矩形渠道，渠道底宽 $b = 5\ \text{m}$，均匀流水深 $h = 1.5\ \text{m}$，流量 10 m^3/s，糙率系数 $n = 0.017$。试分别用曼宁公式和巴普洛夫斯基公式求谢才系数 C 与水力坡度 J。

解 过水断面面积：

$$A = bh = 5 \times 1.5 = 7.5\ \text{m}^2$$

湿周：

$$\chi = b + 2h = 5 + 2 \times 1.5 = 8.0\ \text{m}$$

水力半径：

$$R = \frac{A}{\chi} = \frac{7.5}{8} = 0.94\ \text{m}$$

流速：

$$v = \frac{Q}{A} = \frac{10}{7.5} = 1.33\ \text{m/s}$$

（1）采用曼宁公式

$$C = \frac{1}{n}R^{1/6} = \frac{1}{0.017} \times 0.94^{1/6} = 58.22 \ \mathrm{m^{1/2}/s}$$

$$J = \frac{v^2}{C^2 R} = \frac{1.33^2}{58.22^2 \times 0.94} = 0.000\,555$$

（2）采用巴普洛夫斯基公式

本题的水力半径及糙率均符合巴普洛夫斯基公式要求的运用条件 0.1 m ≤ R ≤ 3.0 m，0.011 ≤ n ≤ 0.04，又 R > 1.0 可得，

$$y = 2.5\sqrt{n} - 0.13 - 0.75\sqrt{R}(\sqrt{n} - 0.10) = 0.17$$

$$C = \frac{1}{n}R^y = \frac{1}{0.017} \times 0.94^{0.17} = 58.21 \ \mathrm{m^{1/2}/s}$$

$$J = \frac{v^2}{C^2 R} = \frac{1.33^2}{58.21^2 \times 0.94} = 0.000\,555$$

5.7　局部水头损失

局部水头损失产生于流动边界发生明显改变的局部流段范围内，具有能耗大、能耗集中和主要是涡漩损失这三个特点。如图 5-16 所示，由于边壁发生急剧改变，流动不能像边界那样突然转折，因此在边壁突变处惯性作用将产生主流与边壁的分离现象，在分离区域内不断产生漩涡，在漩涡区内部，紊动加剧，同时主流与漩涡区之间不断有质量和能量的交换，并通过质点间的碰撞和摩擦消耗，在较短距离内产生较大的能量损失。

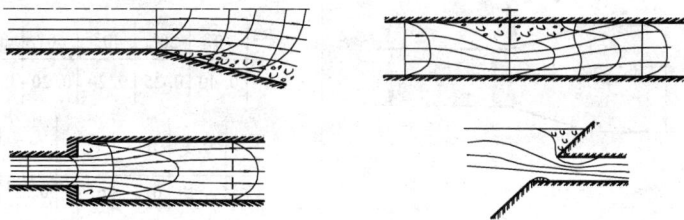

图 5-16　几种典型的局部障碍

5.7.1　局部水头损失 h_j 的计算公式

由于边壁的变化复杂多样，加上紊流运动本身的复杂性，目前还难于通过理论分析的方法定量计算局部水头损失，一般通过实验来确定。理论和实验研究表明，局部水头损失 h_j 主要和边界改变的形式及流体速度有关，可写成如下形式：

$$h_f = \zeta \frac{v^2}{2g} \qquad (5-46)$$

式中：v——断面平均流速；ζ——局部水头损失系数。

不同的边界变化情况有不同的 ζ 值，表 5-3 列出了常用管道及明渠的局部水头损失系数，供计算时选用，使用时应注意标明的流速位置，即 v 对应的断面位置是发生局部水头损

失之前还是之后，更多资料可查阅有关水力计算手册。

表 5 – 3　常用管道及明渠的局部水头损失系数

序号	名称	示意图	ζ 值及其说明
1	断面突然扩大		$\zeta_1 = (1 - \dfrac{A_1}{A_2})^2$（应用 $h_j = \zeta_1 \dfrac{v_1^2}{2g}$） $\zeta_2 (\dfrac{A_2}{A_1} - 1)^2$（应用 $h_i = \zeta_2 \dfrac{v_2^2}{2g}$）
2	圆形渐扩管		$\zeta = (\dfrac{A_2}{A_1} - 1)^2$（应用 $h_j = \zeta \dfrac{v_2^2}{2g}$） $\begin{array}{c\|c\|c\|c\|c\|c\|c} \alpha° & 8° & 10° & 12° & 15° & 20° & 25° \\ \hline \kappa & 0.14 & 0.16 & 0.22 & 0.30 & 0.42 & 0.62 \end{array}$
3	断面突然缩小		$\zeta = 0.5 (1 - \dfrac{A_2}{A_1})$（应用 $h_j = \zeta \dfrac{v_2^2}{2g}$）
4	圆形渐缩管		$\zeta = k_1 (\dfrac{1}{k_2} - 1)^2$（应用 $h_j = \zeta \dfrac{v_2^2}{2g}$） $\begin{array}{c\|c\|c\|c\|c\|c\|c\|c} \alpha° & 10° & 20° & 40° & 60° & 80° & 100° & 140° \\ \hline \kappa_1 & 0.40 & 0.25 & 0.20 & 0.20 & 0.30 & 0.40 & 0.60 \end{array}$ $\begin{array}{c\|c\|c\|c\|c\|c} \dfrac{A_2}{A_1} & 0.1 & 0.3 & 0.5 & 0.7 & 0.9 \\ \hline \kappa_2 & 0.40 & 0.36 & 0.30 & 0.20 & 0.10 \end{array}$
5	管道进口	 (a) (b)	圆形喇叭口, $\zeta = 0.05$ 完全修圆, $\dfrac{r}{d} \geqslant 0.15$, $\zeta = 0.10$ 稍加修圆, $\zeta = 0.20 \sim 0.25$ 直角进口, $\zeta = 0.50$ 内插进口, $\zeta = 1.0$

序号	名称	示意图	ζ 值及其说明
6	管道出口	(a)	流入渠道，$\zeta = (1 - \dfrac{A_1}{A_2})^2$
		(b)	流入水池，$\zeta = 1.0$

7	折管		圆形									

			圆形	α°	10°	20°	30°	40°	50°	60°	70°	80°	90°
7	折管			ζ	0.04	0.1	0.2	0.3	0.4	0.55	0.70	0.90	1.10

矩形	α°	15°	30°	45°	60°	90°
	ζ	0.025	0.11	0.26	0.49	1.20

8 弯管

$\alpha = 90°$

d/R	0.2	0.4	0.6	0.8	1.0
$\xi_{90°}$	0.132	0.138	0.158	0.206	0.294

d/R	1.2	1.4	1.6	1.8	2.0
$\xi_{90°}$	0.440	0.660	0.976	1.406	1.975

9 缓弯管

α 为任意角度，$\zeta = \kappa \zeta_{90°}$

α°	20°	40°	60°	90°	120°	140°	160°	180°
κ	0.47	0.66	0.82	1.00	1.16	1.25	1.33	1.41

续表

序号	名称	示意图	ζ 值及其说明

10　分岔管

$\zeta_{1-3}=2$, $h_{j1-3}=\zeta_{1-3}\dfrac{v_2^2}{2g}$

$h_{j1-2}=\dfrac{v_1^2-v_2^2}{2g}$

| $\zeta=0.5$ | $\zeta=1.0$ | $\zeta=3.0$ | $\zeta=0.1$ | $\zeta=1.5$ |

11　板式阀门

e/d	0	0.125	0.2	0.3	0.4	0.5
ζ	∞	97.3	35.0	10.0	4.60	2.06

e/d	0.6	0.7	0.8	0.9	1.0
ζ	0.98	0.44	0.17	0.06	0

12　蝶阀

α	5°	10°	15°	20°	25°	30°	35°
ζ	0.24	0.52	0.90	1.54	2.51	3.91	6.22

α	40°	45°	50°	55°	60°	65°	70°
ζ	10.8	18.7	32.6	58.8	118	256	751

α	90°	全开
ζ	∞	0.1~0.3

13　截止阀

d(cm)	15	20	25	30	35	40	50	⩾60
ζ	6.5	5.5	4.5	3.5	3.0	2.5	1.8	1.7

14　滤水网

无底阀：$\zeta=2\sim3$

有底阀：

d(cm)	4.0	5.0	7.5	10	15	20
ζ	12	10	8.5	7.0	6.0	5.2

d(cm)	25	30	35	40	50	75
ζ	4.4	3.7	3.4	3.1	2.5	1.6

无底阀　　　有底阀

5.7.2 圆管突然扩大时的局部水头损失系数 ζ 的确定

管道突然扩大时的局部水头损失系数可通过理论推导得到。图 5 – 17 所示为突然扩大的圆管流动，流量 Q 为已知。流体自管径为 d_1 的小断面进入管径为 d_2 的大断面以后脱离边界，两侧产生涡旋回流区。回流区的长度一般约为 $(5 \sim 8) d_2$，流段 l 两端断面 $A - A$ 和 $B - B$ 可分别看作是渐变流断面。由于流段 l 较短，该段的沿程水头损失与局部水头损失相比可以忽略，即有 $h_w \approx h_j$。对断面 $A - A$ 和 $B - B$ 列出能量方程并整理得

$$h_j = (z_1 - z_2) + \left(\frac{p_1}{\rho g} - \frac{p_2}{\rho g}\right) + \left(\frac{\alpha_1 v_1^2}{2g} - \frac{\alpha_2 v_2^2}{2g}\right)$$

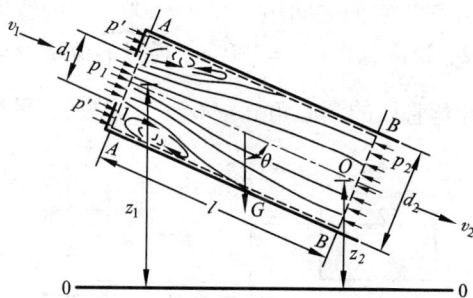

图 5 – 17 圆管突然扩大的局部水头损失

上式中由于各动压强 p 未知，故还须通过动量方程来求解。为此，取位于断面 $A - A$ 和 $B - B$ 之间的流体为脱离体，设 p_1，p_2 分别为过流断面 $A - A$ 和 $B - B$ 形心点处的动压强，A_1，A_2 为相应两断面的过流面积，θ 为管轴线与铅垂线的夹角。由于 $A - A$ 和 $B - B$ 的间距很短，可以忽略四周壁面的摩擦阻力，于是列出沿管轴向的动量方程为：

$$p_1 A_1 + R - p_2 A_2 + G\cos\theta = \rho Q (\beta_2 v_2 - \beta_1 v_1)$$

式中 R 为断面 $A - A$ 上环形 $(A - 1 - 1 - A)$ 管壁上的反作用力，它等于分离区的漩涡作用在环形管壁上的总压力。由于涡旋区动压强无法确定，通常假设此环形断面上的动压强符合静压强分布规律，即 $R = p_1 (A_2 - A_1)$。通过大量实验验证，这个假设基本符合实际情况。重力 $G = \rho g A_2 l$。从上图的几何关系知 $\cos\theta = \dfrac{z_1 - z_2}{l}$。则重力沿流向的分力：

$$G\cos\theta = \rho g A_2 (z_1 - z_2)。$$

将上述 R 和 $G\cos\theta$ 代入动量方程式，整理后得：

$$(z_1 - z_2) + \left(\frac{p_1}{\rho g} - \frac{p_2}{\rho g}\right) = \frac{v_2 (\beta_2 v_2 - \beta_1 v_1)}{g}$$

将上式再代入能量方程则有：

$$h_j = \frac{v_2 (\beta_2 v_2 - \beta_1 v_1)}{g} + \frac{\alpha_1 v_1^2 - \alpha_2 v_2^2}{2g}$$

取 α_1，α_2 及 β_1，β_2 等于 1，故有：

$$h_j = \frac{(v_1 - v_2)^2}{2g}$$

可得
$$v_1 = \frac{A_2 v_2}{A_1} \quad \text{或} \quad v_1 = A_1 v_2$$

由连续方程，$v_2 = A_1 v_1 / A_2$ 代入上式，则可得到。突然扩大圆管局部水头损失计算公式：

$$h_j = (1 - \frac{A_1}{A_2})^2 \frac{v_1^2}{2g} = \zeta_1 \frac{v_1^2}{2g} \quad \text{或} \quad h_j = (\frac{A_2}{A_1} - 1)^2 \frac{v_2^2}{2g} = \zeta_2 \frac{v_2^2}{2g}$$

式中 $\zeta_1 = (1 - \frac{A_1}{A_2})^2$ 和 $\zeta_2 = (\frac{A_2}{A_1} - 1)^2$ 均称为突然扩大的局部水头损失系数，它们只与边界的改变情况有关，分别对应圆管扩大前与扩大后的流速。当 A_2 很大时，例如由管道进入水库，则 $\frac{A_1}{A_2} \approx 0$，常可取 $\zeta = 1.0$。

[例题 5 - 5] 有两个水池，它们之间用直径 $d = 500$ mm 的管道连接，如图 5 - 18 所示。管道沿程阻力系数 $\lambda = 0.02$，管道总长度 $l = 100$ m，通过的流量 $Q = 0.2$ m³/s。试求两水池的水面高差 H 值为多少？已知弯管段的圆心角 $\theta = 90°$，$\frac{d}{R} = 1.0$，平板闸门开启度 α 为管径的 3/8。

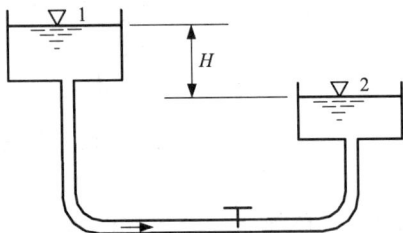

图 5 - 18 例题 5 - 5 图

解 以水池 2 的水面为基准面，列能量方程，因水池截面积远远大于管道断面面积，故水池流速远小于管道流速，因此，可以略去水池的流速水头，得：

$$H + 0 + 0 = 0 + 0 + 0 + \lambda \frac{l}{d} \frac{v^2}{2g} + \sum \zeta \frac{v^2}{2g}$$

所以
$$H = \lambda \frac{l}{d} \frac{v^2}{2g} + \sum \zeta \frac{v^2}{2g}$$

式中
$$v = \frac{Q}{A} = \frac{4 \times 0.2}{3.14 \times 0.5^2} = 1.02 \text{ m/s}$$

$$\lambda \frac{l}{d} = 0.02 \times \frac{100}{0.5} = 4$$

由表 5 - 3 查得进口局部阻力系数 $\zeta_1 = 0.5$，弯管的局部阻力系数 $\zeta_2 = 0.294$。闸门的局部阻力系数 $\zeta_3 = 5.52$，出口局部阻力系数 $\zeta_4 = 1.0$。

$$\sum \zeta = \zeta_1 + \zeta_2 + \zeta_3 + \zeta_4 = 0.5 + 0.294 \times 2 + 5.52 + 1.0 = 7.904$$

两水池的水面差 H 为

$$H = (4 + 7.904) \times \frac{1.02^2}{2 \times 9.8} = 0.632 \text{ m}$$

思 考 题

1. 水头损失由哪几部分组成？产生水头损失的原因是什么？

2. 雷诺数与哪些因素有关？当管道流量一定时，随管径的加大，雷诺数是增大还是减小？当管径一定时，随着流量的逐渐增大，雷诺数是如何变化的？

3. 雷诺数的物理意义是什么？为什么能起到判别流态的作用？

4. 为什么不直接采用临界流速作为判别层流、湍流的标准？

5. 圆管层流沿程水头损失与速度的一次方成正比，而管流的达西公式 $h_f = \lambda \dfrac{l}{d}\dfrac{v^2}{2g}$，两者是否相矛盾？为什么？

6. 管道断面面积均为 A(相等)，断面形状分别为圆形、正方形和矩形，若水流为恒定均匀流，水力坡度 J 相同，试分析三者的边壁切应力 τ_0 的相互关系。如果沿程阻力系数 λ 也相等，试分析三管道通过流量的相互关系。

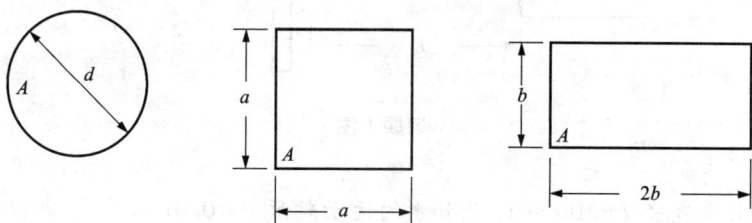

思考题 6 图

7. 湍流的主要特征是什么？紊流中运动要素的脉动是如何处理的？湍流研究中为什么要引入时均的概念？

8. 层流和紊流过流断面上的流速分布规律有何差异？造成差异的原因是什么？

9. 什么是粘性底层？其厚度 δ_0 与哪些因素有关？它对实际流动有何意义？

10. 沿程水头损失系数 λ 与哪些因素有关？其变化规律是怎样的？

11. 有一圆管如图所示，长度 L，水头 H，沿程水头损失系数 λ，流动处于阻力平方区(不计局部损失)，现拟将管道延长(d 不变)ΔL，试问水平伸长 ΔL 和转弯延长 ΔL 哪一种布置流

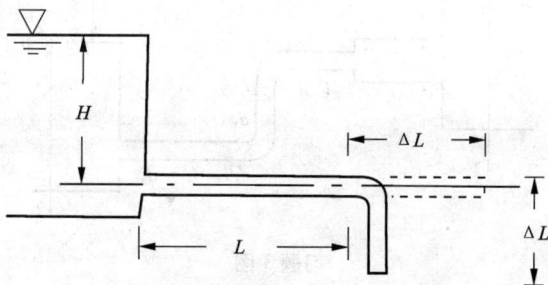

思考题 11 图

量较大?

12. 什么是当量粗糙度?

13. 局部水头损失系数与哪些因素有关? 选用时应注意什么?

习 题

1. 有一圆管如习题图 5 – 1 所示, 长度 L, 水头 H, 沿程水头损失系数 λ, 流动处于阻力平方区(不计局部损失), 现拟将管道延长(d 不变)ΔL, 试问水平伸长 ΔL 和转弯延长 ΔL 哪一种布置流量较大?

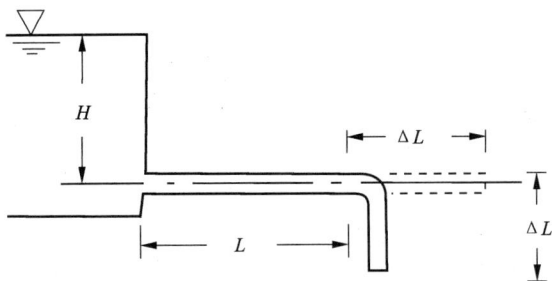

习题 1 图

2. 某输水管道直径 $d = 100$ mm, 已知水的运动粘度 $\nu = 0.01$ cm^2/s, 沿程水头损失系数 $\lambda = 0.025$, 流程 $L = 10$ m 的水头损失 $h_f = 0.2$ m, 求管壁处切应力 τ_0, 并判别流动是层流还是紊流。

3. 有一管路系统如习题 3 图所示, 已知: $d_1 = 400$ mm, $d_2 = d_3 = d_4 = 200$ mm, $l_1 = 100$ m, $l_2 = 40$ m, $l_3 = 8$ m, $l_4 = 100$ m, $\zeta_1 = 0.5$, $\zeta_2 = 0.25$, $\zeta_3 = \zeta_4 = 0.3$, $n = 0.013$。求: ①流量 Q。②第一根管道周界上的内摩擦力 τ_0。

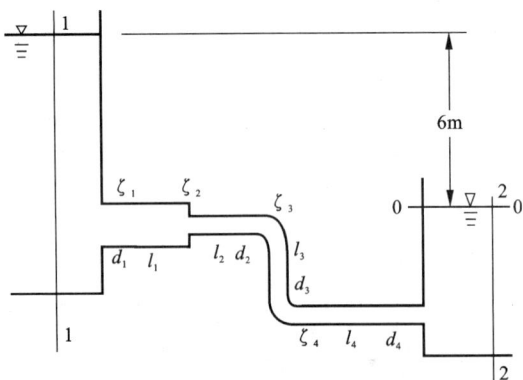

习题 3 图

4. 水管直径 $d = 10$ mm，管中水流流速 $v = 0.2$ m/s，水温 $T = 10$ ℃。①试判别其流态；②若流速与水温不变，管径改变为 30 mm，管中液流型态又如何？③若流速与水温不变，管流由层流转变为紊流时，水管直径为多大？

5. 有一输油管，管长 $l = 100$ m，管径 $d = 5$ cm，已知油的密度 $\rho = 930$ kg/m^3，动力粘滞系数 $\eta = 0.072$ N·s/m^2。当通过输油管的流量 $Q = 0.005$ m^3/s 时，判断液流的型态，并计算输油管的沿程水头损失 h_f。

6. 某管道直径 $d = 50$ mm，通过温度为 10 ℃ 燃料油，燃油的运动粘滞系数 $\nu = 5.16 \times 10^{-6}$ m^2/s，试求保持层流状态的最大流量 Q_{max}。

7. 一圆管，在管内通过运动粘滞系数 $\nu = 0.013$ cm^2/s 的水，测得通过的流量为 $Q = 35$ cm^3/s，如在管长 15 m 的管段上测得水头损失为 2 cm，试求该圆管内径 d。

8. 水管直径 $d = 100$ mm，管中水流流速 $v = 100$ cm/s，水温 $T = 10$ ℃，试判别其流动型。

9. 有三根直径相同的输水管，管道的直径 $d = 10$ cm，通过的流量 $Q = 15$ L/s，管长 $L = 1\,000$ m，各管的当量粗糙度分别为 $\Delta_1 = 0.1$ mm，$\Delta_2 = 0.4$ mm，$\Delta_3 = 3$ mm，水温为 20℃，试求各管中的沿程水头损失。

10. 有两根管径 d、管长 l 和管材相同的管道，一根输送运动粘滞系数较小的水，另一根输送运动粘滞系数较大的油，试问：①如果两个管中液体流速相等，它们的沿程水头损失是否相等？②如果两个管中液体的雷诺数相等，它们的沿程水头损失是否相等？

11. 已知某有压输水管道，管长为 30 m，管径为 200 mm，管壁当量粗糙度为 0.2 mm，水温 $T = 6$℃，问当流量为 24 L/s 时，沿程水头损失为多少？

第6章 孔口、管嘴出流和有压管流

6.1 孔口、管嘴恒定出流

工程中常遇到流体经过孔口或各种管嘴出流的情况,例如离心泵叶轮的平衡孔出流以及给排水工程中各类取水、泄水口出流等均属于孔口出流,而消防水枪的出流、水力机械化施工用水枪都是管嘴的出流,可见孔口、管嘴的应用十分广泛。

在某些实际工程中,射流的性质和形状是决定射流质量的重要因素。例如,消防水枪的射流或者冲土水枪的射流,不但要有足够的流量,还要在一定范围射程内保持有力而紧密的性质,这种要求不是任何管嘴都能满足的,但是诸如洒水车、内燃机里的喷嘴等,则不需要有力而紧密的射流,射流的性质就与孔口的形状关系不大,只要孔口设计能满足排放所需的流量即可。因此,各种孔口、管嘴及其形状所应满足的要求是不同的。

6.1.1 薄壁小孔口的恒定出流

在容器壁上开孔,液体经孔口流出的水力现象,称为孔口出流。如图6-1所示,在容器壁上开一个具有锐缘的小孔,当流经该孔的液体与孔口壁面仅为线形接触,流体流经孔口的阻力以局部阻力为主,这样的孔口称为薄壁孔口。由于孔口上下缘在水面下深度不同,经过孔口上部和下部的出流情况也不相同。但是,当孔口开度e(或直径d)与孔口形心以上的水头H相比较很小时,可认为孔口断面上各点水头相等,而忽略其差异。因此,根据e/H的比值大小将孔口分为大孔口与小孔口两类:

若$\dfrac{e}{H} \leq \dfrac{1}{10}$,称为小孔口,可近似认为孔口断面上各点的水头都相等。

若$\dfrac{e}{H} \geq \dfrac{1}{10}$,称为大孔口,其上、下部位各点水头有显著差别。

孔口出流时,如果水箱中的水位保持不变,则孔口的水头H不变,这种情况称为恒定出流。

(1)自由出流

液体经孔口流入大气为自由出流。由于液体流经孔口时,流线不能转折,在孔口外$c-c$断面处形成收缩断面,该处的流线几乎为平行直线,为渐变流流动,如图6-1所示。以过孔口形心的水平面$0-0$为基准面,列出$1-1$断面与收缩断面$c-c$的能量方程:

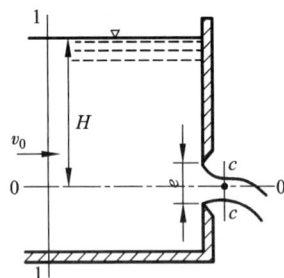

图6-1 孔口出流

$$H + \frac{\alpha_0 v_0^2}{2g} = 0 + \frac{p_c}{\rho g} + \frac{\alpha_c v_c^2}{2g} + h_w \qquad (6-1)$$

令 $H_0 = H + \dfrac{\alpha_0 v_0^2}{2g}$，称为全水头，上式中 $h_w = h_f + h_j$，其中沿程水头损失可以忽略，即 $h_w = h_j = \zeta_0 \dfrac{v_c^2}{2g}$，$\zeta_0$ 为孔口的局部阻力系数；对于薄壁小孔口，$p_c = p_a$，于是式（6-1）可改写为

$$H_0 = (\alpha_c + \zeta_0) \frac{v_c^2}{2g}$$

整理得

$$v_c = \frac{1}{\sqrt{\alpha_c + \zeta_0}} \sqrt{2gH_0} = \varphi \sqrt{2gH_0} \tag{6-2}$$

式中，$\varphi = \dfrac{1}{\sqrt{\alpha_c + \zeta_0}} \approx \dfrac{1}{\sqrt{1 + \zeta_0}}$，称为孔口流速系数。

如不计局部阻力损失，则 $\zeta_0 = 0$，得 $\varphi = 1$，可见 φ 是收缩断面的实际液体流速 v_c 对理想液体流速 $\sqrt{2gH_0}$ 的比值。由实验测得孔口流速系数 $\varphi = 0.97 \sim 0.98$。

设孔口断面面积为 A_c，收缩断面面积为 A，则有

$$\varepsilon = \frac{A_c}{A} \tag{6-3}$$

式中，ε——收缩系数。则孔口出流的流量为

$$Q = v_c A_c = \varepsilon A \varphi \sqrt{2gH_0} = \mu A \sqrt{2gH_0} \tag{6-4}$$

式中，μ 为孔口的流量系数，$\mu = \varepsilon \varphi$。对薄壁小孔口 $\mu = 0.60 \sim 0.62$。式（6-4）是孔口自由出流的基本公式。

流速系数 φ 和流量系数 μ 值，决定于局部阻力系数 ζ_0 和收缩系数 ε。局部阻力系数及收缩系数都与雷诺数 Re 及边界条件有关。当 Re 较大，流动在阻力平方区时，ζ_0 与 Re 无关。工程中常遇到的孔口出流问题，Re 都足够大，可认为 φ 及 μ 不再随 Re 变化。因此，下面只分析边界条件的影响。

影响 μ 的边界因素包括孔口形状、孔口边缘情况和孔口在壁面上的位置三个方面。对于小孔口，实验证明，不同形状孔口的流量系数差别不大，孔口边缘情况对收缩系数会有影响，而孔口在壁面上的位置，对收缩系数 ε 有直接影响。

图 6-2 显示了孔口在壁面的位置，对于孔口 Ⅰ 和孔口 Ⅱ，孔口的全部边界均不与相邻的容器底边和侧边重合，孔口的四周流线都发生收缩，这种孔口称为全部收缩孔口。其中孔口与相邻壁面的距离大于同方向孔口尺寸的 3 倍（$l > 3a$ 或 $l > 3b$），孔口出流的收缩不受距壁面远近的影响，称为完善收缩，如孔口 Ⅰ；否则是不完善收缩，如孔口 Ⅱ。完善收缩孔口的流量系数 μ 大于不完善收缩的流量系数 μ，均可

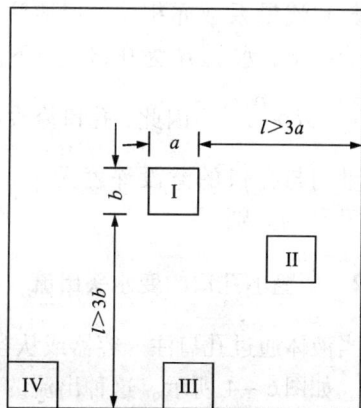

图 6-2 孔口收缩与位置关系

按经验公式估算。对于孔口 Ⅲ 和 Ⅳ，由于沿侧壁的部分周界不发生收缩，称为部分收缩。

根据实验结果，对于完善收缩的薄壁圆形小孔口，各项系数值可近似采用表 6-1 所列数

值。小孔口不完善收缩或部分收缩的各项数值均有经验公式可以计算,在此不一一列举。

表 6-1　薄壁小孔口各项系数

收缩系数 ε	阻力系数 ζ	流速系数 φ	流量系数 μ
0.64	0.06	0.97	0.62

大孔口可看作由许多水头不等的小孔口组成,应用小孔口的流量计算公式计算其流量,然后积分求其总和,得出大孔口的流量计算公式,其形式与式(6-4)类似,但式中 H_0 应为大孔口形状的水头,因收缩系数比小孔口大,大孔口的流量系数 μ 值亦较大。水利工程上的闸孔可按大孔口计算,其流量系数可参考表6-2使用。

表 6-2　大孔口的流量系数 μ

孔口形状和水流收缩情况	流量系数 μ
全部不完善收缩	0.70
底部无收缩,侧向收缩较大	0.65~0.70
底部无收缩,侧向收缩较小	0.70~0.75
底部无收缩,侧向收缩极小	0.80~0.85

(2)淹没出流

如图6-3所示,出孔水流淹没在下游水面之下,这种情况称为淹没出流。按照与自由出流同样的分析方法,可得孔口淹没出流的流速和流量计算公式仍为式(6-2)和式(6-4),流速系数和流量系数亦相同。但应注意,在淹没出流情况下,水头 H 为孔口上、下游的水面高差,$H_0 = H + \dfrac{\alpha_1 v_1^2}{2g}$。因此,孔口淹没出流的流速和流量均与孔口的淹没深度无关,也无"大"、"小"孔口的区别。

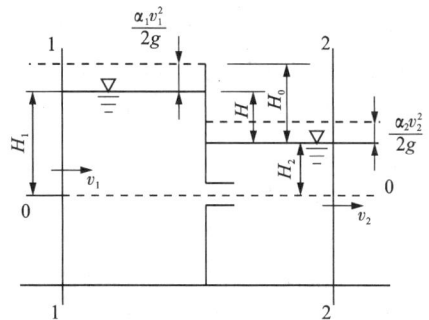

图 6-3　孔口淹没出流

6.1.2　薄壁小孔口的变水头出流

当液体通过孔口注入容器或从容器中泄出时,其有效水头随时间改变,称为孔口变水头出流。如图6-4所示。这种出流的流速、流量都随时间改变,属非恒定流。给排水工程中水池的注水和放空,水库的放空等均属变水头出流。当容器的面积较大或孔口的面积较小时,容器内液面高程变化缓慢,可把整个非恒定流过程分成很多微小时段,认为每一个微小时间段内液面的高程不变,孔口的恒定流公式仍然适用,这样就把非恒定流的问题转化为恒定流的问题来处理。

变水头出流的计算主要是计算储水构筑物泄空和充满所需的时间，或根据出流时间求泄流量和液面高程变化情况。

对于截面面积为 A' 的柱形容器，计算水流经孔口出流放空所需的时间。设时刻 t 时孔口的水头为 h，在 dt 时段内水面下降 dh，此时经孔口流出的体积等于容器内减少的体积，即

$$-A'dh = \mu A \sqrt{2gh}\,dt$$

从而得到

$$dt = \frac{-A'}{\mu A \sqrt{2gh}}dh$$

对上式积分得水头由 H_1 降至 H_2 所需的时间

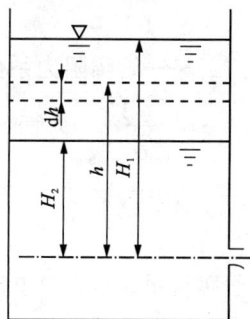

图 6-4　孔口变水头出流

$$
\begin{aligned}
t &= \int_{H_1}^{H_2} \frac{-A'}{\mu A \sqrt{2g}} \frac{dh}{\sqrt{h}} \\
&= \frac{2A'}{\mu A \sqrt{2g}}(\sqrt{H_1} - \sqrt{H_2})
\end{aligned}
\tag{6-5}
$$

若 $H_2 = 0$，即容器放空，所用的时间为

$$t = \frac{2A'\sqrt{H_1}}{\mu A \sqrt{2g}} = \frac{2A'H_1}{\mu A \sqrt{2gH_1}} = \frac{2V}{Q_{max}} \tag{6-6}$$

式中：V——容器放空体积；

$\quad\quad Q_{max}$——开始出流的最大出流量。

式(6-6)表明，变水头出流时，容器的放空时间等于在起始水头 H_1 的作用下，流出同样体积水所需时间的 2 倍。

6.1.3　管嘴恒定出流

当容器壁厚 δ 等于 3~4 倍孔口直径，或在孔口处外接一段长 $l = (3~4)d$ 的短管时（如图 6-5 所示），此时的出流称为管嘴出流，外接短管称为管嘴。

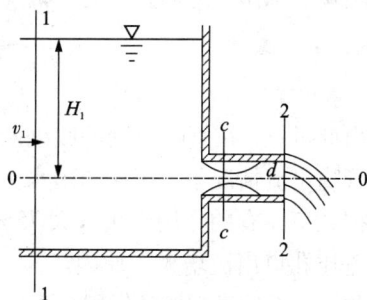

图 6-5　管嘴恒定出流

采用管嘴出流的主要目的在于增大流量。水流流入管嘴，在管嘴进口段内形成收缩断面，在收缩断面 $c-c$（距管道入口约为 $l_c = 0.8d$），流线与管壁分离，形成漩涡区，产生负压。水流经 $c-c$ 后逐渐扩张并充满全管后泄出。

水箱的水面压强为大气压强，管嘴为自由出流，对水箱中符合渐变流条件的过水断面 1-1 和管嘴出口断面 2-2 列能量方程，分析时只考虑管道进口的局部损失。

$$H_1 + \frac{\alpha_1 v_1^2}{2g} = \frac{\alpha_2 v_2^2}{2g} + \zeta_n \frac{v_2^2}{2g} \tag{6-7}$$

令 $H_0 = H_1 + \frac{\alpha_1 v_1^2}{2g}$ 为全水头；则嘴的出流速度为

$$v_2 = \frac{1}{\sqrt{\alpha_2 + \zeta_n}} \sqrt{2gH_0} = \varphi \sqrt{2gH_0} \qquad (6-8)$$

式中：ζ_n——管嘴阻力系数，常取 0.5；

$\varphi = \dfrac{1}{\sqrt{\alpha_2 + \zeta_n}}$ 为管嘴流速系数，通常 $\varphi = \dfrac{1}{\sqrt{\alpha_2 + \zeta_n}} = \dfrac{1}{\sqrt{1 + 0.5}} = 0.82$。

管嘴的出流量为

$$Q = v_2 A_2 = A\varphi \sqrt{2gH_0} = \mu_n A \sqrt{2gH_0} \qquad (6-9)$$

μ_n 为管嘴流量系数，因出口无收缩，$\varepsilon = 1$，$\mu_n = \varphi\varepsilon = \varphi = 0.82$。

式 (6-9) 与式 (6-4) 形式完全相同，但流量系数值不同，$\mu_n / \mu = 0.82 / 0.62 = 1.32$，即在同一个管路系统中，其他条件相同的情况下，管嘴出流能力是孔口出流的 1.32 倍。

孔口外加了管嘴，增加了出流阻力，但流量并未减少，反而比原来提高了 32%，这是收缩断面处真空的作用。如对图 6-5 的 $c-c$ 和 2-2 断面列能量方程有：

$$\frac{p_c}{\rho g} + \frac{\alpha_c v_c^2}{2g} = \frac{p_a}{\rho g} + \frac{\alpha_2 v_2^2}{2g} + \zeta_u \frac{v_2^2}{2g}$$

移项，得

$$\frac{p_a}{\rho g} - \frac{p_c}{\rho g} = \frac{\alpha_c v_c^2}{2g} - \frac{\alpha_2 v_2^2}{2g} - \zeta_u \frac{v_2^2}{2g}$$

式中，$v_c = \dfrac{A_2}{A_c} \times v_2 = \dfrac{1}{\varepsilon} v_2$；$\zeta_u$ 为由 $c-c$ 扩大到满管的水头损失系数，按断面突然扩大局部损失计算，则

$$\frac{p_a - p_c}{\rho g} = \left[\frac{\alpha_c}{\varepsilon^2} - \alpha_2 - \left(\frac{1}{\varepsilon} - 1 \right)^2 \right] \frac{v_2^2}{2g}$$

取 $\alpha_c = \alpha_2 = 1$；$\varepsilon = 0.64$；又 $v_2 = \varphi_n \sqrt{2gH_0}$；$\dfrac{v_2^2}{2g} = \varphi_n^2 H_0$；$\varphi_n = 0.82$。

所以

$$\frac{p_a - p_c}{\rho g} = \frac{p_v}{\rho g} = 0.75 H_0 \qquad (6-10)$$

由此可见，在管嘴流动的收缩断面上，产生了相当于 0.75 倍作用水头 H_0 的真空值。所以在管嘴出流情况下，存在作用水头和作用水头下产生的真空所引起的抽吸的共同作用，相当于把孔口原有的作用水头增大 75%，与孔口自由出流相比，从而加大了出流量，这就是管嘴出流比孔口出流增大的原因。

收缩断面的真空值随作用水头增加而增大，但当真空度达 7~8 mH_2O 柱时，管嘴内流体将产生汽化，并且有可能从管嘴出口处吸入空气，使收缩断面的真空遭到破坏，管嘴不能保持满管出流。因此圆柱形外管嘴的正常工作条件是：作用水头 $H_0 \leqslant 9.0$ m；管嘴长度 $L = (3~4)d$。

除圆柱形外管嘴之外，工程上为了增加孔口的泄水能力或为了增加（或减少）出口的速度，常采用不同的管嘴形式，如图 6-6 所示。各种管嘴出流的基本公式和圆柱形外管嘴公式相同，但是流速系数 φ 和流量系数 μ 不同。这些系数的数值取决于各种管嘴的出流特性和管内的阻力情况。具体情况请参考相关资料。

[例题 6-1] 一水池的侧壁开有一个直径 $d = 10$ mm 的小圆孔，水池水面比孔口中心高 $H = 5.00$ m，求当：①池壁厚度 $\delta = 3.0$ mm，②池壁厚度 $\delta = 50.0$ mm 时的出口流速及流量 Q。

解 分析水池壁厚对出流的影响：当 $\delta \geqslant l = (3~4)d = (30~40)$ mm 时，为管嘴出流；当

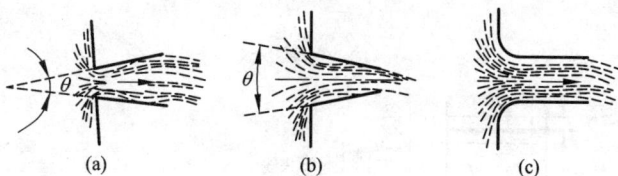

图 6-6　几种形式的管嘴

$\delta < l$ 时，为孔口出流。因此，当 $\delta = 3.0$ mm 时，为薄壁孔口出流；当 $\delta = 50.0$ mm 时，为圆柱外伸管嘴出流。

（1）$\delta = 3.0$ mm 时

$$v = \varphi \sqrt{2gH} = 0.97 \sqrt{2 \times 9.8 \times 5.0} = 9.61 \ \text{m/s}$$

$$Q = \mu A \sqrt{2gH} = 0.62 \times \frac{\pi}{4} \times 0.01^2 \times \sqrt{2 \times 9.8 \times 5.0} = 4.82 \times 10^{-4} \ \text{m}^3/\text{s}$$

（2）$\delta = 50.0$ mm 时

$$v = \varphi_n \sqrt{2gH} = 0.82 \sqrt{2 \times 9.8 \times 5.0} = 8.15 \ \text{m/s}$$

$$Q = \mu_n A \sqrt{2gH} = 0.82 \times \frac{\pi}{4} \times 0.01^2 \times \sqrt{2 \times 9.8 \times 5.0} = 6.38 \times 10^{-4} \ \text{m}^3/\text{s}$$

6.2　短管水力计算

工程中的管道水力计算是一项重要工作。当管道的整个横断面均被流体所充满，称为有压管道，管中的水流称为有压管流。流体运动要素不随时间变化的有压管流称为有压管道恒定流，否则称为有压管道非恒定流。工业与民用给水管、水电站压力引水管、虹吸管、室内及室外热水管、通风及燃气输配管等管内的流动，都是有压管流的工程实例。

实际工程中的管道，根据管线布置情况可分为简单管道和复杂管道。管径不变且无分叉的管道称为简单管道，复杂管道是指由两根或两根以上的简单管道组合而成的管路系统。简单管道的水力计算方法是各种管道水力计算的基础。

根据液体流动时沿程水头损失和局部水头损失在总水头损失中所占的比例不同，恒定流有压管道又分为短管和长管两种。当局部水头损失与流速水头之和与沿程水头损失相比不能忽略，三者必须同时考虑的管道，称为短管。如水泵的吸水管、虹吸管、倒虹吸管、道路涵管等，一般均按短管计算。当沿程水头损失起主要作用，局部水头损失和流速水头可以忽略不计的管道，称为长管。工程上将局部水头损失与流速水头之和占沿程水头损失 5% 以下的管道按长管计算，自来水管、长距离煤气管道、石油管道等均为长管。

6.2.1　简单短管的自由出流

管路出口水流流入大气，出流流线四周受大气压作用的情况为自由出流。如图 6-7 所示，设管路长度为 l，管径为 d，以管路出口断面 2-2 的形心所在水平面为基准面，在水池中离管路进口某一距离处取符合渐变流条件的断面 1-1，对断面 1-1 和断面 2-2 建立能量方程：

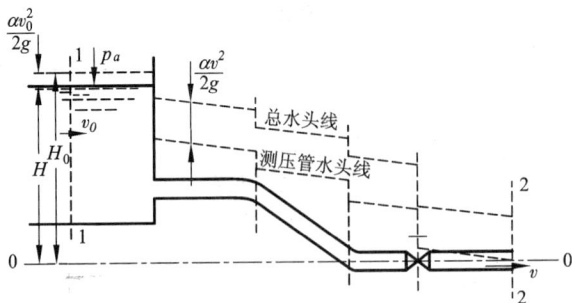

图 6 – 7   短管自由出流

$$H + \frac{\alpha_0 v_0^2}{2g} = 0 + \frac{\alpha v^2}{2g} + h_w \qquad (6-11)$$

令 $H_0 = H + \dfrac{\alpha_0 v_0^2}{2g}$，代入上式，可得

$$H_0 = h_w + \frac{\alpha v^2}{2g} \qquad (6-12)$$

式中水头损失为

$$h_w = \sum h_f + \sum h_j = \sum \lambda \frac{l}{d} \frac{v^2}{2g} + \sum \zeta \frac{v^2}{2g} = \zeta_c \frac{v^2}{2g} \qquad (6-13)$$

式中：ζ 为局部阻力系数；$\sum \zeta$ 为管中各局部阻力系数的总和；ζ_c 为管系总阻力系数，且 $\zeta_c = \sum \lambda \dfrac{l}{d} + \sum \zeta$。

式 (6 – 12) 说明，在短管自由出流的情况下，作用水头 H_0 除了克服水流阻力做功外，还有一部分保持出口动能 $\dfrac{\alpha v^2}{2g}$。

将式 (6 – 13) 代入式 (6 – 12) 并取 $\alpha \approx 1$，得管中流速

$$v = \frac{1}{\sqrt{1 + \zeta_c}} \sqrt{2gH_0} \qquad (6-14)$$

若管道的过水断面的面积为 A，则管道的流量为

$$Q = Av = \frac{A}{\sqrt{1 + \zeta_c}} \sqrt{2gH_0} = \mu_c A \sqrt{2gH_0} \qquad (6-15)$$

式中，μ_c 为管系的流量系数，且 $\mu_c = \dfrac{1}{\sqrt{1 + \zeta_c}}$。式 (6 – 15) 就是简单短管自由出流水力计算的基本公式。

当水池体积较大时，行近流速 $\dfrac{\alpha_0 v_0^2}{2g}$ 一般很小，往往可以忽略不计，此时式 (6 – 15) 可以写作

$$Q = \mu_c A \sqrt{2gH}$$

6.2.2 短管的淹没出流

管道出口水流淹没在水下，则称为淹没出流，如图6-8所示。与自由出流相似，淹没出流也是实际流体能量方程和连续方程的应用。考虑到下游水池的流速比管中流速小很多，计算时可取 $v_2 \approx 0$。通过类似的分析，可得短管淹没出流的流速和流量计算公式仍为式(6-14)和式(6-15)，但应注意，在淹没出流情况下，水头 H_0 为上、下游的水面高差，而流量系数为 $\mu_c = \dfrac{1}{\sqrt{\zeta_c}}$。由于淹没出流的 ζ_c 项中多一项管道出口处的局部水头损失 $\zeta_{出口}$，在直角出口时可取 $\zeta_{出口} \approx 1.0$，则可以认为自由出流与淹没出流的流量系数 μ_c 值相同。

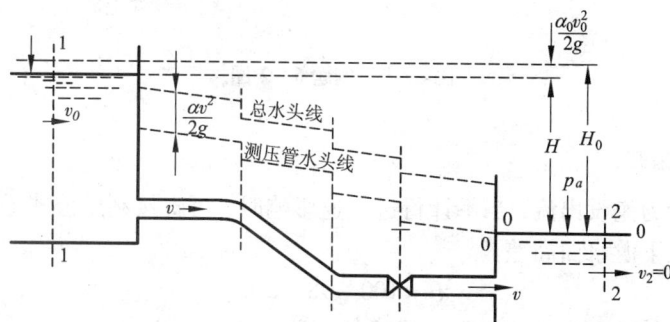

图6-8 短管淹没出流

6.2.3 短管水力计算举例

一般在水力计算前，管道长度、管材(管壁粗糙情况)、局部阻力的组成都已确定，因此利用式(6-15)或直接列能量方程式都可计算以下三类问题：

(1)已知流量 Q、管路直径 d 和局部阻力的组成，计算 H_0(如计算水箱或水塔水位标高、加压泵扬程 H 等)。

(2)已知水头 H_0、管径 d 和局部阻力的组成，计算通过流量 Q(如管道设计中的过流能力校核)。

(3)已知通过管路的流量 Q、水头 H_0 和局部阻力的组成，设计管径 d。

下面结合具体问题进一步说明。

①虹吸管的水力计算

虹吸管是一种压力输水管道，顶部管段高出上游水面，在虹吸管内造成真空，使上游水面的大气压强和虹吸管内的压强之间产生压差，水流就能通过虹吸管最高处引向低处。工程上，为保证虹吸管能通过设计流量，一般限制管中最大真空度不超过 $7 \sim 8 \ mH_2O$ 柱，以避免气蚀破坏。用虹吸管输水，可以跨越高地，减少土石挖方，避免埋设管路，便于自动操作，在给排水工程、交通工程等其他工程中应用普遍。

[**例题6-2**] 用混凝土虹吸管自渠道输水至集水池，如图6-9所示。虹吸管管径 $d=$ 150 mm，长 $l_1 = 50$ m，$l_2 = 20$ m。渠道水面高程 $\nabla_1 = 100$ m，集水池水面高程 $\nabla_1 = 98$ m。混凝土管的糙率 $n = 0.014$，各处的局部阻力系数分别为：滤水网 $\zeta_1 = 3.0$，$60°$折角弯头 $\zeta_2 =$

$\zeta_4 = 0.55$，阀门 $\zeta_3 = 0.17$，出口 $\zeta_4 = 1.0$。虹吸管的允许真空高度 $h_v = 7.0$ m。试求虹吸管的输水流量 Q 和顶部的允许安装高度 h_s。

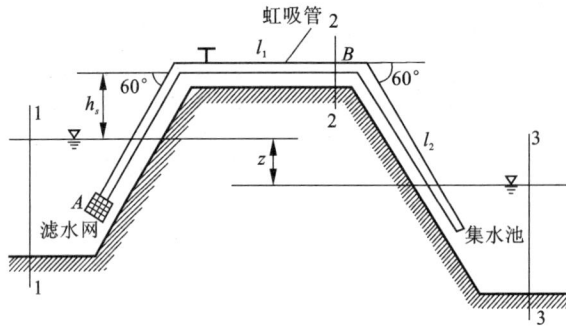

图 6 - 9 例题 6 - 2 图

解 （1）计算流量。

因本题虹吸管为淹没出流，当不计行进流速影响时，可直接利用公式 $Q = \mu_c A \sqrt{2gH}$ 进行计算，式中 H 为上下游水面高差。

$$H = 100 - 98 = 2 \text{ m}$$

先确定 λ 值，用曼宁公式计算谢才系数 C，得

$$C = \frac{1}{n} R^{1/6} = \frac{1}{0.014} \left(\frac{1}{4} \times 0.15 \right)^{1/6} = 41.32 \text{ m}^{1/2}/\text{s}$$

故

$$\lambda = \frac{8g}{C^2} = \frac{8 \times 9.8}{41.32^2} = 0.045\,9$$

管道流量系数

$$\mu_c = \frac{1}{\sqrt{\lambda \dfrac{l_1 + l_2}{d} + \Sigma \zeta}} = \frac{1}{\sqrt{0.0459 \times \dfrac{70}{0.15} + 3 + 2 \times 0.55 + 0.17 + 1}} = 0.192$$

虹吸管的输水能力为

$$Q = \mu_c A \sqrt{2gH} = 0.192 \times \frac{1}{4} \times 3.14 \times 0.15^2 \times \sqrt{2 \times 9.8 \times 2} = 0.021\,2 \text{ m}^3/\text{s}$$

（2）本题中最大真空发生在第二个弯头前，即管顶 2 - 2 断面。以渠道水面为基准面，令 2 - 2 断面中心至上游渠道水面的高差为 h_s，建立断面 1 - 1 和 2 - 2 的能量方程：

$$0 + \frac{p_a}{\rho g} + \frac{a_1 v_1^2}{2g} = h_s + \frac{p_2}{\rho g} + \frac{a_2 v_2^2}{2g} + h_{w1-2}$$

忽略行近流速，取 $a_2 = 1.0$，则

$$h_v = \frac{p_a}{\rho g} - \frac{p_2}{\rho g} = h_s + \frac{v_2^2}{2g} + h_{w1-2}$$

因为

$$v_2 = \frac{Q}{A} = \frac{4Q}{\pi d^2} = \frac{4 \times 0.021\,2}{\pi \times 0.15^2} = 1.20 \text{ m/s}$$

$$\frac{v_2^2}{2g} = \frac{1.2^2}{2 \times 9.8} = 0.073$$

$$h_{w1-2} = \left(\lambda \frac{l_1}{d} + \zeta_1 + \zeta_2 + \zeta_3\right)\frac{v_2^2}{2g} = \left(0.045\,9 \times \frac{50}{0.15} + 3 + 0.55 + 0.17\right)\frac{1.2^2}{2 \times 9.8} = 1.397 \text{ m}$$

又因为 $h_v = 7.0$ m，所以

$$h_s = h_v - \frac{v_2^2}{2g} - h_{w1-2} = 7 - 0.073 - 1.397 = 5.53 \text{ m}$$

②水泵的水力计算

水泵叶轮旋转会在泵体进口造成真空，水体在大气压作用下经吸水管进入泵体，水流在泵体内旋转加速，获得能量，再经压水管提升。水泵的水力计算分为吸水管和压水管两部分进行(图 6 - 10)。

ⓐ水泵吸水管。由取水点至水泵进口的管道称为吸水管，如图 6 - 10 所示。吸水管长度一般较短而管路配件多，局部水头损失不能忽略，所以通常按短管计算。吸水管的水力计算主要是确定水泵的允许安装高度 h_s 和过流能力 Q。

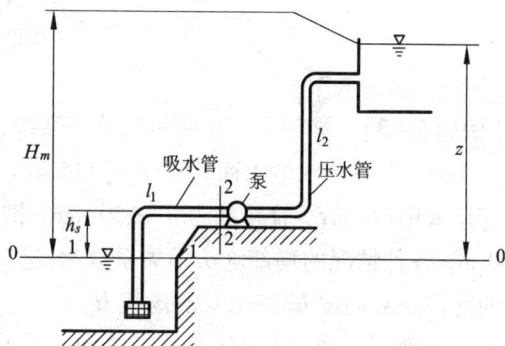

图 6 - 10　水泵管路系统

取吸水池水面 1 - 1 和水泵进口 2 - 2 断面列能量方程，并忽略吸水池行近流速，得

$$0 = h_s + \frac{p_2}{\rho g} + \frac{\alpha v^2}{2g} + h_w$$

以 $h_w = \lambda \dfrac{l}{d}\dfrac{v^2}{2g} + \sum \zeta \dfrac{v^2}{2g}$ 代入上式，移项得

$$h_s = \frac{-p_2}{\rho g} - \left(\alpha + \lambda \frac{l}{d} + \sum \zeta\right)\frac{v^2}{2g} = h_v - \left(\alpha + \lambda \frac{l}{d} + \sum \zeta\right)\frac{v^2}{2g}$$

式中：h_s——水泵安装高度；

　　　λ——吸水管的沿程阻力系数；

　　　$\sum \zeta$——吸水管各项局部阻力系数之和；

　　　h_v——水泵进口断面真空度，$h_v = \dfrac{-p_2}{\rho g}$。

为了防止气蚀发生，通常由实验确定水泵进口的允许真空度。当水泵进口断面真空度等于允许真空度 $[h_v]$ 时，就可根据抽水量和吸水管道情况，按上式确定水泵的允许安装高度和流量，即：

$$h_s = [h_v] - \left(\alpha + \lambda \frac{l}{d} + \sum \zeta\right)\frac{v^2}{2g} \tag{6-16}$$

$$Q = \frac{1}{\sqrt{\alpha + \lambda \dfrac{l}{d} + \sum \zeta}} A \sqrt{2g(h_v - h_s)} \tag{6-17}$$

ⓑ水泵压水管。压水管的水力计算包括水泵的扬程 H_m 和水泵的输入功率 N_p。

水泵的扬程：

$$H_m = z + h_{w吸} + h_{w压} \tag{6-18}$$

式中：z——水泵系统上下游水面高差，称提水高度；

$h_{w吸}$——吸水管的全部水头损失；

$h_{w压}$——压水管的全部水头损失。

水泵的输入功率为

$$N_p = \frac{\rho g Q H_m}{1\ 000\eta}(\mathrm{kW}) \tag{6-19}$$

式中：η——水泵效率。

[例题 6-3] 如图 6-10 所示的管路系统，水泵抽水量 $Q = 0.03\ \mathrm{m^3/s}$，上游水池水面高程 $\nabla_1 = 100\ \mathrm{m}$，下游水池水面高程 $\nabla_2 = 115\ \mathrm{m}$，水泵的最大真空度不超过 $h_v = 6\ \mathrm{m}$，吸水管和压水管均采用铸铁管，管径都为 $d = 150\ \mathrm{mm}$，糙率为 $n = 0.013$，吸水管长 $l_1 = 7\ \mathrm{m}$，压水管长 $l_2 = 40\ \mathrm{m}$，各种情况的局部水头损失系数为：进口底阀 $\zeta_1 = 6.0$，$90°$弯头 $\zeta_2 = 0.294$。试确定水泵的允许安装高度 h_s 和水泵的扬程 H_m。

解 先确定 λ 值，用曼宁公式计算谢才系数 C，得

$$C = \frac{1}{n}R^{1/6} = \frac{1}{0.013}\left(\frac{1}{4} \times 0.15\right)^{1/6} = 44.50\ \mathrm{m^{1/2}/s}$$

故

$$\lambda = \frac{8g}{C^2} = \frac{8 \times 9.8}{44.50^2} = 0.040$$

水管内流速

$$v = \frac{Q}{A} = \frac{4Q}{\pi d^2} = \frac{4 \times 0.03}{3.14 \times 0.15^2} = 1.70\ \mathrm{m/s}$$

(1) 水泵安装高度的确定：安装高程是根据水泵的允许真空值来控制的。令水泵轴中心距上游水池水面的高差为 h_s，可按式(6-16)计算 h_s 值

$$h_s = [h_v] - \left(\alpha + \lambda\frac{l_1}{d} + \Sigma\zeta\right)\frac{v^2}{2g}$$

$$= 6 - \left(1 + 0.04 \times \frac{7}{0.15} + 6 + 0.294\right)\frac{1.70^2}{2 \times 9.8}$$

$$= 4.65\ \mathrm{m}$$

(2) 水泵扬程的确定：水泵的扬程 H_m 由提水高度和管路系统的水头损失组成，用式(6-18)计算。

提水高度 $\qquad z = \nabla_2 - \nabla_1 = 115 - 100 = 15\ \mathrm{m}$

吸水管水头损失

$$h_{w吸} = \left(\lambda\frac{l_1}{d} + \Sigma\zeta\right)\frac{v^2}{2g} = \left(0.04 \times \frac{7}{0.15} + 6 + 0.294\right)\frac{1.70^2}{2 \times 9.8}$$

$$= 1.20\ \mathrm{m}$$

压水管水头损失

$$h_{w压} = \left(\lambda\frac{l_1}{d} + \Sigma\zeta\right)\frac{v^2}{2g} = \left(0.04\times\frac{40}{0.15} + 2\times0.294 + 1\right)\frac{1.70^2}{2\times9.8}$$
$$= 1.81 \text{ m}$$

所以

$$H_m = z + h_{w吸} + h_{w压} = 15 + 1.20 + 1.81 = 18.01 \text{ m}$$

根据水泵的扬程和流量，可从相关手册中选择水泵的型号。

③倒虹吸管的水力计算

倒虹吸管是管道穿过道路、河渠等障碍物的一种输水管道，由于它的外形像倒置的虹吸管，故称为倒虹吸管，如图 6-12 所示。倒虹吸管中的水流并无虹吸作用，其水力计算内容主要是确定其流量或管径。

[**例题 6-4**]　倒虹吸管穿过道路与下游渠道相连接，如图 6-11 所示，管长 $l = 50$ m，上下游水位差 $H = 3$ m，沿程阻力系数 $\lambda = 0.03$，管道进口处 $\zeta_e = 0.5$，转折处 $\zeta_b = 0.65$，出口处 $\zeta_0 = 1.0$，如通过流量 $Q = 3$ m³/s，求管径 d。

解　以下游水面为基准面，对 1-1、2-2 断面建立能量方程，忽略上下游流速水头，得

$$H = h_w$$

即

$$H = h_w = \left(\lambda\frac{l}{d} + \zeta_e + 2\zeta_b + \zeta_0\right)\frac{1}{2g}\left(\frac{4Q}{\pi d^2}\right)^2$$

代入各已知数值，简化得

$$3d^5 - 2.08d - 0.745 = 0$$

用试算法求 d，可得 $d\approx0.98$ m，如采用标准管径 $d = 1.0$ m，实际通过流量 Q 略大于 3 m³/s。

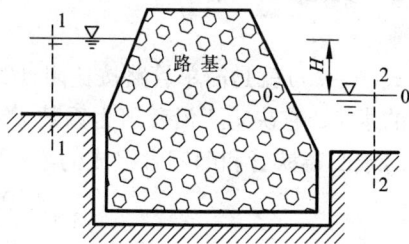

图 6-11　例题 6-4 图

6.3　长管的水力计算

长管的水力计算常包括简单长管道、串联管路、并联管路、分叉管路、枝状管网与环状管网等水力计算。

6.3.1　简单长管路

如图 6-12 所示由水池引水的简单长管路，管道长度为 l，直径为 d，水池水面距管道出口中心的高度为 H。下面我们来分析其水力特点和计算方法。

在长管计算中，忽略局部水头损失 h_j 与流速水头 $\frac{\alpha_2 v_2^2}{2g}$，以通过管路出口断面 2-2 形心的水平面为基准面，取水池中渐变流断面 1-1。对断面 1-1 和 2-2 建立能量方程式，得

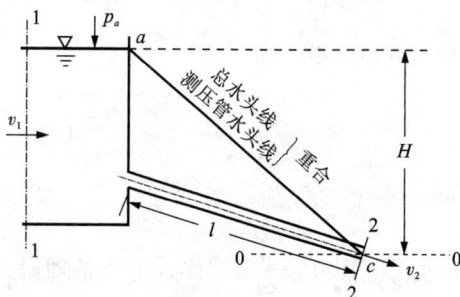

图 6-12　简单长管

$$H = h_f \tag{6-20}$$

式(6-20)表明:长管全部作用水头都消耗于沿程水头损失。因为长管的流速水头$\frac{v^2}{2g}$可以忽略,所以它的总水头线与测压管水头线重合。根据式(6-20),可采用以下两种方法计算。

(1)按比阻计算

由式(6-20)
$$H = h_f = \lambda \frac{l}{d} \frac{v^2}{2g} \tag{6-21}$$

将$v = \frac{4Q}{\pi d^2}$代入上式得

$$H = \frac{8\lambda}{g\pi^2 d^5} l Q^2$$

令
$$S_0 = \frac{8\lambda}{g\pi^2 d^5} \tag{6-22}$$

S_0称为比阻。则有

$$H = S_0 l Q^2 \tag{6-23}$$

式(6-23)就是简单管路按比阻计算的关系式。比阻S_0是单位流量通过单位长度管道所需要的水头,它决定于沿程阻力系数λ和管径d。

对于旧铸铁管和旧钢管组成的给水管网,适用于维列夫公式

$$\lambda = \frac{0.021\,0}{d^{0.3}} \quad (v \geq 1.2 \text{ m/s}) \tag{6-24}$$

$$\lambda = \frac{0.017\,9}{d^{0.3}}\left(1 + \frac{0.867}{v}\right)^{0.3} \quad (v \geq 1.2 \text{ m/s}) \tag{6-25}$$

将两式分别代入求比阻的式中,得到

$$S_0 = \frac{0.001\,736}{d^{5.3}} \quad (v \geq 1.2 \text{ m/s}) \tag{6-26}$$

$$S_0 = 0.852 \times \left(1 + \frac{8\lambda}{g\pi^2 d^5}\right)^{0.3}\left(\frac{0.001\,736}{d^{5.3}}\right) \quad (v < 1.2 \text{ m/s}) \tag{6-27}$$

如根据谢才公式计算比阻,由于

$$h_f = \frac{v^2}{C^2 R} l$$

代入式(6-20)有

$$H = \frac{v^2}{C^2 R} l = \frac{Q^2}{C^2 R A^2} l = S_0 l Q^2$$

得
$$S_0 = \frac{1}{C^2 R A^2} \tag{6-28}$$

将曼宁公式$C = \frac{1}{n} R^{1/6}$代入上式整理得

$$S_0 = \frac{10.3 n^2}{d^{5.33}} \tag{6-29}$$

按式(6-29)可编制出比阻计算表,见表6-3,使用时可直接查表计算。

表 6 – 3 按曼宁公式计算的管道比阻 S_0

水管直径 /mm	比阻 S_0(Q 以 $\mathrm{m^3/s}$ 计)		
	$n = 0.012$	$n = 0.013$	$n = 0.014$
75	1 480	1 740	2 010
100	319	375	434
150	36.7	43.0	49.9
200	7.92	9.30	10.8
250	2.41	2.83	3.28
300	0.911	1.07	1.24
350	0.401	0.471	0.545
400	0.196	0.230	0.267
450	0.105	0.123	0.143
500	0.059 8	0.070 2	0.081 5
600	0.022 6	0.026 5	0.030 7
700	0.009 93	0.011 7	0.013 5
800	0.004 87	0.005 73	0.006 63
900	0.002 60	0.003 05	0.003 54
1 000	0.001 48	0.001 74	0.002 01

(2)按水力坡度计算

由式(6 – 20),令:

$$J = \frac{H}{l} = \frac{\lambda}{d} \frac{v^2}{2g} \tag{6 – 30}$$

式(6 – 30)就是简单管路按水力坡度计算的关系式。水力坡度 J 是一定流量 Q 通过单位长度管道所需要的水头。对于钢管、铸铁管,将舍维列夫公式代入式(6 – 30)得:

$$v \geqslant 1.2 \ \mathrm{m/s} \ \text{时} \quad J = 0.001\ 07 \ \frac{v^2}{d^{1.3}} \tag{6 – 31a}$$

$$v < 1.2 \ \mathrm{m/s} \quad J = 0.000\ 912 \ \frac{v^2}{d^{1.3}} \left(1 + \frac{0.867}{v}\right)^{0.3} \tag{6 – 31b}$$

对于钢筋混凝土管,通常采用谢才公式计算水力坡度。

我国建筑给水管的水力计算过去常采用以旧钢管、旧铸铁管为研究对象的舍维列夫公式。近年来,铜管、不锈钢管的使用日趋普遍,各种塑料管的使用也日趋成熟。多种管材的使用分别采用各自的水力计算公式很不方便。为此,《建筑给水排水设计规范》(GB50015—2003)推荐使用海澄 – 威廉(A. Hazen – G. S. Williams)公式。海澄 – 威廉公式是目前许多国家用于供水管道水力计算的公式,它的主要特点是可以利用海澄 – 威廉系数的调整,适应不同粗糙系数管道的水力计算。给水管道的沿程水头损失可按下式计算:

$$J = 105 C_h^{-1.85} d_g^{-4.87} Q^{1.85} \tag{6 – 32}$$

式中:J 为管道单位长度水头损失,kPa/m;d_g 为管道计算内径,m;Q 为给水设计流量,$\mathrm{m^3/s}$;

C_h——海澄 – 威廉系数, 各种塑料管。内衬(涂)塑管 $C_h = 140$, 铜管、不锈钢管 $C_h = 130$, 衬水泥、树脂的铸铁管 $C_h = 130$, 普通钢管、铸铁管 $C_h = 100$。

上式可改写为无量纲的水力坡度

$$J = \frac{105 \times 10^3}{\rho g} C_h^{-1.85} d_g^{-4.87} Q^{1.85} \tag{6-33}$$

[例题 6 – 5] 由水塔沿管长 $3\,000\ m$, 管径 $300\ mm$ 的铸铁管向工厂供水(图 6 – 13)。已知工厂用水量 $Q = 280\ m^3/h$, 水塔处地形标高 z_1 为 $85\ m$, 工厂地形标高 z_2 为 $66\ m$, 工厂所需水头 $H_2 = 25\ m$, 求水塔内自由水面距地面高度 H_1。

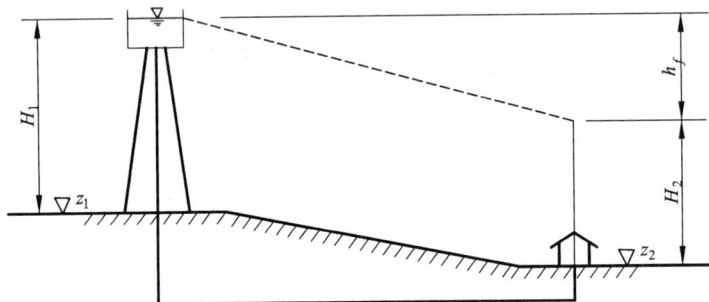

图 6 – 13 例 6 – 5 图

解 对于铸铁管, 取 $C_h = 100$, 由海澄 – 威廉公式(6 – 28)

$$J = \frac{105 \times 10^3}{\rho g} C_h^{-1.85} d_g^{-4.87} Q^{1.85} = \frac{105}{10^3 \times 9.8} \times 100^{-1.85} \times 0.3^{-4.87} \times \left(\frac{280}{3600}\right)^{1.85} \times 10^3$$

$$= 0.006675$$

$$h_f = J \cdot l = 0.006675 \times 3000 = 20.03\ m$$

以水塔水面作为 1 – 1 断面, 管道末端为 2 – 2 断面, 应用能量方程可得到水塔高度为

$$H_1 = H_2 + h_f + z_2 - z_1 = 25 + 20.03 + 66 - 85 = 26.03\ m$$

6.3.2 复杂管路

1. 串联管路

由直径不同的几个管段依次连接而组成的管路, 称为串联管路, 如图 6 – 14 所示。串联管路各管段通过的流量可能相同, 也可能不同。串联管路计算原理仍然是依据能量方程和连续性方程。设第 i 管段末端集中出流的流量为 q_i, 管段的通过流量为 Q_i, 由连续方程可得

$$Q_i = Q_{i+1} + q_i \tag{6-34}$$

根据能量方程有:

$$H = \frac{v^2}{2g} + \sum_{i=1}^{n} h_{fi} + \sum_{k=1}^{m} h_{jk} \tag{6-35}$$

式中, v 是末端管段的出口流速, h_j 为管道局部损失, h_f 为管道沿程损失, n 为管段总数。

因为采用长管模型计算, 式(6 – 35)可写成

$$H = \sum_{i=1}^{n} h_{fi} = \sum_{i=1}^{n} S_i L_i Q_i^2 \tag{6-36}$$

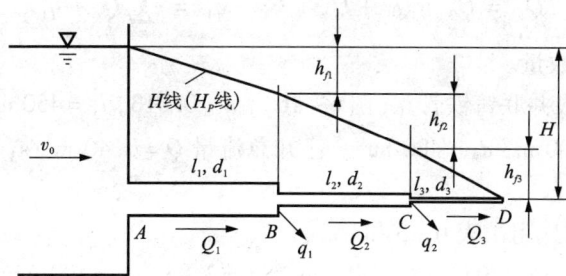

图 6－14　串联管路

式(6－34)和式(6－36)为串联管路水力计算的基本公式,联立可求解 Q, d, H 等。

[**例题 6－6**]　一条输水管道,管材采用铸铁管,流量 $Q = 0.20$ m³/s,管道总水头 $H = 30$ m 管全长 $l = 1\ 000$ m,现已装设了 $l_1 = 480$ m、管径 $d_1 = 350$ mm 的管道,为了充分利用水头,节约管材,试确定后段管道的直径 d_2。

解　计算已装设管段的水力坡度,取 $C_h = 100$,由海澄－威廉公式(6－28),得

$$J_1 = \frac{105 \times 10^3}{\rho g} C_h^{-1.85} d_{g1}^{-4.87} Q^{1.85}$$

$$= \frac{105 \times 10^3}{10^3 \times 9.8} \times 100^{-1.85} \times 0.35^{-4.87} \times 0.2^{1.85}$$

$$= 0.01808$$

$$h_{f1} = J_1 \cdot l_1 = 0.01808 \times 480 = 8.68 \text{ m}$$

$$H = h_{f1} + h_{f2}$$

$$30 = 8.68 + \frac{105 \times 10^3}{\rho g} C_h^{-1.85} d_{g2}^{-4.87} Q^{1.85}$$

解得
$$d_{g2} = 0.296 \text{ m}$$

取
$$d_{g2} = 0.3 \text{ m} = 300 \text{ mm}$$

2. 并联管路

为了提高供水的可靠性,在两节点之间并设两条或两条以上的管路,这样的管路称为并联管路,如图 6－15 中 A, B 节点之间的管路。并联管段一般按长管计算。并联管路的特点是:

①液体通过所并联的任何管段时其水头损失皆相等,即

$$h_{f2} = h_{f3} = h_{f4} = h_{fA \to B}$$

每个单独管段都是简单管路,用比阻表示可写成

$$S_{02} l_2 Q_2^2 = S_{03} l_3 Q_3^2 = S_{04} l_4 Q_4^2 \qquad (6－32)$$

②并联管路的各管段直径、长度、粗糙度可能不同,因而流量也会不同。由连续性方程可得分流点前流入的流量应满足

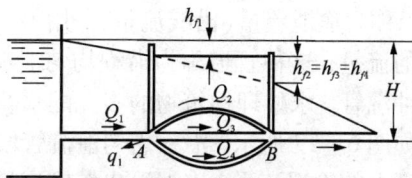

图 6－15　并联管路

$$Q_1 = Q_2 + Q_3 + Q_4 + \cdots + q_1 = \sum_{i=2}^{n} Q_i + q_1 \qquad (6-33)$$

式中, n 为并联管路的数量。

[**例题 6 – 7**] 三根并联铸铁管路(图 6 – 16), $n = 0.013$, $l_1 = 450$ m, $d_1 = 300$ m, $l_2 = 600$ m, $d_2 = 250$ mm, $l_3 = 800$ m, $d_3 = 400$ mm。已知总流量 $Q = 0.40$ m³/s, 求并联管路中每一管段的流量及水头损失。

解 并联各管段的比阻由表 6 – 3 得:

$$d_1 = 300 \text{ m}, \; S_{01} = 1.07; \; d_2 = 250 \text{ mm}, \; S_{02} = 2.83; \; d_3 = 400 \text{ mm}, \; S_{03} = 0.23$$

由式(6 – 32)得:

$$S_{01}l_1Q_1^2 = S_{02}l_2Q_2^2 = S_{03}l_3Q_3^2$$

将各 S_0, l 值代入上式, 并整理得

$$Q_1 = 0.618Q_3, \quad Q_2 = 0.329Q_3$$

由连续性方程得

$$Q = Q_1 + Q_2 + Q_3$$

解得

$$Q_3 = 0.205 \text{ m}^3/\text{s}$$

$$Q_2 = 0.068 \text{ m}^3/\text{s}$$

$$Q_1 = 0.127 \text{ m}^3/\text{s}$$

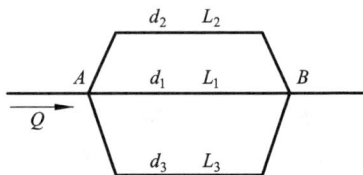

图 6 – 16   例题 6 – 7 图

各段流速分别为

$$v_1 = \frac{4Q_1}{\pi d_1^2} = \frac{4 \times 0.127}{\pi \times 0.3^2} = 1.80 \text{ m/s} > 1.2 \text{ m/s}$$

$$v_2 = \frac{4Q_2}{\pi d_2^2} = \frac{4 \times 0.068}{\pi \times 0.25^2} = 1.39 \text{ m/s} > 1.2 \text{ m/s}$$

$$v_3 = \frac{4Q_3}{\pi d_3^2} = \frac{4 \times 0.205}{\pi \times 0.4^2} = 1.63 \text{ m/s} > 1.2 \text{ m/s}$$

各管段流动均属于阻力平方区, 比阻 S_0 值不需修正。

AB 间水头损失为

$$h_{fAB} = S_{03}l_3Q_3^2 = 0.23 \times 800 \times 0.205^2 = 7.73 \text{ m}$$

6.3.3 沿程均匀泄流管道

前面所述各种管路, 在每根管段上通过的流量是不变的, 称为通过流量(转输流量), 用 Q_z 表示。但是在实际工程中, 管道中除通过流量外, 还有沿管长由开在管壁上的孔口泄出的流量, 称为途泄流量(沿线流量), 用 Q_t 表示。其中最简单的情况是沿管道单位长度上泄出相等的流量, 这种管道称为沿程均匀泄流管道。如灌溉工程中的人工降雨管、给水工程中的滤池冲洗管、水处理构筑物的多孔配水管、冷却塔的布水管等。

如图 6 – 17 所示, 沿程均匀泄流管段 AB 长度为 l, 直径为 d, 途泄总流量 $Q_t = ql$, q 为单位长度上的途泄流量, 末端泄出转输流量为 Q_z。在距 A 点 x 处取断面 M, 通过流量为 Q_x, 在长度为 $\text{d}x$ 的微小管段内, 水头损失可近似按均匀流计算, 即:

$$\text{d}h_f = S_0 Q_x^2 \text{d}x$$

而

$$Q_x = Q_z + Q_t - qx = Q_z + Q_t - Q_t \cdot \frac{x}{l}$$

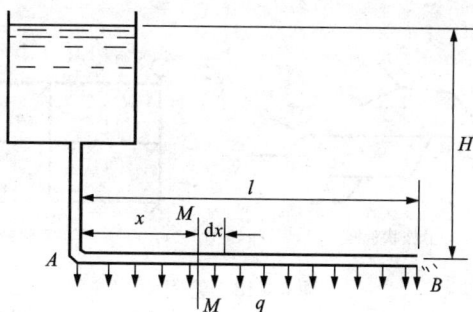

图6-17 沿程均匀泄流管道

则
$$\mathrm{d}h_f = S_0 Q_x^2 \mathrm{d}x = S_0 \left(Q_z + Q_t - Q_t \cdot \frac{x}{l} \right)^2 \mathrm{d}x$$

将上式沿管长积分，即得整个管段的水头损失

$$h_f = \int_0^l \mathrm{d}h_f = \int_0^l S_0 \left(Q_z + Q_t - Q_t \cdot \frac{x}{l} \right)^2 \mathrm{d}x$$

当管段的粗糙情况和直径不变，且管中水流处于阻力平方区时，则比阻 S_0 是常数，对上式积分得

$$h_f = S_0 l \left(Q_z^2 + Q_z Q_t + \frac{1}{3} Q_t^2 \right) \tag{6-34}$$

由于
$$Q_z^2 + Q_z Q_t + \frac{1}{3} Q_t^2 \approx (Q_z + 0.55 Q_t)^2$$

因此，式(6-34)可近似地写作

$$h_f = S_0 l (Q_z + 0.55 Q_t)^2 \tag{6-35}$$

在实际计算时，常引用折算流量 Q_c

$$Q_c = Q_z + 0.55 Q_t \tag{6-36}$$

式(6-35)就可写成

$$h_f = S_0 l Q_c^2 \tag{6-37}$$

式(6-37)和简单管路计算公式(6-23)形式相同，所以沿程均匀泄流管路可按折算流量为 Q_c 的简单管路进行计算。

当通过流量 $Q_z = 0$，式(6-37)成为

$$h_f = \frac{1}{3} S_0 l Q_t^2 \tag{6-38}$$

上式表明，当流量全部为沿程连续均匀泄流时管路的水头损失，等于全部流量在管道末端泄出时水头损失的三分之一。

6.3.4 管网水力计算基础

在实际供水过程中，为了保证用户的供水需求，在工程中常将多种类型的管路组合成管网以实现安全供水。管网按其布置方式可分为两类：一类是一些独立的支管连接在同一根干管上所组成的管网，称为枝状管网[图6-18(a)]；另一类用管道将枝状管网各尾端连接起

来，形成闭合管网，称环状管网[图6-18(b)]。

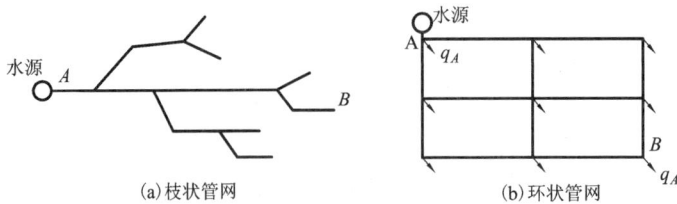

(a)枝状管网　　　　　　　　(b)环状管网

图 6-18　管网

枝状管网的管道总长度较环状管网短，基建费用少，但是供水的可靠性差，一般施工工地的生活用水或施工用水、小型居民点的生活用水以及农田水利中的灌溉用水，多采用这种管网。环状管网中的流量可以通过用户用水情况由管网自行分配，它可以保证对任何一点的供水不会中断，因此，大型管网或对供水可靠性要求高的地方多采用这种管网供水。

管网内各管段的管径是根据流量 Q 及速度 v 两者来决定的，并应进行技术经济比较。管道中的流速应使供水的总成本(包括管道及铺筑水管的建设费、扬水机站的建设费、水塔建设费、扬水站运行费用之总和)最低。这种情况下确定的流速称为经济流速 v_e。按设计规范，当直径为 $d = 100 \sim 400$ mm 时，$v_e = 0.6 \sim 1.0$ m/s；当直径 $d > 400$ mm 时，$v_e = 1.0 \sim 1.4$ m/s。

1. 枝状管网的水力计算

枝状管网的水力计算一般可分为新建管网的设计计算和改扩建管网设计计算两种情况。

(1)新建管网系统的水力计算

一般是已知各管段长度 l 和通过的流量 Q，以及用户所要求的自由水头 H_z(自由水头是指控制点或供水管末端所需的水头)，要求确定管路的各段直径 d 或水塔的高度 H_t。计算时，首先根据供水区域地理位置布置管线，确定各管长度；再根据节点供水流量，按照连续性方程，计算各管段流量大小；然后按经济流速确定各管段管径，利用式(6-23)，计算出各段的水头损失；最后按串联管路计算干线中从水塔到管网的控制点的总水头损失(管网的控制点是指在管网中水塔至该点的水头损失，地形标高和要求自由水头三项之和最大值之点)。水塔高度 H_t(图6-19)可按下式求得：

$$H_t = \sum h_f + H_z + z_0 - z_t = \sum S_{0i} l_i Q_i^2 + H_z + z_0 - z_t \qquad (6-39)$$

式中：H_z——控制点的自由水头；

z_0——控制点的地形标高；

z_t——水塔处的地形标高；

$\sum h_f$——从水塔到管网控制点的总水头损失。

(2)改扩建管网系统的水力计算

已知管路沿线地形，水塔高度 H_t，输水管长度 l，用水点的自由水头 H_z 及要求通过的流量 Q，要求确定管径。

因水塔或扬水泵站已经建成，采用经济流速确定的管径不能保证供水的技术经济要求时，根据枝状管网管网的已知条件，计算出它们各自的平均水力坡度 $J = \dfrac{H_t + (z_t - z_0) - H_z}{\sum l_i}$。

然后选择其中平均水力坡度最小的那根干线作为控制干线进行设计。

控制干线上按水头损失均匀分配，即各管段水力坡度相等的条件，由式(6-23)计算各管段比阻：

$$S_{0i} = \frac{J}{Q_i^2}$$

式中：Q_i——各管段通过的流量。

从求出的 S_{0i} 就可选择各管段的直径。实际选用时，还应使选择出的管径符合管径标准化的原则，可取部分管段比阻 S_{0i} 大于计算

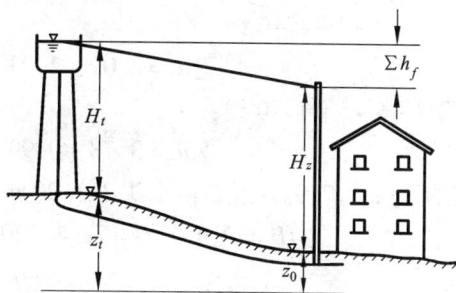

图 6-19　水塔高度计算图

算值 S_{0i}，部分管段小于计算值，使得供水管段比阻的组合，正好满足在给定水头下通过需要的流量。控制干线确定后可推算出各节点水头，从而继续设计各枝线管径。

[**例题 6-8**]　一枝状管网从水塔 O 沿 0-1 干线输送用户，各节点要求供水量如图 6-20 所示。已知每段管路长度（见表 6-4）。此外，水塔处的地形标高为 101.31 m，节点 4、7 的地形标高均为 104.53 m，节点 4、7 所要求的自由水头同为 $H_z = 20$ m。求各管段的直径、水头损失及水塔高度。

解　根据经济流速选择各管段的直径：

对于 3-4 管段 $Q = 25$ L/s，采用经济流速 $v_e = 1$ m/s，则管径

$$d = \sqrt{\frac{4Q}{\pi v_e}} = \sqrt{\frac{0.025 \times 4}{\pi \times 1}} = 0.178 \text{ m}$$

采用 $d = 200$ mm，管中实际流速

$$v = \frac{4Q}{\pi d^2} = \frac{4 \times 0.025}{\pi \times 0.2^2} = 0.8 \text{ m/s}（在经济流速范围）$$

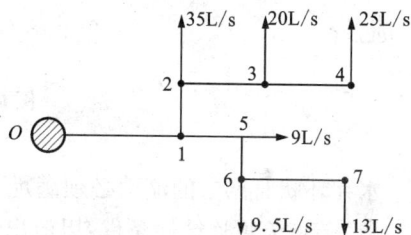

图 6-20　例 6-8 图

采用铸铁管。因为平均流速 $v = 0.80$ m/s < 1.2 m/s，按式(6-25)计算管段 3-4 的水头损失，得

$$h_{f3-4} = kS_0 lQ^2 = 1.06 \times 9.092 \times 350 \times 0.025^2 = 2.09 \text{ m}$$

同样，其余各管段计算可列表进行，如表 6-4 所示：

表 6-4　枝状管路计算表

管段编号	长度 l/m	流量 q/(L·s^{-1})	管径 d/mm	流速 v/(m·s^{-1})	比阻 S_0/(s^2·m^{-6})	水头损失 h_f/m
3-4	350	25	200	0.80	9.571	2.09
2-3	350	45	250	0.92	2.862	2.03
1-2	200	80	300	1.13	1.025	1.31
6-7	500	13	150	0.74	44.78	3.78
5-6	200	22.5	200	0.72	9.751	0.99
1-5	300	31.5	250	0.64	3.027	0.90
0-1	400	111.5	350	1.16	0.4575	2.27

从水塔到最远的用水点 4 和 7 的沿程水头损失分别为：

沿 4 – 3 – 2 – 1 – 0 线：

$$\sum h_f = 2.09 + 2.03 + 1.31 + 2.27 = 7.70 \text{ m}$$

沿 7 – 6 – 5 – 1 – 0 线：

$$\sum h_f = 3.78 + 0.99 + 0.90 + 2.27 = 7.94 \text{ m}$$

采用 $\sum h_f = 7.94 \text{m}$ 及自由水头 $H_z = 20 \text{ m}$，根据式(6 – 41)计算水塔的高度为：

$$H_t = \sum h_f + H_z = 7.94 + 20 + 104.53 - 101.31 = 31.16 \text{ m}$$

采用
$$H_t = 32 \text{ m}$$

2. 环状管网的水力计算

环状管网的布置是根据管网区域的要求和地形来确定的，根据用户需要确定各节点的流量，如图6 – 21 所示。

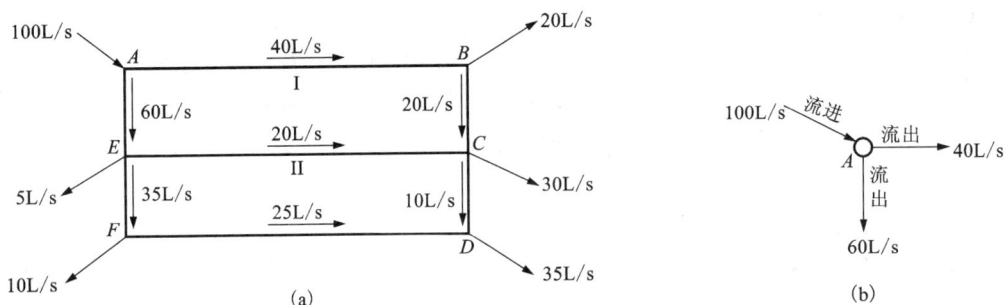

图 6 – 21　环状管网示意图

水在环状管网中的流动必须满足下列两个条件：

（1）节点流量连续性条件：以流出节点的流量为正，流入节点的流量为负，则任一节点流量的代数和为0，即：

$$\sum Q_{节} = 0 \qquad\qquad (6 - 40)$$

（2）环路闭合条件：对于任一闭合环路，沿顺时针流动的水头损失为正，沿逆时针流动的水头损失为负，则闭合环的水头损失代数和为0，即：

$$\sum h_{f环} = 0 \qquad\qquad (6 - 41)$$

式(6 – 41)的计算条件与并联管道的原则相同，它反映了一个闭合管环的两条管线，当水流从一个共同节点流至另一个共同节点时，是在相同的单位压差作用下流动的。但是，环状管网的水力计算不容易用分析方法求解。工程实际中，以基本关系式(6 – 40)和(6 – 41)采用逐次近似逼近法计算，具体步骤如下：

（1）按各供水点的供水量，据 $\sum Q_{节}$ 的条件，假定各管段的流向和流量的初始分配值 Q_0。

（2）按各管段的初始分配流量值 Q_0 及经济流速确定各管段的管径 d。

（3）由公式 $h_f = S_0 l Q^2$，计算各管段的水头损失 h_{f0}。一般根据初始分配流量 Q_0 值计算得的 h_{f0}，其 $\sum h_{f环} \neq 0$，这说明闭合环的一个方向流量过大，另一个方向的流量过小。

（4）为了满足 $\sum h_{f环} = 0$ 的条件，需要对初始分配流量进行校正，即将一部分流量由流量大的方向移至流量小的方向，在流量大的方向上减去环校正流量 ΔQ，流量小的方向上加上

环校正流量 ΔQ，根据下式计算环校正流量：

$$\Delta Q_0 = - \frac{\sum h_{f0环}}{2 \sum \left| \dfrac{h_{f0}}{Q_0} \right|} \tag{6-42}$$

(5)各管段经第一次校正后的流量为：

$$Q_1 = Q_0 + \Delta Q_0 \tag{6-43}$$

(6)按 Q_1，再次计算各管段的水头损失 h_{f1}，及 $\sum h_{f1环} = 0$，若 $\sum h_{f1环} \neq 0$，继续进行环流量的第二次校正：

$$\Delta Q_1 = - \frac{\sum h_{f1环} = 0}{2 \sum \left| \dfrac{h_{f1环}}{Q_1} \right|}$$

重复以上步骤，直至所有环的 $\sum h_{f环} \leqslant e_h$（$e_h$ 为环水头闭合差的最大允许值，手工计算时一般取 $e_h = 0.1 \sim 0.5$ m，计算机计算时一般取 $e_h = 0.01 \sim 0.1$ m），或满足要求的计算精度为止，一般计算需要重复多次才可达到要求。这种迭代方法称为 Hardy - Cross 算法。

在进行计算时，应当注意以下问题：

(1)校正流量公式中，环闭合水头 $\sum h_{f环}$ 为代数和，可正可负，而分母 $\sum \left| \dfrac{h_f}{Q} \right|$ 恒为正；

(2)当某管段为两个相邻环的公共管段时，如图 6 – 22 中的的管段 EC，则该管段的校正流量为两个相邻环的校正流量的代数和，同时还应注意两个不同环的校正流量在公共管段上的方向；

(3)在逐次近似计算过程中，各管段的直径不变；

(4)不同的初始分配流量，水力计算结果不同，因而存在环的最优化问题。

近年来，应用计算机对管网进行计算已经非常普及，特别是对环数较多的环管网计算，其计算速度快且精度高，具有很好的计算效果。

下面通过例题介绍 Hardy - Cross 算法的应用。

[**例题 6 – 9**]　如图 6 – 22 所示的环状管网，各管段的长度、管径见表 6 – 5，使用铸铁管，管内壁粗糙系数为 $n = 0.012\,5$，各节点的集中出流分别为 $q_1 = 80$ L/s，$q_2 = 15$ L/s，$q_3 = 10$ L/s，$q_4 = 55$ L/s，试确定各管段的流量及水头损失。

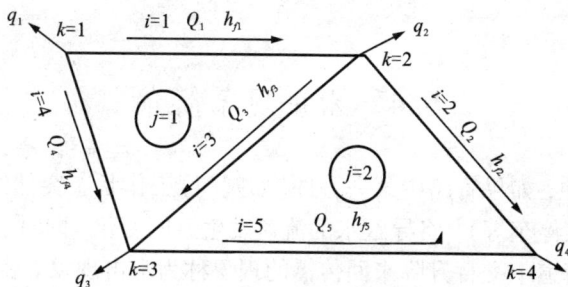

图 6 – 22　例题 6 – 9 图

解

(1)首先假定各管段的水流方向，进行流量初分配，并使各节点流量满足节点流量连续性方程式(6-40)。

(2)根据水流方向计算各管段的 h_{fi}(水头损失公式采用曼宁公式),并计算各环的环水头闭合差 $\sum h_{f\text{环}i}$。

(3)根据式(6-42)计算各环的环校正流量。

(4)根据式(6-43)对各管段的流量进行校正。

(5)判断各环水头闭合差是否满足精度要求,若不满足,重复(1)~(4)步计算,直到各环水头闭合差均满足精度要求为止。

计算过程及结果见表6-5。

表6-5 环状管路计算表

环号 j	管段编号	d /mm	l /m	初分配流量			第一次校正		
				Q_i /(L·s^{-1})	h_{fi} /m	$2\left\|\dfrac{h_{fi}}{Q_1}\right\|$ /(s·m^{-2})	Q_i /(L·s^{-1})	h_{fi} /m	$2\left\|\dfrac{h_{fi}}{Q_1}\right\|$ /(s·m^{-2})
1	1	250	450	50	2.936	117.44	51.51	3.12	121.14
	3	200	500	20	1.722	172.2	22.28	2.238	200.90
	-4	200	400	40	-5.51	275.5	38.49	-5.102	265.11
				$\sum=$	-0.852	565.14	$\sum=$	0.256	587.15
				$\Delta Q = -\sum h_i/\sum 2\left\|\dfrac{h_i}{Q_1}\right\| = 1.507(\text{L/s})$					
2	2	150	500	15	4.483	597.75	14.23	4.035	567.11
	-3	200	500	20	-1.722	172.2	22.28	-2.238	200.90
	-5	250	500	40	-2.088	104.4	40.77	-2.169	106.40
				$\sum=$	0.673	874.35	$\sum=$	-0.372	
				$\Delta Q = -\sum h_i/\sum 2\left\|\dfrac{h_i}{Q_1}\right\| = -0.77(\text{L/s})$					

6.4 水击现象简介

在有压管道系统中,如果管路中某一管件(如阀门)工作状态突然改变(如阀门突然关闭或开启、水泵机组突然停车等),将导致水的流速发生急剧变化,同时引起管内压强大幅度波动,这种压强波动在管道中交替升降来回传播的现象称为水击现象。由于水击现象发生的同时,一般伴随着锤击管壁般的响声,故水击又称水锤。水击发生时,管内水位、压强、流量等水力要素随时间变化,属于非恒定流动。由于水击可能导致管道系统产生强烈振动,出现噪声和气穴现象,甚至可使管道严重变形或爆裂,工程设计时应采取合理的防范措施。

6.4.1　水击波的发展过程

现以简单管道阀门突然关闭为例说明水击产生的原因。图 6 - 23 所示的简单管道，设管道的 B 端(进口)与管道相接，管道末端 A 处装有一阀门。设阀门全开时，管中水流为恒定流，流速为 v_0，压强为 p_0。下面以管道突然关闭为例说明水击波的发展过程。

如果阀门突然关闭，紧邻阀门上游微分长度 $\mathrm{d}l$ 管段内的水流便立即停止流动，流速由 v_0 急剧减至零，使得阀门处的压强瞬间增大 Δp(即水头增大 ΔH)，Δp 称为水击压强。在 Δp 的作用下，管段 $\mathrm{d}l$ 内的水体受到压缩，密度增大，同时管壁因压力增大而膨胀。此时，管段 $\mathrm{d}l$ 上游的水流并未受到阀门关闭的影响，仍然以速度 v_0 继续向下游流动，遇到管段 $\mathrm{d}l$ 就像碰到完全关闭的阀门一样，产生水击压强 Δp。这种水体压缩，密度增大，管壁膨胀的现象一层一层地向上游传播，直至到达水库断面 B。这种现象实际上是以弹性波的形式传播，称为水击波。设水击波的传播速度为 c，忽略摩阻影响，故水击波速在传播过程中速度大小保持不变。已知管长为 l，则水击波由 A 端传到 B 端的时间为 $t = l/c$，时段 $0 < t < l/c$ 称为水击波传播的第一阶段，水击波为增压逆波。

当 $t = l/c$ 瞬时，阀门端产生的增压波波峰恰好到达 B 断面，使得 B 断面两侧水体压强分别为 p_0 和 $p_0 + \Delta p$。当 $t = l/c + \Delta t$ 时，由于压强差 Δp 的作用，紧接 B 断面的长度为 Δs 的液体，流速由静止转为流动，并以流速为 $-v_0$ 向水库方向流动，管道中被压缩的水体从 B 断面开始逐段减压，恢复原来状态。减压波自 B 断面向 A 断面传播所需历时仍为 l/c。时段 $l/c < t < 2l/c$ 称为水击波传播的第二阶段，为减压顺波。

时段 $t = 2l/c$ 是水击波由阀门断面至水库来回所需的时间，以 T_r 表示，即 $T_r = 2l/c$，记为相或相长。水击的相经常作为分析水击现象和计算水击压强的时间单位。

在 $t = 2l/c$ 瞬时，减压波返回到阀门断面，全管压强、密度、断面面积均恢复正常。然而管道中存在着一反向流速 $-v_0$。由于惯性影响，水流将继续向水库方向流动，有脱离阀门的趋势，但阀门完全关闭，没有水流补充，因此反向流速不可能存在。只是在 $t = 2l/c$ 的瞬时，A 断面液体流速由 $-v_0$ 变为零，导致 A 断面压强降低 Δp，使得液体膨胀，密度减小。同样，这一现象逐段向上游传递，时段 $2l/c < t < 3l/c$ 称为水击波传播的第三阶段，属于减压逆波。

在 $t = 3l/c$ 瞬时，减压逆波到达进口断面 B，全管水流处于静止和减压状态。B 断面两侧水体压强不等，水库中的水又重新向管道内流去，紧邻 B 段的水体压强增加，低压状态首先消除，恢复到正常状态，这一现象逐段向阀门 A 传递。在 $t = 4l/c$ 瞬时，反射波到达 A 断面，这个过程称为水击波传播的第四阶段($3l/c < t < 4l/c$)。

在 $t = 4l/c$ 瞬时，全管压强为 p_0，流速为 v_0，水体密度与管道断面面积均恢复正常，与 $t = 0$ 时的水流状况完全一样。然而，阀门关闭，紧邻阀门的水流速度由 v_0 再次变为零，又重复上述阀门突然关闭的过程，周而复始地循环发展下去。水击每经过 $4l/c$ 时间重复一次，但由于摩阻损失的存在，水击压强将逐渐衰减以至消失。

由以上分析可以看出，阀门突然关闭引起水流流速突然变化是发生水击的外因，而水流自身所具有的惯性和压缩性则是水击发生的内因。

6.4.2　水击波的压强及传播速度

如图 6 -24，该管段为直管段，其过流断面面积为 A，水的密度为 ρ。当突然关闭管路下

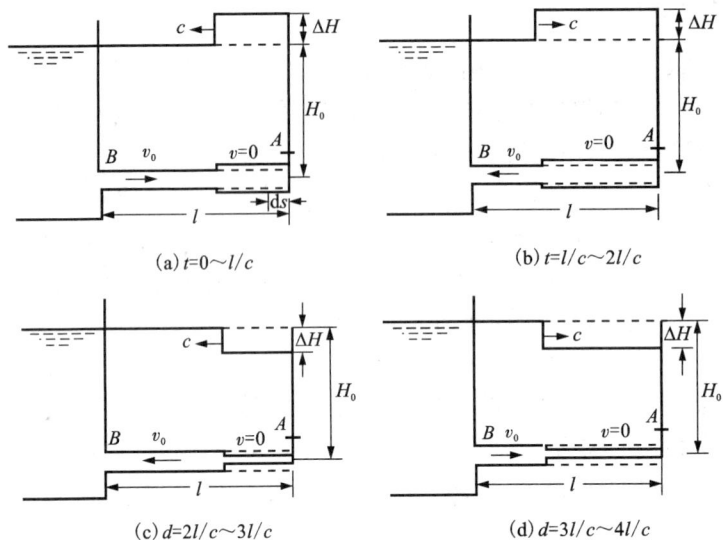

图 6 - 23　阀门突然关闭时的水击现象

游阀门，水击波以波速 c 向上游传播，经微小时段 Δt 后，由断面 2 - 2 传到断面 1 - 1，使两断面之间的液体薄层 Δs 段水流发生动量改变，按照动量守恒定理，动量变化必然会引起该处压强的变化。Δs 段的水体流速从 v_0 降为 v，压强由 p 变为 $p + \Delta p$，密度由 ρ 变为 $\rho + \Delta \rho$，过流断面由 A 变为 $A + \Delta A$。在不计阻力和不考虑管壁弹性影响等条件下，列 1 - 1、2 - 2 断面的动量方程

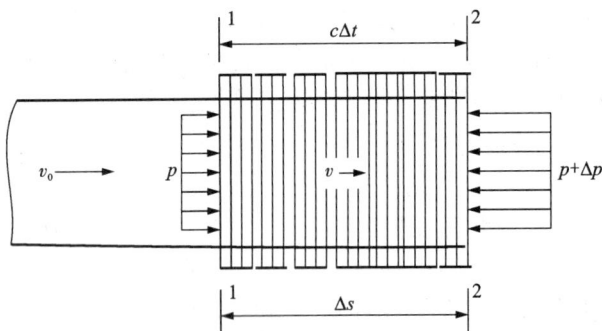

图 6 - 24　水击压强的计算用图

略去二阶微量，并考虑到 $p\Delta A \ll \Delta p A$，得

$$\Delta p = \rho \frac{\Delta s}{\Delta t}(v_0 - v) \qquad (6 - 44)$$

式中 $\Delta s / \Delta t$ 为压强变化的传播速度，即压力波的传播速度，以 c 表示。当阀门突然全部关闭，即 $v = 0$ 时，得水击最大压强计算公式 $\Delta p = \rho c v_0$。式中 c 可由儒可夫斯基公式计算：

$$c = \frac{\sqrt{\frac{K}{\rho}}}{\sqrt{1 + \frac{Kd}{E\delta}}} \qquad (6-45)$$

式中：K——管中液体的体积弹性系数；

ρ——液体的密度；

δ——管壁厚度；

d——管径；

E——管壁材料的弹性模量，对于钢管 $E = 20.6 \times 10^7 \text{ kN/m}^2$，对于铸铁管 $E = 9.81 \times 10^6 \text{ kN/m}^2$。

从上式可以看到，管壁材料的弹性模量越大，水击波传播速度也越大。当 $E \to \infty$，即管壁为绝对刚体时，水击波速达到最大值，以 c_0 表示。显然 $c_0 = \sqrt{K/\rho}$，表示是不受管壁弹性影响时的水击波传播速度，其值只与液体的性质有关。当水温在 10℃ 左右，压强在 1~25 个大气压时，$c_0 = 1435 \text{ m/s}$。此时，上式可改写为

$$c = \frac{1\ 435}{\sqrt{1 + \frac{Kd}{E\delta}}} \qquad (6-46)$$

从上式可知，管径 d 及壁厚 δ 对水击波速也有影响。一般压力钢管，$\frac{K}{E} = 0.01$，$\frac{d}{\delta} \approx 100$，如此，压力钢管中的水击波速 $c \approx 1\ 000 \text{ m/s}$。

6.4.3 阀门逐渐关闭时的水击

由于阀门的关闭需要一定的时间，可把整个阀门关闭过程看成一系列微小瞬时关闭的连续，而把水击波看成一系列发生在不同连续时刻的水击波传播和反射的过程。管道中任意时刻的波动情况是水击波在各处不同发展阶段和能量损失的复杂的叠加结果。

对于逐渐关闭的阀门，阀门处的水击压强是逐渐升高的。如关闭时间较短（$T_r \leq 2l/c$），最早发出的水击波的反射波达到阀门以前，阀门已经全部关闭。这样阀门处的最大水击压强和阀门在瞬时完全关闭时相同，这种水击称为直接水击。如果关闭时间较长（$T_r > 2l/c$），也即顺行减压波反射回到阀门 A 断面时，阀门还没有关闭，这样反射回来的减压波遇到阀门继续关闭所产生的增压波，就会抵消一部分水击增压，而使阀门处水击压强达不到直接水击那样大的增值。这种情况下的水击，称为间接水击。

直接水击压强的计算采用式(6-44)计算。间接水击的水击压强计算要复杂得多，一般采用经验公式或其他数值方法求得。式(6-47)为一个常用的经验公式：

$$\Delta p = \rho c v_0 \frac{T_r}{T_z}$$

或

$$\frac{\Delta p}{\rho g} = \frac{c v_0}{g} \cdot \frac{T_r}{T_z} = \frac{v_0}{g} \cdot \frac{2l}{T_z} \qquad (6-47)$$

式中：v_0——水击前管中平均流速；

$T_r = 2l/c$——水击波相长；

T_z——阀门关闭时间。

根据式(6-47)可知,阀门关闭过程越长,水击压强越小。

思 考 题

1. 如何区别小孔口和大孔口? 它们各有什么特征?

2. 当作用水头 H、直径 d 相等时,管嘴出流和孔口出流的流量是否相同? 为什么?

3. 什么是有压管流? 其水力特征是什么?

4. 短管和长管是如何定义的? 有压管流计算中为什么要引进短管和长管的概念?

5. 图示两个容器由两根直管相连,两管的管径、管长及糙率均相同,通过的流量是否相等? 为什么?

6. 简单管道自由出流与淹没出流的流量系数有何差异? 在管道布置、管径、管长和管材一定的管路中,能否通过增大流量系数来增加通过管道的流量?

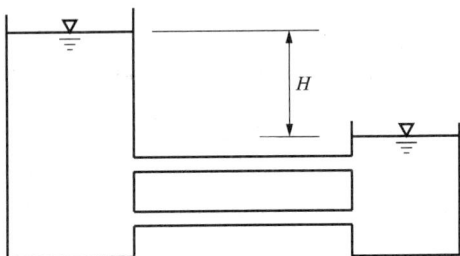

思考题 5 图

7. 为什么要考虑水泵和虹吸管的安装高度?

8. 什么是水泵的扬程? 如何计算水泵的扬程?

9. 何谓水击? 产生水击的原因是什么? 水击在传播过程中有什么特征?

10. 什么是直接水击和间接水击? 直接水击压强如何计算?

习 题

1. 如习题1图所示,水箱侧壁开一圆形薄壁孔口,直径 $d=5$ cm,水面恒定,孔口中心到水面的高度 $H=4.0$ m。已知孔口的流速系数 $\varphi=0.98$,收缩系数 $\varepsilon=0.62$,求孔口出流收缩断面的流速 v_c、流量 Q 和水头损失 h_j。

2. 如习题2图所示,水从 A 水箱通过直径为10 cm的薄壁小孔流入 B 水箱,流量系数为 0.62,设上游水箱的水面距孔口中心的距离为 $H_1=3.0$ m,保持不变。试分别求:① B 水箱中无水时;② B 水箱中水面距孔口中心的距离 $H_2=1.0$m 时,通过孔口的流量。

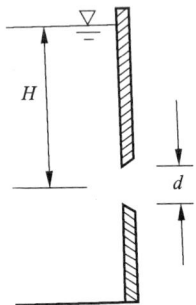

习题 1 图

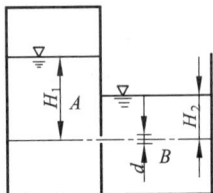

习题 2 图

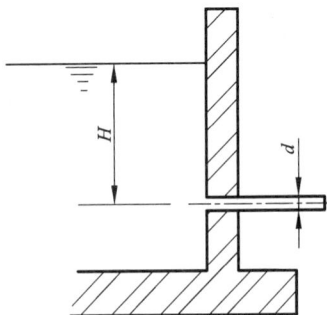

习题 4 图

3. 有一直径为 $d = 0.2$ m 的圆形锐缘薄壁小孔口，其中心在上游水面下的深度 $H = 3.0$ m，行进流速 $v_0 = 0.5$ m/s，孔口出流为全部完善收缩的自由出流，求孔口出流量 Q。

4. 在水池中设置一根泄水管如习题 4 图所示，管长 $l = 4.0$ m，管口处的水头 $H = 6.0$ m，现需要通过流量 $Q = 2$ m³/s，若流量系数 $\mu = 0.82$，试求所需管径 d，并求管中水流收缩断面处的真空度。

5. 如习题 5 图所示，两水箱用直径为 $d_1 = 50$ mm 的薄壁孔口连通，右侧水箱的底部接一个直径 $d_2 = 30$ mm 的圆柱形管，长 $l = 0.1$ m，孔口左侧水箱水深 $H_1 = 4.0$ m，水流保持恒定，求管嘴流量和右侧水箱水深 H_2。

6. 如习题 6 图所示，矩形平底船宽 $B = 2.0$ m，长 $L = 4.0$ m，深 $H = 0.50$ m，船重 1 800 kg，船的底部有一个直径为 $d = 8$ mm 的小孔，流量系数为 0.62，问经过多长时间船将沉没？

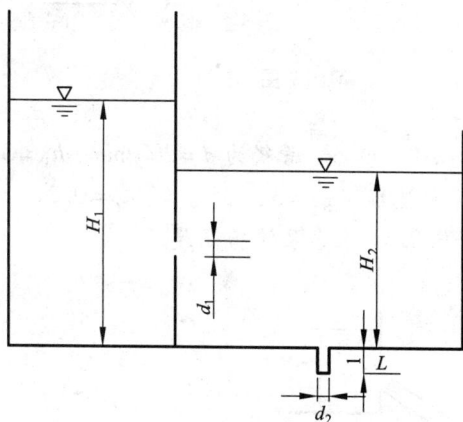

习题 5 图

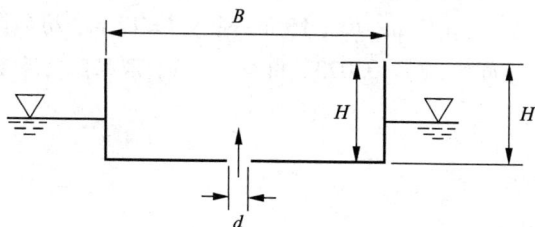

习题 6 图

7. 如习题 7 图所示，水从封闭水箱上部经直径 $d_1 = 30$ mm 的孔口流至下部，然后经 $d_2 = 20$ mm 的圆柱形管嘴排向大气，管嘴长 $l = 4d_2$，流动恒定后，水深 $h_1 = 2.0$ mm，水深 $h_2 = 3.0$ mm，上水箱的压强表读数 $p_M = 49$ kN/m²，求流量 Q 和下水箱水面上的空气压强 p_x。

8. 有一等直径的虹吸管如习题 8 图所示，①试定性绘出总水头线和测压管水头线；②在图上标出可能产生的负压区；③在图上标出真空值最大的断面位置。

9. 利用虹吸管将渠道中的水输送到集水池，如习题 9 图所示。已知管径 $d = 300$ mm，管长 $l_1 = 260$ m，管长 $l_2 = 40$ m，沿程阻力系数 $\lambda_1 = \lambda_2 = 0.025$。滤水网、折管、阀

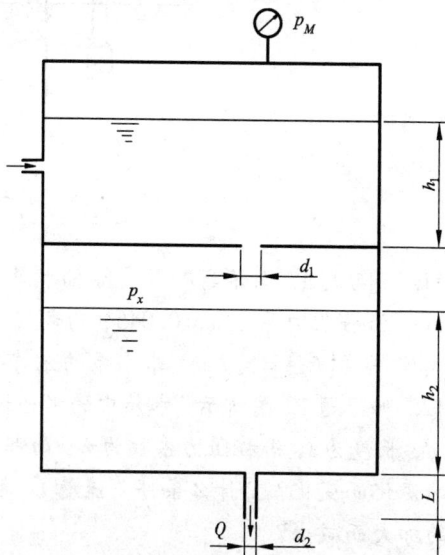

习题 7 图

门、出口的局部损失系数分别为 $\xi_1 = 3.0$，$\xi_2 = \xi_4 = 0.55$，$\xi_3 = 0.17$，$\xi_5 = 1.0$。渠道与集水池的恒定水位差 $z = 0.54$ m。虹吸管允许的真空高度 $h_v = 7.0$ m 水柱。试求虹吸管的输水流量 Q 和允许安装高度 h_s。

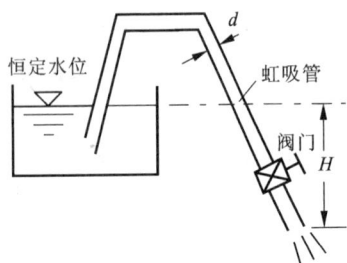 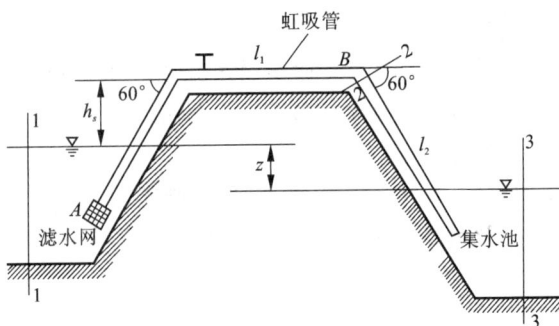

习题 8 图   习题 9 图

10. 水泵抽水系统如习题 10 图所示，流量 $Q = 0.062$ m³/s，管径为 $d = 200$ mm，$h_1 = 3.0$ m，$h_2 = 17$ m，$h_3 = 15$ m，管长 $l = 12$ m，局部阻力系数滤水网 $\zeta_1 = 3$，90°弯头，$\zeta_2 = 0.21$，30°折角处，$\zeta_3 = 0.073$，出口 $\zeta_4 = 1$，沿程阻力系数 $\lambda = 0.023$。求水泵的扬程 H_m。

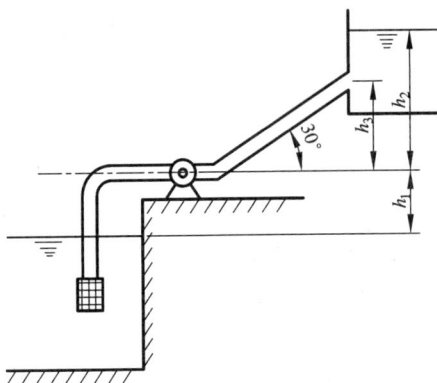

习题 10 图

11. 如习题 11 图示离心泵实际抽水量 $Q = 8.10$ L/s，吸水管长度 $l_a = 7.5$ m，直径 $d_a = 100$ mm，沿程阻力系数 $\lambda = 0.045$，局部阻力系数为：底阀 $\zeta_1 = 7.0$，弯管 $\zeta_2 = 0.27$，如果允许吸水真空高度 $[h_v] = 5.7$ m，求水泵的允许安装高度 h_s。

12. 如习题 12 图所示，水箱中的水通过垂直管道向大气出流，设水箱水深为 h，管道直径为 d，长度为 l，沿程阻力系数为 λ，局部阻力系数为 ζ，求：①在什么条件下流量 Q 不随管度 l 的变化而变化？②什么条件下流量 Q 随管长 l 的增大而增加？③什么条件下流量 Q 随管长 l 的加大而减小？

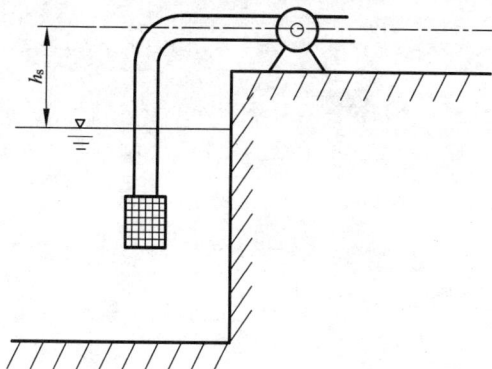

习题 11 图

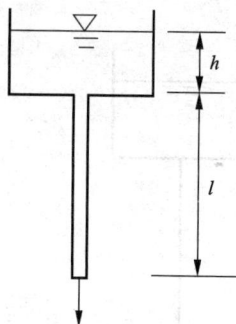

习题 12 图

13. 设水流由水箱经水平串联管路流入大气，如习题 13 图所示。已知 AB 管段直径 $d_1 = 0.25$ m，沿程损失系数 $\lambda = 0.4$，BC 管段直径 $d_2 = 0.15$ m，沿程水头损失系数 $\lambda = 0.5$，进口局部损失系数 $\zeta_1 = 0.5$，突然收缩局部损失系数 $\zeta_2 = 0.32$（以 v_2 计算），试求管内流量 Q。

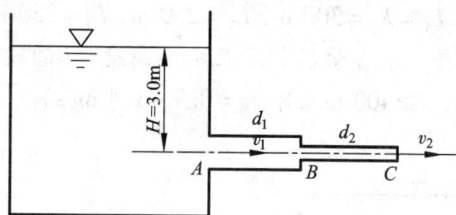

习题 13 图

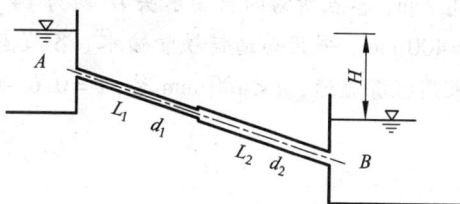

习题 14 图

14. 水池 A 和 B 的水位不变，用两根管径不同的管道相连接，如习题 14 图所示，管径 $d_1 = 150$ mm，$d_2 = 250$ mm，管长 $L_1 = 10$ m，$L_2 = 15$ m，两水池水面高差为 $H = 8$ m，两管道沿程阻力系数 $\lambda_1 = 0.045$，$\lambda_2 = 0.04$，求通过管道的流量，并绘制测压管水头线及总水头线。

15. 一水泵向习题 15 图示水平串联管路的 B、C、D 三处供水，D 点要求的自由水头 $h_z = 10$ m，已知：流量 $q_B = 25$ L/s，$q_C = 15$ L/s，$q_D = 10$ L/s，管径 $d_1 = 250$ mm，$d_2 = 150$ mm，$d_3 = 100$ mm，管长 $L_1 = 700$ m，$L_2 = 400$ m，$L_3 = 500$ m。求水泵出口所需的水头值。

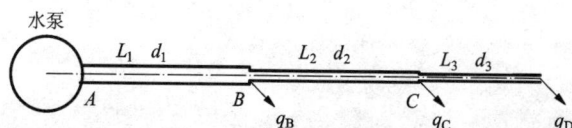

习题 15 图

16. 水塔供水管路布置如习题 16 图所示，采用铸铁管输水，$n_M = 0.012\,5$，C 点所需的自由水头 $H_Z = 14$ m，已知出流量为 $q_B = 25$ L/s，$q_C = 15$ L/s，管长 $l_1 = 700$ m，$l_2 = 400$ m，$l_3 =$

500 m, $l_4 = 300 \text{ m}$, 管径 $d_1 = 250 \text{ mm}$, $d_2 = 150 \text{ mm}$, $d_3 = 100 \text{ mm}$, $d_4 = 100 \text{ mm}$, 计算并联管路中各流量及所需的水头 H。

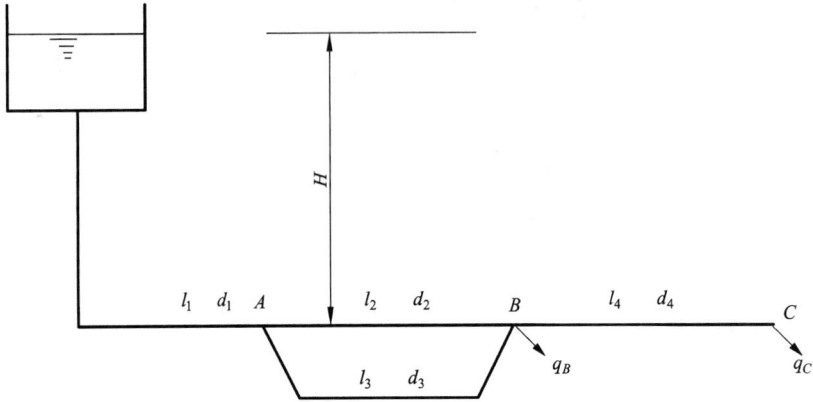

习题 **16** 图

17. 如习题 17 图所示枝状管网，已知 1、2、3、4 点地面和水塔地面标高相同，点 5 较各点高 7 m，各点所需的自由水头 H_Z 均为 14 m，管长 $L_1 = L_2 = 300 \text{ m}$，$L_3 = 250 \text{ m}$，$L_4 = 350 \text{ m}$，$L_5 = 400 \text{ mm}$，采用普通铸铁管输水，各节点出流见图，求各管段管径及水塔高度。(管段流速采用经济流速，$d < 400 \text{ mm}$ 时，$v = 0.6 \sim 0.9 \text{ m/s}$；$d \geqslant 400 \text{ mm}$ 时，$v = 0.9 \sim 1.4 \text{ m/s}$)

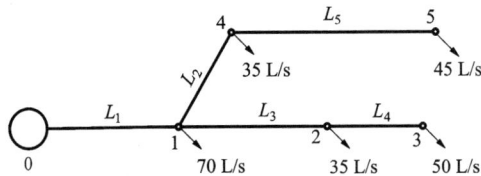

习题 **17** 图

第7章　明渠恒定流

人工渠道、天然河道及水流未充满全断面的管道称为明渠。明渠水流具有自由液面，表面压强为大气压强，即相对压强为零。因此，明渠水流也称为无压流。

7.1　概　述

明渠水流随着边界条件的不同，一定的流量可以在渠中形成各种水面和流动现象。在实际工程中可以根据渠道的边界特征加以分类。

横断面几何形状和尺寸沿程不变的长直渠道称为棱柱体渠道。反之，则为非棱柱体渠道。天然河道形状复杂不规则，常为非棱柱体渠道。人工渠道多为棱柱体渠道。

垂直于渠道中心线的铅直面与渠底及渠壁的交线构成明渠的横断面。天然河道的横断面多为不规则形状，而人工渠道横截面一般为规则形状，绝大多数土渠为梯形断面，而涵管则多为圆形断面，隧洞、混凝土渠道或渡槽断面则可能是矩形或 U 形的。

沿渠道中心线所做的铅直面与渠底的交线称为底坡线（渠底线、河底线），该铅直面与水面的接触线则称为水面线。

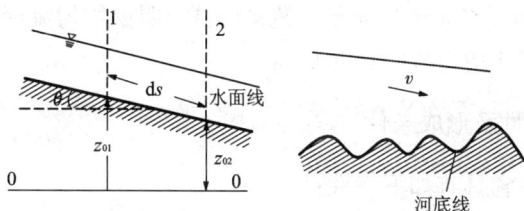

图 7 - 1　明渠的底坡

人工渠道的渠底一般是倾斜平面，天然河道的河底起伏不平且总趋势下降。如图 7 - 1 所示，渠底线与水平线交角 θ 的正弦称为底坡，用 i 表示，它是渠底高程沿水流方向单位距离的降落值，即

$$i = -\frac{\mathrm{d}z}{\mathrm{d}s} = \sin\theta \tag{7-1}$$

渠底高程沿水流方向降低的底坡称为正坡（$i>0$）；渠底高程沿水流方向不变的底坡称为平坡（$i=0$）；渠底高程沿水流方向增加的底坡称为负坡（$i<0$）。在天然河道中，底坡 i 是沿程变化的，一般在一段河道内取底坡的平均值作为计算值。一般而言，过水断面与渠底垂直，一般 $\theta\neq0$，所以过水断面并不是铅直面，而与铅直面之间成一夹角 θ。但若渠道底坡很小（$\theta\leqslant6°$），可以用铅垂断面代替过水断面，用铅垂水深 h 代替过水断面水深（图 7 - 2），可为工程计算和测量提供方便。

下面以梯形断面为例说明过水断面的几何要素。

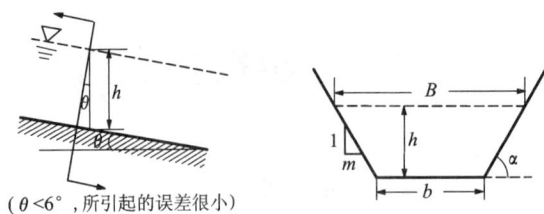

（$\theta < 6°$，所引起的误差很小）

图 7-2　明渠的横断面

边坡系数，以 m 表示，$m = \cot\alpha$。m 值的选用取决于渠道的土壤性质或护面情况。

过水面积 A：

$$A = (b + mh)h \tag{7-2}$$

湿周 χ：

$$\chi = b + 2h\sqrt{1 + m^2} \tag{7-3}$$

水力半径 R：

$$R = \frac{A}{\chi} = \frac{(b + mh)h}{b + 2h\sqrt{1 + m^2}} \tag{7-4}$$

7.2　明渠均匀流的特性及水力计算

明渠恒定均匀流是明渠水流中最简单的流动形式，明渠均匀流理论既是渠道水力设计的基本依据，也是分析明渠非均匀流问题的基础。

7.2.1　明渠均匀流的特性及形成条件

根据均匀流的定义，它具有如下特性：

（1）明渠均匀流的水深、流速分布、断面平均流速均沿程不变。

（2）明渠均匀流的底坡线、水面线（测压管水头线）和总水头线相互平行，如图 7-3 所示，即底坡 i、水面坡度 J_P 和水力坡度 J 三者相等：

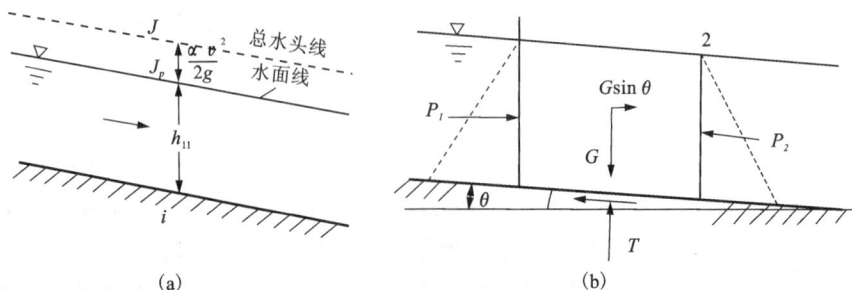

（a）　　　　　　　　　　　　　　（b）

图 7-3　明渠均匀层特性

$$J = J_P = i \tag{7-5}$$

从能量观点看，明渠均匀流的动能沿程不变，而势能沿程减少，表现为水面不断下降，其降落值恰等于水头损失。

(3)明渠均匀流重力沿水流方向的分力和阻力相平衡，即 $T = G\sin\theta$，证明如下。

取过水断面 1、2 间的水体为脱离体，作用于脱离体上的力有动水压力 P_1 和 P_2、重力 G、渠道表面摩擦阻力 T，因为均匀流是等速直线运动，所以作用在脱离体上的力必须平衡，即：

$$P_1 + G\sin\theta - P_2 - T = 0 \tag{7-6}$$

因为均匀流过水断面上的动水压强符合静水压强分布规律，故 P_1 和 P_2 大小相等，方向相反，则

$$T = G\sin\theta \tag{7-7}$$

从以上明渠均匀流的力学特性分析，说明形成明渠均匀流需要一定条件，即要求：①恒定流且流量沿程不变；②正坡明渠且底坡沿程不变；③棱柱体渠道且糙率沿程不变；④明渠充分长直且渠道中没有建筑物的局部干扰。以上条件只有在人工渠道才能满足，天然河道中的水流一般为非均匀流。工程实践中，常把大致符合上述条件的人工渠道以及天然河道的某些流段近似视为均匀流。

7.2.2 明渠均匀流水力计算的基本公式

实际观测资料表明，绝大多数明渠均匀流属于阻力平方区流动，用谢才公式计算流速，即

$$v = C\sqrt{RJ} = C\sqrt{Ri} \tag{7-8}$$

谢才系数 C 可用曼宁公式(5-44)或巴甫洛夫斯基公式(5-45)计算，若采用曼宁公式(5-44)计算，则

$$v = \frac{1}{n}R^{\frac{2}{3}}i^{\frac{1}{2}} \tag{7-9}$$

为了与明渠非均匀流水深加以区别，一般称明渠均匀流水深为正常水深，用 h_0 表示。

根据连续性方程，明渠均匀流的流量 Q 为

$$Q = AC\sqrt{Ri} = K\sqrt{i} \tag{7-10}$$

或

$$Q = A\frac{1}{n}R^{\frac{2}{3}}i^{\frac{1}{2}} \tag{7-11}$$

式中，$K = AC\sqrt{R}$，称为流量模数或特性流量，其物理意义是当渠道底坡 $i = 1$ 时的流量。当糙率 n 一定时，K 仅与渠道断面形状、尺寸及水深有关。C 综合反映断面形状、尺寸和糙率对流速的影响，它是 n 和 R 的函数，而水力计算中 n 值的确定尤为重要，可在表5-2或有关水力设计手册中查得。

7.2.3 明渠均匀流水力计算的基本类型

下面以梯形断面渠道为例，阐述明渠均匀流的水力计算的基本问题。至于其他断面形式，如矩形、半圆形等，均可举一反三，不必一一叙述。

对梯形渠道而言，各水力要素之间存在如下函数关系式

$$Q = AC\sqrt{Ri} = f(b, h_0, m, n, i) \tag{7-12}$$

这里共有 6 个变量，其中边坡系数 m 取决于土的性质或衬砌型式，糙率 n 是根据渠壁的护面材料的种类，由经验方法确定。因此梯形断面渠道的水力计算，主要解决以下问题：

（1）验算渠道的输水能力

渠道建成以后，经过一段时间的运行，需要对渠道进行校核性的水力计算。因渠道已建成，b,h_0,m,n,i 均已知，直接应用公式求解即可。

[**例题 7 - 1**] 某电站的引水渠为中等密实黏土，使用期中岸坡已生杂草，已知梯形断面边坡系数 $m=1.5$，底宽 $b=34$ m，糙率 $n=0.03$，底坡 $i=1/7\ 000$，渠底到堤顶高程差为 3.2 m，电站引水流量 $Q=67$ m³/s，现要求渠道供应工业用水，试计算渠道在保证超高（水面到堤顶的高差）为 0.5 m 的条件下，除电站引用流量外尚能供应的工业用水为多少？

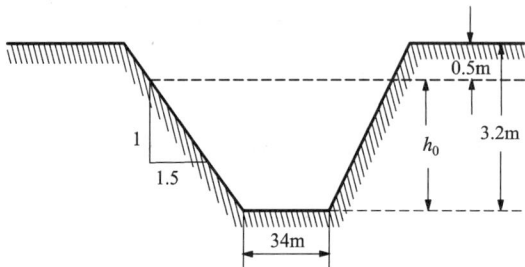

图 7 - 4　例题 7 - 1 图

解　超高为 0.5 m 相当于渠中水深为：

$$h_0 = 3.2 - 0.5 = 2.7 \text{ m}$$

过水断面：

$$A_0 = (b + mh_0)h_0 = (34 + 1.5 \times 2.7) \times 2.7 = 102.74 \text{ m}^2$$

湿周：

$$\chi_0 = b + 2h_0 \sqrt{1 + m^2} = 34 + 2 \times 2.7 \sqrt{1 + 1.5^2} = 43.74 \text{ m}$$

水力半径：

$$R_0 = A_0 / \chi_0 = 2.35 \text{ m}$$

谢才系数：

$$C_0 = \frac{1}{n} R_0^{1/6} = \frac{1}{0.03} \times 2.35^{1/6}$$

$$= 38.5 \text{ m}^{0.5}/\text{s}$$

流量：

$$Q = AC_0 \sqrt{Ri} = 73.4 \text{ m}^3/\text{s}$$

在保证电站引用 67 m³/s 的流量后，渠道还可以提供工业用水量 73.4 - 67.0 = 6.4 m³/s。

（2）确定渠道的底坡

这类问题主要出现在渠道设计中，根据其他技术要求，拟定了断面形式、尺寸和护面情况后，确定底坡，此时，b,h_0,m,n,Q 均已知，直接应用公式求解即可。

[**例题 7 - 2**] 某灌溉渠道，拟建渡槽一座，采用矩形断面，底宽 $b=1.5$ m，槽长 $l=116.5$ m，出口处槽底高程 $z_{02}=51.57$ m，槽身为普通混凝土，当通过设计流量 $Q=7.65$ m³/s 时，槽中水深为 $h_0=1.7$ m，如图 7 - 5 所示，求渡槽进口处底部高程 z_{01}。

解　如渡槽底坡为 i，则进口高程 $z_{01} = z_{02} + il$

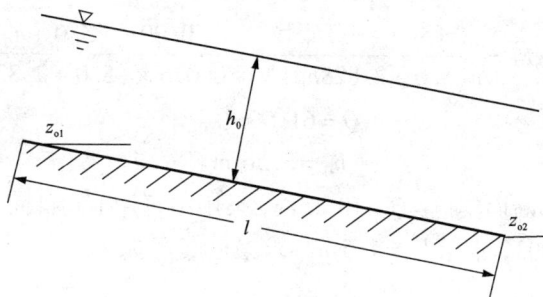

图 7-5 例题 7-2 图

由式(7-10)得

$$i = \frac{Q^2}{K_0^2} = \frac{Q^2}{C_0^2 A_0^2 R_0}$$

根据已知 h_0 和 b 值求断面要素：

$$A_0 = bh_0 = 1.5 \times 1.7 \text{ m} = 2.55 \text{ m}^2$$

$$\chi_0 = b + 2h_0 = 1.5 \text{ m} + 2 \times 1.7 \text{ m} = 4.9 \text{ m}$$

$$R_0 = A_0 / \chi_0 = 2.55 \text{ m}^2 / 4.9 \text{ m} = 0.52 \text{ m}$$

选择糙率 $n = 0.014$，则

$$C_0 = \frac{1}{n} R_0^{1/6} = \frac{1}{0.014} \times 0.52^{1/6} = 64.1 \text{ m}^{0.5}/\text{s}$$

$$i = \frac{Q^2}{C_0^2 A_0^2 R_0} = \frac{(7.65 \text{ m}^3/\text{s})^2}{(64.1 \text{ m}^{1/2}/\text{s})^2 (2.55 \text{ m}^2)^2 \times 0.52 \text{ m}} = 0.004\ 21$$

进口处槽底高程

$$z_{01} = z_{02} + il = 51.57 \text{ m} + 0.004\ 21 \times 116.5 \text{ m} = 52.06 \text{ m}$$

(3)确定渠道的断面尺寸

这是新建渠道设计的主要内容。一般在 m，n，Q，i 已知的条件下，设计渠道的过流断面尺寸 b 和 h_0。由于基本公式中有两个未知数，可能有多组 b 和 h_0 的组合同时满足方程的解。为了使问题有唯一确定的解，需要结合工程要求和经济条件，另外补充条件。有下列几种情况：①设定渠道底宽 b，求相应的正常水深 h_0；②设定正常水深 h_0，求相应的底宽 b；③设定宽深比 $\beta = b/h_0$，求相应的 b 和 h_0；④根据渠道最大允许流速，设计 b 和 h_0。其中①和②两种情况求解方法类似，需要采用试算法或图解法求解，也可编制计算机程序求解。③和④两种情况见下一节。

[例题 7-3] 某引水渠为梯形断面，护面采用干砌块石，糙率 $n = 0.025$，边坡系数 $m = 1.0$。根据地形，选用底坡 $i = 0.001$，底宽 $b = 5.0$ m。当设计流量 $Q = 61.5 \text{ m}^3/\text{s}$ 时，求渠道水深 h_0。

解 采用试算法求水深。首先计算梯形断面的面积、湿周、水力半径等要素。

$$A = (b + mh_0)h_0 = (5.0 + h_0)h_0$$

$$\chi = b + 2h_0 \sqrt{1 + m^2} = 5.0 + 2h_0 \sqrt{1 + 1^2} = 5.0 + 2.828h_0$$

代入式$(7-10)$，谢才系数由曼宁公式计算，得到

$$Q = AC \sqrt{Ri} = \frac{\sqrt{i} \left[(5.0+h_0) h_0 \right]^{5/3}}{n(5.0+2.828h_0)^{2/3}} = \frac{\sqrt{0.001} \left[(5.0+h_0) h_0 \right]^{5/3}}{0.025 \times (5.0+2.828h_0)^{2/3}}$$

因为 $$Q = 61.5 \ \text{m}^3/\text{s}$$

经试算，得 $$h_0 = 3.56 \ \text{m}$$

[**例题 7-4**] 梯形断面渠道，$Q = 10 \ \text{m}^3/\text{s}$，采用小石片干砌护面（$n = 0.020$），设边坡系数 $m = 1.5$，底坡 $i = 0.003$，水深 $h_0 = 1.5 \ \text{m}$，求渠道底宽 b。

解 将梯形断面面积 $A = (b+mh)h$，湿周 $\chi = b+2h \sqrt{1+m^2}$，水力半径 $R = \dfrac{A}{\chi}$ 代入式 $(7-11)$，得

$$Q = \frac{1}{n} \frac{A^{5/3} i^{\frac{1}{2}}}{\chi^{2/3}} = \frac{1}{n} \frac{\left[(b+mh) h \right]^{5/3}}{\left[b+2h \sqrt{1+m^2} \right]^{2/3}} \cdot i^{\frac{1}{2}}$$

$$Q = \frac{1}{0.02} \times \frac{\left[(b+1.5 \times 1.5) \times 1.5 \right]^{5/3}}{\left[b+2 \times 1.5 \sqrt{1+1.5^2} \right]^{2/3}} \cdot (0.003)^{\frac{1}{2}}$$

$$10 = \frac{\left[(b+2.25) \times 1.5 \right]^{5/3}}{\left[b+5.41 \right]^{2/3}} \times 2.74$$

$$3.65 = \frac{\left[(b+2.25) \times 1.5 \right]^{5/3}}{\left[b+5.41 \right]^{2/3}}$$

算得 $$b = 0.8 \ \text{m}$$

（4）无压圆管均匀流的计算

无压管道是指不满流的长管道，通常采用圆形断面。对于直径不变的无压管，如图 7-6 所示，水流在管中的充满程度用充满度 $\alpha = \dfrac{h}{d}$ 表示，θ 称为充满角。根据图中的几何关系，可推得过流断面的水力要素，其中 $\alpha = \dfrac{h}{d} = \sin^2 \dfrac{\theta}{4}$，$\theta = 4\arcsin \left(\dfrac{h}{d} \right)^{1/2}$，$\theta$ 以弧度计。

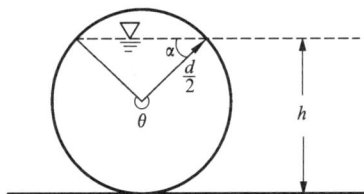

图 7-6 无压管道

显然，无压圆管均匀流流量 Q 和 d，α，n，i 四个变量有关。无压管流的水力计算可根据《室外排水设计规范》（GB 50014—2006）的有关规定，污水管道应按不满流计算，其最大设计充满度参照表 7-1，雨水管道和合流管道按满流计算。

表 7-1 最大设计充满度

管径 d/mm	最大设计充满度
200 ~ 300	0.55
350 ~ 450	0.65
500 ~ 900	0.70
≥1000	0.75

[**例题 7 – 5**] 某圆形污水管管径 $d = 1\ 000$ mm，管壁糙率 $n = 0.014$，底坡 $i = 0.002$，试求最大设计充满度时的流量 Q 和断面平均流速 v。

解 由表 7 – 1 查得管径为 1 000 mm 的污水管最大设计充满度为 $\alpha = 0.75$，代入 $\alpha = \dfrac{h}{d} = \sin^2\dfrac{\theta}{4}$，解得 $\theta = 240°$，过流断面的各几何要素为

面积：
$$A = \frac{d^2}{8}(\theta - \sin\theta) = \frac{1}{8}(4.189 - \sin 240°) = 0.632\ \text{m}^2$$

湿周：
$$\chi = \frac{1}{2}\theta d = \frac{1}{2} \times 4.189 \times 1 = 2.095\ \text{m}$$

水力半径：
$$R = \frac{A}{\chi} = \frac{0.632}{2.095} = 0.302\ \text{m}$$

根据式(7 – 9)，得断面平均流速
$$v = \frac{1}{n}R^{\frac{2}{3}}i^{\frac{1}{2}} = \frac{1}{0.014} \times 0.302^{2/3} \times 0.002^{1/2} = 1.438\ \text{m/s}$$

流量
$$Q = Av = 0.632 \times 1.438 = 0.909\ \text{m}^3/\text{s}$$

7.3 明渠均匀流水力计算中的几个问题

7.3.1 水力最佳断面

将式(7 – 11)改写为

$$Q = CA\sqrt{Ri} = \frac{1}{n}A\left(\frac{A}{\chi}\right)^{2/3}i^{1/2} \tag{7 – 13}$$

可见，明渠的过水能力(即流量) Q 与渠道底坡 i，糙率 n 及断面形状和尺寸有关，其中底坡 i 一般根据地形条件或技术上的考虑选定，糙率 n 则取决于渠壁材料或土质。因此，除 i 和 n 外，明渠的过水能力取决于断面的形状和尺寸。

在设计灌溉渠道时，希望在 i，n，A 值一定的条件下渠道通过的流量最大，即 $Q = Q_{\max}$；或者在 i，n，Q 一定的条件下设计出的过水断面最小，即 $A = A_{\min}$。满足上述任一种条件的渠道断面就称为水力最佳断面或水力最经济断面。由式(7 – 13)可知，当 i、n 及 A 给定了以后，要使 Q 最大，必须水力半径 R 最大或湿周 χ 最小。

由几何学知道，各种面积相同的图形中，周界最小者或水力半径最大者为圆形，故管道的断面形式通常采用圆形，而明渠则为半圆形。由于半圆形施工困难，天然土渠的断面形式一般采用梯形。因为梯形的边坡系数 $m = \cot\theta$ 取决于边坡稳定要求和施工条件，故在 m 一定的情况下，同样的过水面积 A，湿周的大小由宽深比 b/h_0 决定。

由式 $A = (b + mh)h$ 解得 $b = \dfrac{A}{h_0} - mh_0$，代入式(7 – 3)得

$$\chi = \frac{A}{h_0} - mh_0 + 2h_0\sqrt{1 + m^2} = f(h_0)$$

满足水力最佳断面的条件应有

$$\frac{\mathrm{d}\chi}{\mathrm{d}h_0} = -\frac{A}{h_0^2} - m + 2\sqrt{1+m^2} = 0 \qquad (7-14)$$

因其二阶导数 $\dfrac{\mathrm{d}^2\chi}{\mathrm{d}h_0^2} = \dfrac{2A}{h_0^3} > 0$，故有 $\chi_{\min}$ 存在，可以解得

$$\beta_m = \left(\frac{b}{h_0}\right)_m = 2(\sqrt{1+m^2} - m) \qquad (7-15)$$

表明梯形水力最佳断面的宽深比仅与边坡系数 m 有关。对于矩形断面，$m = 0$，故 $\beta_m = 2$。利用式(7-15)可求得梯形水力最佳断面条件下的水力半径为正常水深的一半，即

$$R_m = \frac{h_0}{2} \qquad (7-16)$$

应该指出，水力最佳断面多属于窄深形，从结构和施工角度看，开挖不便，边坡养护困难，有时也难以满足通航和灌溉等要求，虽然水力最佳，但经济上并不最佳。一些山区石渠、渡槽和涵洞是按水力最佳断面设计的。对于大型渠道的断面形式，往往需要由工程量、施工技术、运行管理等各方面因素综合比较后才能决定。

对于圆形不满流长管道，当水深超过半径后，过水断面面积随水深增加的增长程度逐渐减小，而湿周的增长程度逐渐增加。所以对于圆形断面也存在输水性能最佳的水深直径比。当圆管直径 d、糙率 n、坡度 i 一定，通过最大输水量时 $\dfrac{h}{d}$ 之比称为最佳充满度，所对应的充满角为最佳充满角 θ_h。经过推导，可得到 $\theta_h = 302.4°$。

[例题 7-6] 某梯形断面渠道，底坡 $i = 0.0025$，边坡系数 $m = 1.0$，糙率 $n = 0.025$，通过流量 $Q = 4\ \mathrm{m^3/s}$。按水力最佳断面设计渠道断面尺寸 b 和 h_0。

解 水力最佳断面的宽深比为

$$\beta_m = \frac{b}{h_0} = 2(\sqrt{1+m^2} - m) = 2(\sqrt{2} - 1) = 0.83$$

所以

$$b = 0.83h_0$$

$$A = (b + mh_0)h_0 = (0.83h_0 + h_0)h_0 = 1.83h_0^2$$

$$\chi = b + 2h_0\sqrt{1+m^2} = 0.83h_0 + 2\sqrt{2}h_0 = 3.66h_0$$

$$R = A/\chi = 0.5h_0$$

因为 $Q = \dfrac{1}{n}AR^{2/3}i^{1/2}$，将 A，R，i，n 代入上式，得

$$4 = \frac{1}{0.025} \times (1.83h_0^2) \times (0.5h_0)^{2/3} \times (0.0025)^{1/2}$$

解得

$$h_0 = 1.23\ \mathrm{m}, \quad b = 0.83h_0 = 1.02\ \mathrm{m}$$

7.3.2 允许流速

渠道流速过大会引起渠道的冲刷，过小则会导致水中悬浮的泥沙淤积。为了保证渠道的正常运行，需对渠道中的流速规定上限值和下限值，称为允许流速。即 $v_{\min} < v < v_{\max}$，其中 $v_{\min}$ 为不淤积的最小允许流速，简称不淤允许流速。$v_{\max}$ 为不冲刷的最大允许流速，简称不冲允许流速。

渠道的不冲允许流速 $v_{\max}$ 取决于渠道建筑材料的物理特性(如土壤的种类、级配、密实程

度等)和渠道水深,由实验测定,也可查阅有关水力学手册,亦可采用经验公式计算,如对黄土地区浑水渠道的不冲流速可用陕西省水利科学研究所的公式:

$$v_{max} = CR^{0.4} \qquad (7-17)$$

式中,C 为系数,粉质壤土 $C = 0.96$,砂壤土 $C = 0.70$,R 为水力半径。

渠道的不淤允许流速 v_{min} 取决于水流条件和挟沙特性等多方面的因素,可查阅有关手册确定。也可根据经验公式计算,例如

$$v_{min} = e\sqrt{R}$$

式中,R 为水力半径,以 m 计,e 为系数,与悬浮泥沙粒径和泥沙颗粒在静水中的沉降速度有关,还与糙率有关。近似计算时,对于砂土、砂壤土或粘土渠道,如取 $n = 0.025$,悬浮泥沙直径不大于 0.25 mm 时,$e = 0.50$。为免渠中杂草滋生,一般取 $v_{min} = 0.5$ m/s 左右;在排水工程中为防止淤积,渠道流速应不低于 0.4 m/s;对于北方寒冷地区,为防止冬季渠水结冰,一般应保证流速大于 0.6 m/s。

至于电站引水渠和航运渠道,渠中流速还应满足某些技术经济要求及管理运行要求。

[**例题 7-7**] 某梯形断面渠道,底坡 $i = 0.0025$,边坡系数 $m = 1.0$,糙率 $n = 0.025$,通过流量 $Q = 4$ m³/s。若最大允许流速 $v_{max} = 1.35$ m/s,设计渠道断面尺寸 b 和 h_0。

解 (1)按允许流速设计

$$A = \frac{Q}{v_{max}} = \frac{4}{1.35} = 2.96 \text{ m}^2$$

由谢才公式,得到

$$\chi = \left(\frac{i^{1/2} A^{2/3}}{n v_{max}} \right) = \left(\frac{0.0025^{1/2} \times 2.96^{2/3}}{0.025 \times 1.35} \right) = 5.34 \text{ m}$$

$$A = (b + m h_0) h_0 = (b + 1.0 \times h_0) h_0 = 2.96 \text{ m}^2$$

$$x = b + 2 h_0 \sqrt{1 + m^2} = b + 2\sqrt{2} h_0 = 5.34 \text{ m}$$

联立解上两式得

$$b = -0.87 \text{ m}, \quad h_0 = 2.19 \text{ m}, \quad \text{不合题意,舍去。}$$

$$b = 3.24 \text{ m}, \quad h_0 = 0.74 \text{ m}$$

校核:当 $b = 3.24$ m,$h_0 = 0.74$ m 时,$v_{max} = 1.35$ m/s,满足要求。

7.3.3 复式断面

实际工程中,如果流量和水位的季节性变化很大,常将渠道建成有主槽和边滩的复式断面[图 7-7(a)]。

在复式断面渠道中,由于断面各部分水深不同,加上各部分糙率不同的影响,主槽和边滩流速相差较大,若仍按整个断面计算,流量误差较大。特别是当水深从 $h < h'$ 增加到 $h > h'$ 时,湿周增加较大,而过流断面面积变化很小,导致水力半径减小,按式(7-10)计算的流量会减少[图 7-7(b)中的虚线],与实际的流量水深关系不符(图中的实线)。

解决办法是将复式断面按水深分割成若干单一断面,使每个单一断面在水深变化范围内,湿周和面积都不发生突变,对每个单一断面按均匀流计算,然后叠加得到全断面流量,即

$$Q = \sum A_i v_i = \sum Q_i \qquad (7-18)$$

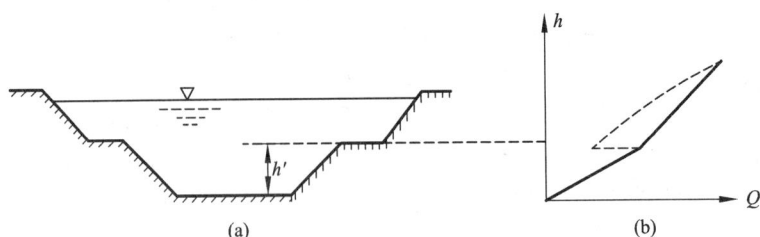

图 7 - 7　复式断面

在计算中，作为同一条渠道，渠道整体和各部分的渠底坡度均相等，这是水面在同一过流断面上形成水平水面的保证。各部分的水流交接线在计算时不计入湿周。

7.3.4　周界上糙率不同的断面

有时候渠底和边坡的材料或土质不同，导致断面周界上各部分的糙率不相同。此时，若渠底的糙率 n_1 小于侧壁的糙率 n_2，可以采用综合粗糙系数 n_r 取代各部分不同的粗糙系数，再按式(7 - 13)计算。n_r 按下式计算

$$n_r = \sqrt{\frac{n_1^2 \chi_1 + n_2^2 \chi_2}{\chi_1 + \chi_2}} \qquad (7-19)$$

式中，χ_1，χ_2 分别为渠底和侧壁的湿周。

一般情况下，n_r 也可按加权平均法估算

$$n_r = \frac{n_1 \chi_1 + n_2 \chi_2}{\chi_1 + \chi_2} \qquad (7-20)$$

7.4　明渠恒定非均匀流的基本概念

由于产生明渠均匀流的条件很难满足，人工渠道或天然河道中的水流绝大多数是非均匀流。明渠非均匀流的特点是底坡线、水面线、总水头线彼此互不平行(如图 7 - 8 所示)。明渠非均匀流中也存在渐变流和急变流，若流线是接近于相互平行的直线，或流线间夹角很小、流线的曲率半径很大，这种水流称为明渠非均匀渐变流。反之，则为明渠非均匀急变流。本节首先分析和讨论明渠非均匀流渐变流和明渠急变流(水跃和水跌)的一些基本概念，然后讨论明渠非均匀渐变流水深(或水位)沿程变化的基本方程，最后着重研究水面曲线变化规律，并进行水面线计算。

7.4.1　缓流、急流及其判别标准

观察明渠中障碍物对水流的影响。当明渠水流比较平缓，如灌溉渠道中的水流，在遇到障碍物时，在障碍物处水面跌落，在障碍物上游水位普遍壅高，一直影响到上游较远的地方，这种水流状态称为缓流[见图 7 - 9(a)]；当明渠水流非常湍急，如山区河道中的水流、过坝下溢的水流等，在遇到障碍物时，水流一跃而过，对上游较远处的水流没有影响，这种水流状态称为急流[见图 7 - 9(b)]。

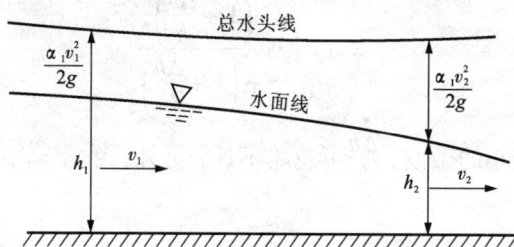

图 7 - 8　明渠非均匀流

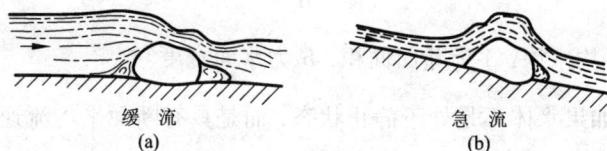

图 7 - 9　缓流和急流

缓流和急流是两种不同的水流流态，需要建立这两种流态的判别标准。

1. 微波干扰波波速及其传播

在平底矩形棱柱体明渠中(图 7 - 10)，假设渠中水深为 h，渠宽为 B，渠中水流初始状态为静止状态。现用一竖直平板以一定的速度向左推动一下，在平板的左侧将激起一个干扰微波并向左传播。微波波高为 Δh，波速为 v_w。若某观察者以波速 v_w 随波前进，他将看到微波是静止不动的，而水流则以波速 v_w 向右移动。因此，取运动坐标系随波运动，则水流作恒定非均匀流动。以水平渠底为基准面，对水流两相距很近的 1 - 1 和 2 - 2 断面建立连续方程式和能量方程式，忽略摩擦阻力不计，有

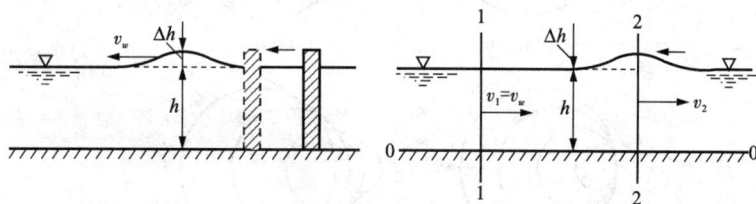

图 7 - 10　微波干扰波波速

$$Bhv_1 = B(h + \Delta h)v_2$$

$$h + \frac{\alpha_1 v_1^2}{2g} = h + \Delta h + \frac{\alpha_2 v_2^2}{2g}$$

式中，$v_1 = v_w$，联解上两式，并令 $\alpha_1 = \alpha_2 = \alpha$，得

$$v_w = \pm \sqrt{gh\frac{\left(1 + \dfrac{\Delta h}{h}\right)^2}{\alpha\left(1 + \dfrac{\Delta h}{2h}\right)}} \qquad (7-21)$$

由于研究的是波高较小的微波，$\dfrac{\Delta h}{h}$ 可忽略不计，另外，令 $\alpha = 1$，则上式可简化为

$$v_w = \pm \sqrt{gh} \qquad (7-22)$$

上式就是矩形明渠静水中微波传播的相对波速公式。

如果明渠断面为任意形状，上式中的水深可用断面平均水深 $\bar{h}$ 代替，即

$$v_w = \pm \sqrt{g\frac{A}{B}} = \pm \sqrt{g\bar{h}} \qquad (7-23)$$

式中，$\bar{h} = \dfrac{A}{B}$ 为断面平均水深，A 为断面面积，B 为水面宽度。

在实际渠道中，如果水体不是处于静止状态，而是具有断面平均流速为 v，则微波传播的绝对速度 v'（相对地面的速度）为

$$v' = v \pm v_w = v \pm \sqrt{g\bar{h}} \qquad (7-24)$$

式中，取正号时为微波顺水流方向传播的绝对波速，取负号时为微波逆水流方向传播的绝对波速。

若在静水中沿铅垂方向投入石块，水面将以石子落点为中心产生一个微小波动，以波速 c 向四周传播，平面上的波形将是一连串的同心圆，如图 7 - 11（a）所示。这种在静水中传播的微波速度 c 为相对波速。如果将石块投入水流中，引起的波动有以下几种情况：

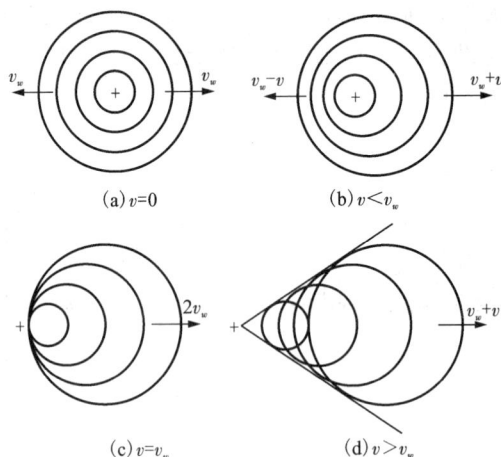

图 7 - 11 波的传播

（1）当水流断面平均流速 v 小于相对波速 v_w 时，微波将以绝对速度 $v' = v - v_w$ 向上游传播，同时又以绝对速度 $v' = v + v_w$ 向下游传播[见图 7 - 11（b）]，这种水流称为缓流。

（2）当水流断面平均流速 v 等于相对波速 v_w 时，微波向上游传播的绝对速度 $v' = 0$，而向下游传播的绝对速度 $v' = 2v_w$[见图 7 - 11（c）]，这种水流称为临界流。

（3）当水流断面平均流速 v 大于相对波速 v_w 时，微波只以绝对速度 $v' = v + v_w$ 向下游传播，而对上游水流不发生任何影响[见图 7-11(d)]，这种水流称为急流。

由此可知，只要比较水流的断面平均流速 v 和微波相对速度 v_w 的大小，就可判断干扰微波是否会往上游传播，也可判别水流属于哪一种流态。

水流中的各种建筑物，如桥墩、闸墩等，可以看作是对水流的连续不断的扰动，上述分析的结论仍然适用。

2. 弗汝德（Froude）数

由于缓流和急流的判别取决于流速和微波波速的相对大小，可以用流速和波速的比值作为判别缓流和急流的标准。该比值是无量纲数，称为弗汝德（Froude）数，用符号 Fr 表示，即

$$Fr = \frac{v}{\sqrt{gh}} \qquad (7-25)$$

当 $Fr < 1$ 时，水流为缓流；
当 $Fr = 1$ 时，水流为临界流；
当 $Fr > 1$ 时，水流为急流。

弗汝德数在工程流体力学中是一个极其重要的判别数，反映了流速和波速的比值这一运动学的意义，为了加深理解它的物理意义，下面分别阐述它的能量意义和力学意义。

把 Fr 数改写为

$$Fr = \frac{v}{\sqrt{gh}} = \sqrt{2 \frac{\frac{v^2}{2g}}{h}} \qquad (7-26)$$

可见，弗汝德数表示水流总机械能中动能和势能的比值情况。当 $Fr < 1$ 时，水流中的势能是主要的，为缓流；当 $Fr = 1$ 时，水流为临界流；当 $Fr > 1$ 时，水流中的动能是主要的，为急流。

由第 4 章可知，弗汝德数的力学意义是代表水流的惯性力和重力两种作用力的对比关系。当这个比值等于 1 时，恰好说明惯性力作用与重力作用相等，水流是临界流。当 $Fr > 1$ 时，说明惯性力作用大于重力的作用，惯性力对水流起主导作用，这时水流处于急流状态。当 $Fr < 1$ 时，惯性力作用小于重力作用，这时重力对水流起主导作用，水流处于缓流状态。

7.4.2 断面比能

明渠渐变流中任取一过水断面（图 7-12），以 0-0 为基准面的单位重量液体的机械能 E 为

$$E = z + \frac{\alpha v^2}{2g} = z_0 + h\cos\theta + \frac{\alpha v^2}{2g} \qquad (7-27)$$

式中 h 为过流断面最大水深，θ 为明渠底面与水平面的倾角；$\frac{\alpha v^2}{2g}$ 为平均流速水头，z_0 为过流断面最低点的位置水头，它取决于基准面，而与水流运动状态无关。若将基准面抬高到断面最低点所在的水平面，即以 0'-0' 为基准面，此时单位重量液体所具有的机械能为 $h + \frac{\alpha v^2}{2g}$，称为断面比能，用 E_s 表示，也称为断面单位能量。即

$$E_S = h\cos\theta + \frac{\alpha v^2}{2g} \qquad (7-28)$$

工程中一般 θ 较小，可认为 $\cos\theta \approx 1$，故常采用 $E_S = h + \frac{\alpha v^2}{2g}$。

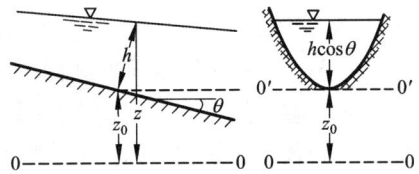

图 7-12　断面比能

断面比能 E_S 是相对于过流断面最低点而言的总流的单位重量液体所具有的机械能。E 与 E_S 的关系是 $E = E_S + z_0$。E_S 和 E 是两个不同的概念，E_S 只是 E 中反映水流运动状况的那一部分能量，两者的基准面选择不同，断面比能 E_S 的基准面随过水断面的位置不同而变化；由于能量损失，E 总是沿程减少，即 $\frac{dE}{ds} < 0$；但 E_S 却不同，可以沿程减少、不变或增加。例：均匀流的水深及流速均沿程不变，所以 E_S 也沿程不变，即 $\frac{dE_S}{ds} = 0$。

对于棱柱体渠道，当流量一定时，有

$$E_S = h + \frac{\alpha v^2}{2g} = h + \frac{\alpha Q^2}{2gA^2} = f(h) \qquad (7-29)$$

为便于分析 E_S 与 h 的关系，令 $E_S = E_{S1} + E_{S2}$，其中 $E_{S1} = h = f_1(h)$，$E_{S2} = \frac{\alpha Q^2}{2gA^2} = f_2(h)$，并假定 h 从 0 变到 ∞。

将 $E_{S1} - h$ 和 $E_{S2} - h$ 关系曲线分别绘出，如图 7-13 所示。其中，$E_{S1} = h = f_1(h)$ 为一条与横轴成 45°夹角的直线，反映了势能随水深的变化规律；而 $E_{S2} = \frac{\alpha Q^2}{2gA^2} = f_2(h)$ 则是两端分别以横轴和纵轴为渐近线的曲线，反映了动能随水深的变化规律。将同一水深 h 时的 E_{S1} 和 E_{S2} 叠加，可得断面比能随水深变化的关系曲线，即 $E_S - h$ 曲线。该曲线以 $E_{S\min}$ 为分界分为上下两支，上半支 ab 以 45°直线为渐近线，E_S 随水深的增加而增加，即 $\frac{dE_S}{dh} > 0$；下半支 ac 则与横轴

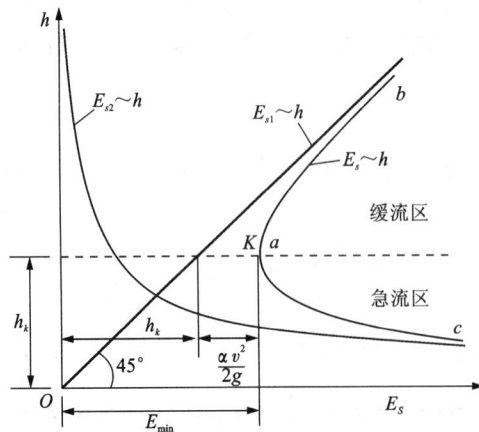

图 7-13　比能曲线

为渐近线，E_s 随水深的减小而增加，$\dfrac{dE_s}{dh} < 0$。

将式(7-29)对水深求导数，

$$\frac{dE_s}{dh} = \frac{d}{dh}\left(h + \frac{\alpha Q^2}{2gA^2} \right) = 1 - \frac{\alpha Q^2}{gA^3} \frac{dA}{dh}$$

$\dfrac{dA}{dh}$ 为过水断面面积 A 由于水深 h 的变化所引起的变化率，它恰等于水面宽度(见图7-14)，即

$$\frac{dA}{dh} = B \qquad (7-30)$$

取 $\alpha = 1$，得

$$\frac{dE_s}{dh} = 1 - \frac{\alpha Q^2}{gA^3}B = 1 - Fr^2$$

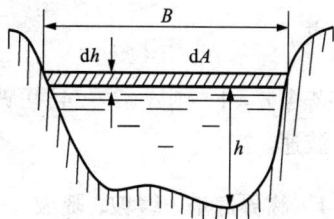

图7-14 断面面积的微分增量

上式说明，断面比能随水深的变化与弗汝德数 Fr 有关，也就是与水流流态有关。当 $Fr < 1$ 时，$\dfrac{dE_s}{dh} > 0$，水流为缓流；当 $Fr = 1$ 时，$\dfrac{dE_s}{dh} = 0$，水流为临界流；当 $Fr > 1$ 时，$\dfrac{dE_s}{dh} < 0$，水流为急流。

7.4.3 临界水深 h_k 及其计算

在断面形状、尺寸及流量一定的条件下，相应于断面比能 E_s 最小值时的水深称为临界水深，以 h_k 表示。根据定义，有

$$\frac{dE_s}{dh} = 1 - \frac{\alpha Q^2}{gA^3}B = 0 \qquad (7-31)$$

现以下标 k 表示对应临界水深 h_k 的水力要素，则式(7-31)变为：

$$\frac{\alpha Q^2}{g} = \frac{A_k^3}{B_k} \qquad (7-32)$$

式(7-32)是计算临界水深的普遍公式，在流量、断面形状、尺寸给定后，可计算出相应的临界水深 h_k。h_k 的大小与实际底坡 i 及糙率 n 无关。由于 $\dfrac{A_k^3}{B_k}$ 是 h_k 的高次隐函数，对于任意形状断面明渠，需要用试算法或图解法求解，也可编计算机程序求解。对于矩形断面明渠，其水面宽与底宽相等，即 $B_k = b$，而过水面积 $A_k = bh_k$，代入式(7-32)，整理得临界水深：

$$h_k = \sqrt[3]{\frac{\alpha Q^2}{gb^2}} = \sqrt[3]{\frac{\alpha q^2}{g}} \qquad (7-33)$$

式中，$q = \dfrac{Q}{b}$，称为单宽流量，单位 m^2/s。

显然，临界水深 h_k 可用来判别明渠水流流态。当 $h > h_k$ 时，相应于比能曲线的上支，水流为缓流；当 $h < h_k$ 时，相应于比能曲线的下支，水流为急流；当 $h = h_k$ 时，相应于比能曲线的最小值，水流为临界流。

由于 $q = v_k h_k$，代入式(7-33)，整理可得

$$h_k = \frac{\alpha v_k^2}{g} = 2 \cdot \frac{\alpha v_k^2}{2g} \qquad (7-34)$$

上式说明,当矩形断面渠道出现临界流时,临界水深为流速水头的2倍。将式(7-33)代入式(7-29),可得矩形断面渠道临界水深与临界流时断面比能的关系为

$$E_S = h_k + \frac{\alpha v_k^2}{2g} = \frac{3}{2} h_k \qquad (7-35)$$

或

$$h_k = \frac{2}{3} E_S \qquad (7-36)$$

若令 $\alpha = 1$,则式(7-34)可改写成 $v_k = \sqrt{gh_k} = v_w$,v_w 为微波波速,说明在临界流时流速等于波速。

7.4.4 临界底坡、缓坡、陡坡

在明渠断面尺寸、流量、糙率 n 一定的棱柱体明渠中,水流做均匀流动时,正常水深 h_0 随渠底坡度的不同而改变,如图7-15所示,它表明一定的正常水深 h_0 要求一定的底坡 i 与其相对应。当正常水深 h_0 恰好等于临界水深 h_k 时的渠底坡度称为临界底坡,以 i_k 表示。在临界底坡时,棱柱体明渠中的水深既等于正常水深 h_0 又等于临界水深 h_k,即 $h = h_0 = h_k$。

当正常水深等于临界水深时,明渠均匀流的计算公式可写为

$$Q = A_k C_k \sqrt{R_k i_k} \qquad (7-37)$$

同时,该均匀流还满足临界水深的关系式 (7-32),即

$$\frac{\alpha Q^2}{g} = \frac{A_k^3}{B_k} \qquad (7-38)$$

上两式中,下表 k 表示临界流的水力要素。联解上面两式得:

$$i_k = \frac{g}{\alpha C_k^2} \cdot \frac{\chi_k}{B_k} \qquad (7-39)$$

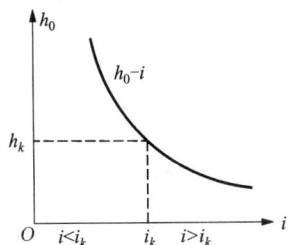

图7-15 正常水深与底坡的关系曲线

式中:B_k,χ_k 和 C_k 分别为相应于临界水深 h_k 的水面宽、湿周及谢才系数。式(7-39)表明,i_k 与流量、断面形状和尺寸以及糙率 n 有关,而与实际底坡 i 无关。

将求出的临界底坡 i_k 与渠道的实际底坡 i 相比较,可能有三种情况:

①$i < i_k$,称 i 为缓坡;

②$i > i_k$,称 i 为陡坡;

③$i = i_k$,称 i 为临界坡。

随着流量 Q 的变化,缓坡和陡坡可能相互转化;但对确定的 Q 和 n 值,i 属于哪种底坡则是一定的。在上述三种底坡上水流可以作均匀流动,也可作非均匀流动。当作均匀流动时,在缓坡上 $h_0 > h_k$,发生均匀缓流(图7-15),陡坡上发生均匀急流。如作非均匀流动,则每一种底坡上均有可能发生缓流或急流。

[**例题7-8**] 一条长直的矩形断面渠道($n = 0.02$),宽度 $b = 5$ m,正常水深 $h_0 = 2$ m 时的通过流量 $Q = 40$ m³/s。试分别用 h_k,i_k,Fr 及 v_k 来判别该明渠的水流的缓急状态。

解　对于矩形断面明渠有

(1)临界水深

$$h_k = \sqrt[3]{\frac{\alpha Q^2}{g b^2}} = \sqrt[3]{\frac{1 \times 40^2}{9.80 \times 5^2}} = 1.87 \text{ m}$$

可见 $h_0 = 2 \text{ m} > h_k = 1.87 \text{ m}$，此均匀流为缓流。

(2)临界坡度

$$i_k = \frac{Q^2}{K_k^2}, \text{ 而 } K_k = A_k C_k \sqrt{R_k}$$

其中

$$A_k = b h_k = 5 \times 1.87 = 9.35 \text{ m}^2$$

$$\chi_k = b + 2h_k = 5 + 2 \times 1.87 = 8.74 \text{ m}$$

$$R_k = \frac{A_k}{\chi_k} = \frac{9.35}{8.74} = 1.07 \text{ m}$$

$$K_k = A_k C_k \sqrt{R_k} = A_k \frac{1}{n} R_k^{1/6} R_k^{1/2} = \frac{A_k}{n} R_k^{2/3} = \frac{9.35}{0.02} \times 1.07^{2/3} = 489 \text{ m}^3/\text{s}$$

得

$$i_k = \frac{Q^2}{K_k^2} = \frac{40^2}{489^2} = 0.006\,9$$

另外, $i = \dfrac{Q^2}{K^2}$, 而 $K = AC\sqrt{R}$

其中

$$A = b h_0 = 5 \times 2 = 10 \text{ m}^2$$

$$\chi = b + 2h_0 = 5 + 2 \times 2 = 9 \text{ m}$$

$$R = \frac{A}{\chi} = \frac{10}{9} = 1.11 \text{ m}$$

$$K = AC\sqrt{R} = \frac{A}{n} R^{2/3} = \frac{10}{0.02} \times 1.11^{2/3} = 536.0 \text{ m}^3/\text{s}$$

得

$$i = \frac{Q^2}{K^2} = \frac{40^2}{536^2} = 0.005\,6$$

可见 $i = 0.005\,6 < i_k = 0.006\,9$，此均匀流为缓流。

(3)弗汝德数

$$Fr^2 = \frac{\alpha v^2}{gh}$$

其中

$$h = h_0 = 2 \text{ m}$$

$$v = \frac{Q}{A} = \frac{Q}{b h_0} = \frac{40}{5 \times 2} = 4 \text{ m/s}$$

得

$$Fr^2 = \frac{\alpha v^2}{gh} = \frac{1 \times 4^2}{9.80 \times 2} = 0.816 < 1$$

可见 $Fr < 1$，此时均匀流水流为缓流。

(4)临界速度

$$v_k = \frac{Q}{A_k} = \frac{Q}{b h_k} = \frac{40}{5 \times 1.87} = 4.28 \text{ m/s}$$

可见 $v < v_k$，此均匀流水流为缓流。

上述利用 h_k, i_k, Fr 及 v_k 来判别明渠水流状态是等价的,实际应用时只取其中之一即可。

[**例题 7-9**] 试证明缓流越过障碍物时必然形成水面跌落,急流越过障碍物时必然形成水面升高。

解 如图 7-16(a)、(b)分别表示缓流、急流遇到的高为 Δ 的潜坝时水面变化情况。取两断面 1-1 和 2-2,以渠底为基准面,对断面 1-1 和 2-2 列出能量方程,有

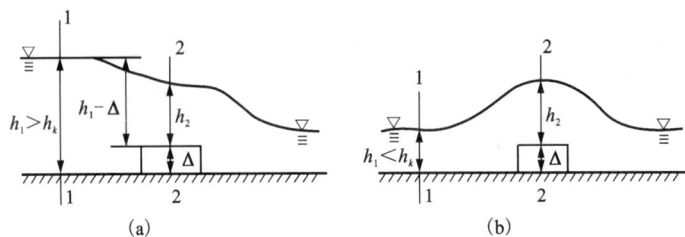

图 7-16 例题 7-9 图

$$h_1 + \frac{\alpha_1 v_1^2}{2g} = h_2 + \Delta + \frac{\alpha_2 v_2^2}{2g} + h_w \qquad ①$$

即
$$E_{S1} = E_{S2} + \Delta + h_w$$

取 $\alpha_1 = \alpha_2 = \alpha$,因为 $\Delta > 0$,$h_w > 0$,故 $E_{S1} > E_{S2}$。无论来流为缓流和急流,此式均成立。

对于图 7-16(a)所示的流动,来流为缓流,$h_1 > h_K$,水流处于 $E_S - h$ 曲线的上支,当 $E_{S2} < E_{S1}$ 时,$h_2 < h_1$。由式①得

$$h_2 = (h_1 - \Delta) - \left(\frac{\alpha v_2^2}{2g} - \frac{\alpha v_1^2}{2g} + h_w \right)$$

由于 $h_2 < h_1$,所以 $v_2 > v_1$,则 $\left(\frac{\alpha v_2^2}{2g} - \frac{\alpha v_1^2}{2g} + h_w \right) > 0$,可见 $h_2 < (h_1 - \Delta)$,说明水面在坝顶降落。

同样,对于图 7-16(b)所示流动,来流为急流($h_1 < h_K$),水流处于 $E_S - h$ 曲线的下支,当 $E_{S2} < E_{S1}$ 时,$h_2 > h_1$,即坝顶水深大于上游渠中的水深。在考虑坝高 Δ 时,坝顶水面高于坝前来流水面。

7.5 明渠非均匀急变流——水跃与水跌

7.5.1 水跃

水跃是明渠水流从急流过渡到缓流时水面突然跃起的局部水流现象,当急坡渠道连接缓坡渠道、闸坝等泄水建筑物下游,常有水跃发生。水跃的特征是水深在很短的距离内由小于 h_k 增加到大于 h_k,水面不连续,并有反向旋滚,致使水面剧烈波动。

1. 水跃现象及分类

根据实验观察,典型的水跃流动可以分为表面漩滚区和底部主流区(图 7-17)。表面漩滚区是急流冲入缓流所激起的表面翻滚的漩涡,并掺入大量空气。底部主流区流速很大,主

流接近槽底，短距离内水流扩散，水深增加。由于紊动混掺非常强烈，两区的交界面并不是截然分开的，交界面上流速梯度很大，水质点不断交换、碰撞、重新被主流带走。

表面漩滚开始的断面和结束的断面分别称为跃前断面（或跃首）和跃后断面（或跃尾），如图 7 – 17 所示。两断面的水深分别为跃前水深 h' 和跃后水深 h''，两断面之间的距离为水跃长度（简称跃长）。跃后水深与跃前水深之差称为跃高。实验观察可知，跃前、跃后断面的位置实际上是围绕平均位置不断前后摆动的。

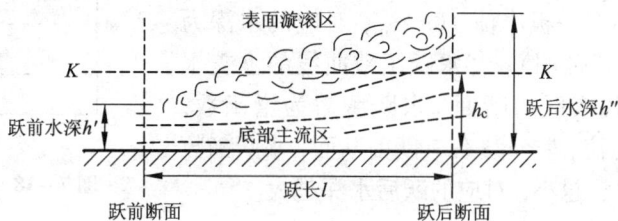

图 7 – 17 水跃

具有上述典型形态的水跃称为完全水跃，其形成的条件是跃前断面的弗汝德数 $Fr_1 > 1.7$ 时。当 $1 < Fr_1 < 1.7$ 时，水跃表面将形成一系列的波浪并沿流衰减，这种形式的水跃称为波状水跃。

在发生水跃的突变过程中，水流内部产生强烈的摩擦混掺作用，水流的内部结构要经历剧烈的改变和再调整，消耗大量的机械能，完全水跃消耗的能量可达总能量的 60% ~ 70%，因而流速急剧下降，水流很快转化为缓流状态。由于水跃的消能效果较好，常常被用作泄水建筑物下游水流衔接的一种有效消能方式。由于波状水跃无旋滚存在，混掺作用差，消能效果不显著，波动能量要经过较长距离才衰减。

2. 水跃基本方程

由于水跃区内部水流极为紊乱复杂，其阻力分布规律尚未弄清，无法计算其能量损失 h_w，应用能量方程还有困难，故应用动量方程推导恒定流平底棱柱体明渠中完整水跃的基本方程。为了简化起见，作如下假设：①由于水跃长度不大，忽略明渠边壁对水流的摩擦阻力；②跃前、跃后断面均为渐变流断面；③跃前、跃后断面的动量修正系数相等，即 $\beta_1 = \beta_2 = \beta$。取跃前、跃后断面之间的区域为控制体，沿流动方向建立动量方程，有

$$\rho g h_{c1} A_1 - \rho g h_{c2} A_2 = \rho Q \beta (v_2 - v_1) \tag{7 – 40}$$

式中，$\rho g h_{c1} A_1$、$\rho g h_{c2} A_2$ 分别为作用于跃前、跃后断面的动水压力；h_{c1}、h_{c2} 分别为跃前、跃后断面形心处的水深。因为 $v_1 = Q/A_1$，$v_2 = Q/A_2$，代入式（7 – 40），经整理得

$$\frac{\beta Q^2}{g A_1} + h_{c1} A_1 = \frac{\beta Q^2}{g A_2} + h_{c2} A_2 \tag{7 – 41}$$

式（7 – 41）即为平坡棱柱体渠道中恒定流的水跃方程。它表明了跃前断面、跃后断面水力要素之间的关系。

对于一定的流量和断面形状尺寸的棱柱体渠道，$\dfrac{\beta Q^2}{g A} + h_c A$ 为水深 h 的函数，用 $J(h)$ 表示，称为水跃函数。因此式（7 – 41）两边为跃前水深 h' 和跃后水深 h'' 的函数，则水跃方程可简写为

$$J(h') = J(h'') \qquad (7-42)$$

上式说明：在平坡棱柱体明渠中，对某一流量 Q，跃前水深和跃后水深的水跃函数值相等，这一对水深称为共轭水深。

对任意断面形状的棱柱体明渠，在流量一定的条件下，可以计算绘制 $J(h) - h$ 关系曲线，该曲线称为水跃函数曲线，如图 7-18 所示。

水跃函数曲线的特点：①水跃函数曲线的两端均向右方无限延伸，中间必有一极小值 $J(h)_{min}$，对应的水深为临界水深(请读者自行证明)；②水跃函数曲线的上支水流为缓流，$h > h_k$，代表跃后断面，水跃函数为增函数；③曲线下支水流为急流，$h < h_k$，代表跃前断面，水跃函数为减函数；④跃前水深越小，对应的跃后水深越大。

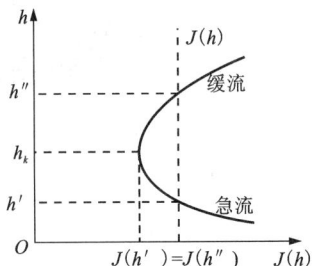

图 7-18　水跃函数曲线

3. 共轭水深的计算

已知流量、断面形状和尺寸，以及共轭水深中的一个，应用水跃方程可求解另一个共轭水深。对于任意形状的断面的明渠，需要试算或图解法求解，或编制计算机程序计算。对于矩形断面的明渠，由于 $A_1 = bh'$，$A_2 = bh''$，$h_{c1} = \dfrac{1}{2}h'$，$h_{c2} = \dfrac{1}{2}h''$，$q = \dfrac{Q}{b}$，将其代入水跃共轭方程，化简整理可得

$$h'h''^2 + h'^2h'' - \frac{2q^2}{g} = 0 \qquad (7-43)$$

求解上式，得

$$h' = \frac{h''}{2}\left(\sqrt{1 + 8\frac{q^2}{gh''^3}} - 1\right) = \frac{h''}{2}\left(\sqrt{1 + 8Fr_2^2} - 1\right) \qquad (7-44)$$

或

$$h'' = \frac{h'}{2}\left(\sqrt{1 + 8\frac{q^2}{gh'^3}} - 1\right) = \frac{h'}{2}\left(\sqrt{1 + 8Fr_1^2} - 1\right) \qquad (7-45)$$

如果引入共轭水深比 $\eta = \dfrac{h''}{h'}$

则

$$\eta = \frac{1}{2}\left(\sqrt{1 + 8Fr_1^2} - 1\right) \qquad (7-46)$$

显然，共轭水深比与跃前断面的弗汝德数成正比。工程上采用的水跃消能段常做成矩形断面，因此，矩形断面明渠的水跃共轭水深的计算就具有比较重要的工程实际意义。

对于渠底坡度较大的矩形明渠，在推到水跃基本方程时，还要考虑重力的影响，其推演过程从略。

4. 水跃长度的确定

由于水跃段主流靠近底部，并且紊动强烈，对渠底有较大的冲刷作用，必须对水跃段采取工程措施加固。到目前为止，水跃长度的确定仍然采用经验公式。由于水跃位置是不断摆动的，不易测准，且不同的研究者选择跃后断面的标准不一致，各经验公式的计算值彼此相差较大。下面介绍一些常用的水跃长度计算公式。

(1)矩形断面

美国垦务局公式

$$L_j = 6.1 h'' \tag{7-47}$$

适用范围 $4.5 < Fr_1 < 10$

厄里瓦托斯基公式

$$L_j = 6.9 (h'' - h') \tag{7-48}$$

长江科学院根据资料将系数取为 $4.4 \sim 6.7$。

成都科技大学公式

$$L_j = 10.8 h_1 (Fr_1 - 1)^{0.93} \tag{7-49}$$

该式是根据宽度为 $0.3 \sim 1.5$ m 的水槽上 $Fr_1 = 1.72 \sim 19.55$ 的实验资料总结出来的。

陈椿庭公式

$$L_j = 9.4 h_1 (Fr_1 - 1) \tag{7-50}$$

（2）梯形断面

$$L_j = 5 h'' \left(1 + 4 \sqrt{\frac{B_2 - B_1}{B_1}} \right) \tag{7-51}$$

式中，B_1、B_2 分别为跃前断面、跃后断面的水面宽度。

最后需要指出的是：①由于水跃段中的水流紊动强烈，因此，所有的跃长公式都是完全水跃跃长的时均值；②水跃长度随槽壁粗糙程度的增加而缩短，上述公式可用于混凝土护坦上的跃长确定；③当棱柱体明渠底坡较小时，也可近似应用。

5. 水跃能量损失计算

水跃段近底流速大，沿程流速分布呈 S 形，主流逐渐扩散，主流与表面水滚的交界面附近时均流速梯度很大，紊动混掺非常强烈，产生了很大的紊动附加切应力，同时水流的动量、能量以及紊动涡体本身沿横向和纵向扩散，这些是水跃段能量损失的原因。水流流出水跃段后，经过 $2 \sim 3$ 倍水跃长度的调整（该段称为跃后段），近底流速逐渐减小，上部流速逐渐增大，流速分布趋近于紊流的流速分布。

研究表明，水跃造成的能量损失主要集中在水跃段，即图 7-17 所示的跃前断面和跃后断面之间，仅有少量分布在跃后流段。因此对于平坡矩形断面渠道，在跃前、跃后断面建立能量方程，可得到水跃的能量损失为

$$h_w = \left(h' + \frac{\alpha_1 v_1^2}{2g} \right) - \left(h'' + \frac{\alpha_2 v_2^2}{2g} \right) \tag{7-52}$$

对于矩形断面，有

$$v_1 = \frac{q}{h'} \text{ 及 } v_2 = \frac{q}{h''}$$

代入式（7-52），可得

$$h_w = h' - h'' + \frac{q^2}{2g} \left(\frac{\alpha_1}{h'^2} + \frac{\alpha_2}{h''^2} \right) \tag{7-53}$$

由式（7-43）可得

$$\frac{q^2}{2g} = \frac{h'^2 h'' + h' h''^2}{4}$$

令 $\alpha_1 = \alpha_2 = 1.0$，代入式（7-53），整理后得

$$h_w = \frac{(h'' - h')^3}{4 h' h''} \tag{7-54}$$

上式表明,在给定流量下,跃前、跃后水深相差越大,水跃产生的能量损失越大。

水跃能量损失与跃前断面的断面比能 E_1 的比值称为水跃的消能系数,用 K_j 表示,即

$$K_j = \frac{h_w}{E_1} \times 100\% \qquad (7-55)$$

K_j 值愈大,水跃的消能效率愈大,消能效果愈好。

实验表明,水跃的消能效果与跃前断面水流的弗汝德数 Fr_1 有关(图 7-19)。当 $1.7 \leqslant Fr_1 < 2.5$,水面发生许多小旋滚,但跃后水面比较平稳,消能效率小于 20%,称为弱水跃。当 $2.5 \leqslant Fr_1 < 4.5$,底部射流间歇地往上跃,旋滚较不稳定,消能效率 20%~45%,跃后断面水流波动大,称为不稳定水跃或摆动水跃。当 $4.5 \leqslant Fr_1 \leqslant 9.0$,跃后断面水面平稳,消能效果良好,消能效率达到 45%~70%,称为稳定水跃。当 $Fr_1 > 9.0$,消能效率可达到 80% 以上,但高速主流挟带的间歇水团不断滚向下游,产生较大的水面波动,称为强水跃。

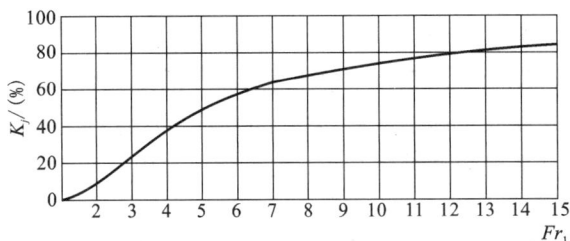

图 7-19 消能系数与跃关断面弗汝德数的关系曲线

[例题 7-10] 某渠道断面为矩形,底宽 10 m,下泄流量 $Q = 140$ m³/s,拟建泄水建筑物,在下游渠道产生水跃。已知跃前水深 $h' = 0.85$ m,试求:(1)求跃后水深 h'';(2)计算水跃长度 L_j;(3)计算水跃段单位宽度上的能量损失和水跃消能效率。

解 (1)单宽流量 $q = Q/b = 14.0$ m²/s,$h' = 0.85$ m,设 $\alpha \approx 1.0$,则

跃前断面弗汝德数

$$Fr_1 = \sqrt{\frac{\alpha q^2}{gh'^3}} = \sqrt{\frac{14^2}{9.8 \times 0.85^3}} = 5.71$$

跃后水深

$$h'' = \frac{h'}{2}(\sqrt{1 + 8Fr_1^2} - 1) = \frac{0.85}{2}(\sqrt{1 + 8 \times 5.71^2} - 1) = 6.45 \text{ m}$$

(2)水跃长度计算,用各家公式比较

按美国垦务局公式

$$L_j = 6.1h'' = 39.35 \text{ m}$$

按厄里瓦托斯基公式

$$L_j = 6.9(h'' - h') = 38.64 \text{ m}$$

按成都科技大学公式

$$L_j = 10.8h'(Fr_1 - 1)^{0.93} = 10.8 \times 0.85 \times (5.71 - 1)^{0.93} = 38.79 \text{ m}$$

按陈椿庭公式

$$L_j = 9.4h'(Fr_1 - 1) = 9.4 \times 0.85 \times (5.71 - 1) = 37.63 \text{ m}$$

不同公式的计算结果最大相差不到 4.4%。

（3）水跃水头损失

$$h_w = \frac{(h'' - h')^3}{4h'h''} = \frac{(6.45 - 0.85)^3}{4 \times 6.45 \times 0.85} = 8.01 \ \text{m}$$

消能效率

$$K_j = \frac{h_w}{E_1} \times 100\% = \frac{h_w}{h' + \dfrac{q^2}{2gh'^2}} \times 100\% = \frac{8.01 \times 100\%}{0.85 + \dfrac{14.0^2}{2 \times 9.8 \times 0.85^2}} = 54.6\%$$

7.5.2 水跃

当明渠中水流状态为缓流，遇到明渠底坡突然变陡或遇到跌坎，将引起水面在短距离内急剧降落，水流通过临界水深 h_k 转变为急流状态，这种明渠水流由缓流过渡到急流的局部水力现象称为水跌（图 7 – 20）。现以平坡明渠末端为跌坎的水流为例，说明水跌发生的必然性。

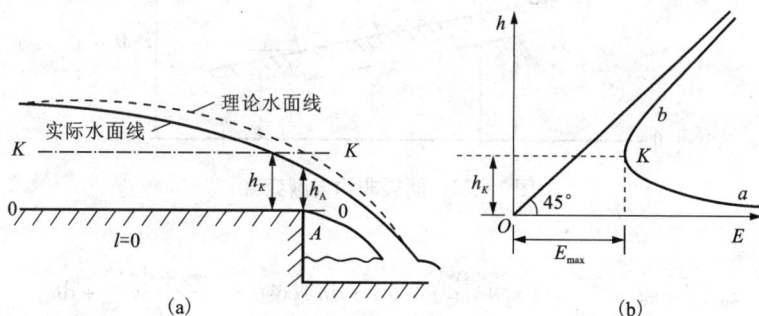

图 7 – 20　水跌的水面曲线

图 7 – 20 所示，平底明渠中的缓流，在 A 处遇到跌坎。由于边界的突变，明渠对水流的阻力在跌坎处消失，水流在重力作用下自由跌落。若取 0 – 0 为基准面，则水流单位机械能 E 等于断面比能 E_S。根据 E_S – h 关系曲线可知，缓流状态下，水深减小时，断面比能减小，当跌坎上水面降落时，水流断面比能将沿 E_S – h 曲线从 b 向 K 减小。在重力作用下，坎上水面最低只能降至 K 点，即水流断面比能最小时的水深——临界水深 h_k 的位置，如果继续降低，则为急流状态，能量反而增大，这是不可能的。所以跌坎上最小水深只能是临界水深。以上是按照渐变流条件分析的结果，其坎上理论水面线如图 7 – 20 中虚线所示。而实际上，跌坎处水流流线急剧弯曲，水流为急流。实验观测得知，坎末端断面水深 h_A 小于临界水深，$h_k \approx 1.4h_A$，而临界水深发生在坎末端断面上游（3 ~ 4）h_k 的位置，其实际水面线如图（7 – 20）中实线所示。

类似地，对于底坡突然变陡的情况（图 7 – 21），临界水深 h_k 只能发生在堤坡突变的断面处。

由于临界水深 h_k 仅与流量和断面形状有关，也就是说，在断面形状一定的情况下，流量 Q 与水深 h（临界水深 h_k）一一对应，故在跌坎、变坡或卡口的上游附

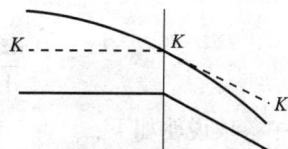

图 7 – 21　从缓流到急流产生的水跌

近设立测流断面，往往可以得到稳定的水位流量关系。

7.6　明渠恒定非均匀渐变流的基本微分方程

本节根据能量方程建立明渠恒定非均匀渐变流动的基本微分方程，以便用于进行水面曲线的分析与计算。

图 7-22 所示为棱柱体明渠非均匀渐变流动。通过流量为 Q，底坡为 i，以 0-0 为基准面，取间隔为 $\mathrm{d}s$ 的两个过水断面 1-1 和 2-2，断面上水力要素如图所示，列能量方程，有

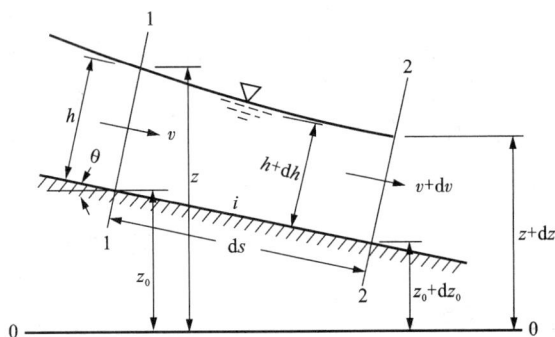

图 7-22　明渠非均匀渐变流

$$z_0 + h\cos\theta + \frac{\alpha v^2}{2g} = (z_0 + \mathrm{d}z_0) + (h + \mathrm{d}h)\cos\theta + \frac{\alpha(v + \mathrm{d}v)^2}{2g} + \mathrm{d}h_w \tag{7-56}$$

将 $\dfrac{\alpha(v + \mathrm{d}v)^2}{2g}$ 展开并略去高阶微量，得

$$\frac{\alpha(v + \mathrm{d}v)^2}{2g} = \frac{\alpha v^2}{2g} + \mathrm{d}\left(\frac{\alpha v^2}{2g}\right)$$

代入式（7-56），并考虑到 $\mathrm{d}h_w = \mathrm{d}h_f + \mathrm{d}h_j$，整理得

$$\mathrm{d}z_0 + \mathrm{d}h\cos\theta + \mathrm{d}\left(\frac{\alpha v^2}{2g}\right) + \mathrm{d}h_f + \mathrm{d}h_j = 0$$

若明渠底坡 $i < 0.1$，取 $\cos\theta \approx 1$，即用铅垂水深代替垂直于渠底的水深，则上式化为

$$\mathrm{d}z_0 + \mathrm{d}h + \mathrm{d}\left(\frac{\alpha v^2}{2g}\right) + \mathrm{d}h_f + \mathrm{d}h_j = 0 \tag{7-57}$$

式中各项都是流程 s（空间坐标）的连续函数，为分析各水力要素随沿流变化，分别对 s 求导：

$$\frac{\mathrm{d}z_0}{\mathrm{d}s} + \frac{\mathrm{d}h}{\mathrm{d}s} + \frac{\mathrm{d}}{\mathrm{d}s}\left(\frac{\alpha v^2}{2g}\right) + \frac{\mathrm{d}h_f}{\mathrm{d}s} + \frac{\mathrm{d}h_j}{\mathrm{d}s} = 0 \tag{7-58}$$

式中各项说明如下：

（1）根据底坡定义可知

$$\frac{\mathrm{d}z_0}{\mathrm{d}s} = -i \tag{7-59}$$

（2）$\mathrm{d}h_j$ 表示微分流段内局部水头损失，一般令 $\mathrm{d}h_j = \zeta\mathrm{d}\left(\dfrac{v^2}{2g}\right)$。在一般明渠水流中，渐变流的局部水头损失很小，可以忽略不计，即 $\dfrac{\mathrm{d}h_j}{\mathrm{d}s} \approx 0$。而 $\mathrm{d}h_f$ 近似采用均匀流公式计算，即

$$\frac{\mathrm{d}h_f}{\mathrm{d}s} = J = \frac{Q^2}{K^2} = \frac{Q^2}{A^2 C^2 R} \tag{7-60}$$

（3）流速水头增量沿流程变化率

$$\frac{\mathrm{d}}{\mathrm{d}s}\left(\frac{\alpha v^2}{2g}\right) = \frac{\mathrm{d}}{\mathrm{d}s}\left(\frac{\alpha Q^2}{2gA^2}\right) = -\frac{\alpha Q^2}{gA^3}\frac{\mathrm{d}A}{\mathrm{d}s}$$

在棱柱形渠道的条件下，A 仅是水深的函数，故 $\mathrm{d}A = B\mathrm{d}h$。所以

$$\frac{\mathrm{d}}{\mathrm{d}s}\left(\frac{\alpha v^2}{2g}\right) = -\frac{\alpha Q^2 B}{gA^3}\frac{\mathrm{d}h}{\mathrm{d}s} \tag{7-61}$$

将式（7-59）、式（7-60）、式（7-61）代入式（7-58）得

$$\frac{\mathrm{d}h}{\mathrm{d}s} = \frac{i - \dfrac{Q^2}{K^2}}{1 - \dfrac{\alpha Q^2}{g}\dfrac{B}{A^3}} = \frac{i - J}{1 - \dfrac{\alpha Q^2}{g}\dfrac{B}{A^3}} = \frac{i - J}{1 - Fr^2} \tag{7-62}$$

式（7-62）为棱柱体渠道水深沿程变化规律的基本微分方程。对于非棱柱形渠道，$A = f_1(h, s)$，$h = f_2(s)$，考虑到 $\dfrac{\partial A}{\partial h} = B$，故

$$\frac{\mathrm{d}}{\mathrm{d}s}\left(\frac{\alpha Q^2}{2gA^2}\right) = -\frac{\alpha Q^2}{gA^3}\frac{\mathrm{d}A}{\mathrm{d}s} = -\frac{\alpha Q^2}{gA^3}\left(B\frac{\mathrm{d}h}{\mathrm{d}s} + \frac{\partial A}{\partial s}\right) \tag{7-63}$$

将式（7-59）、式（7-60）、式（7-63）代入式（7-58）得

$$\frac{\mathrm{d}h}{\mathrm{d}s} = \frac{i - \dfrac{Q^2}{K^2}\left(1 - \dfrac{\alpha C^2 R}{gA}\dfrac{\partial A}{\partial s}\right)}{1 - \dfrac{\alpha Q^2}{g}\cdot\dfrac{B}{A^3}} = \frac{i - \dfrac{Q^2}{K^2}\left(1 - \dfrac{\alpha C^2 R}{gA}\dfrac{\partial A}{\partial s}\right)}{1 - Fr^2} \tag{7-64}$$

式（7-64）为非棱柱体渠道水深沿程变化规律的基本微分方程。

7.7　棱柱体渠道中恒定非均匀渐变流水面曲线定性分析

非均匀流水面与明渠纵剖面的交线称为水面曲线，简称水面线。非均匀流的水面线是工程中十分关心的问题。如坝上游水面壅高、回水范围等都需要了解上游河道水面曲线。明渠恒定非均匀渐变流水面曲线分析的主要任务，就是根据渠道条件、来流条件以及水工建筑物情况等确定水面曲线的沿程变化趋势和变化范围，定性地绘出水面曲线。

7.7.1　棱柱体明渠水面曲线的分区

当棱柱体明渠通过一定的流量时，受不同的底坡和进出流边界条件以及明渠中工程建筑物的影响，会出现不同形式的水面曲线。如前所述，底坡有 $i > 0$，$i = 0$ 和 $i < 0$ 三种情况。

对于 $i > 0$ 的顺坡明渠，又有 $i > i_k$，$i = i_k$，$i < i_k$ 三种情况。在顺坡明渠中，水流有可能作均匀流动，即存在正常水深，另一方面，它也存在临界水深。对于一定流量和尺寸一定的棱

柱体明渠,各断面的临界水深相同。为了便于分析,一般根据实际水深与正常水深、临界水深的关系,在水面曲线的分析图上作出两条平行于渠底线的直线。其中一条为临界水深相等的点组成的临界水深线,以 $K-K$ 表示;另一条为正常水深相等的点组成的正常水深线,以 $N-N$ 表示。

对于平坡($i=0$)和逆坡($i<0$)棱柱体明渠,不存在正常水深,仅存在临界水深,只有 $K-K$ 线。

依上述五种底坡和 $K-K$ 线与 $N-N$ 的相对位置,将水流范围分为 12 个区域(图 7 - 23)。两条线以上的区域称 a 区,$h>h_0$、h_k;两条线之间的区域称 b 区,水深 h 介于 h_0 和 h_k 之间;两条线以下的区域称 c 区,$h<h_k$、h_0。每个区域有一种水面线的形式和它相适应,各区水面线的标识见图 7 - 23。

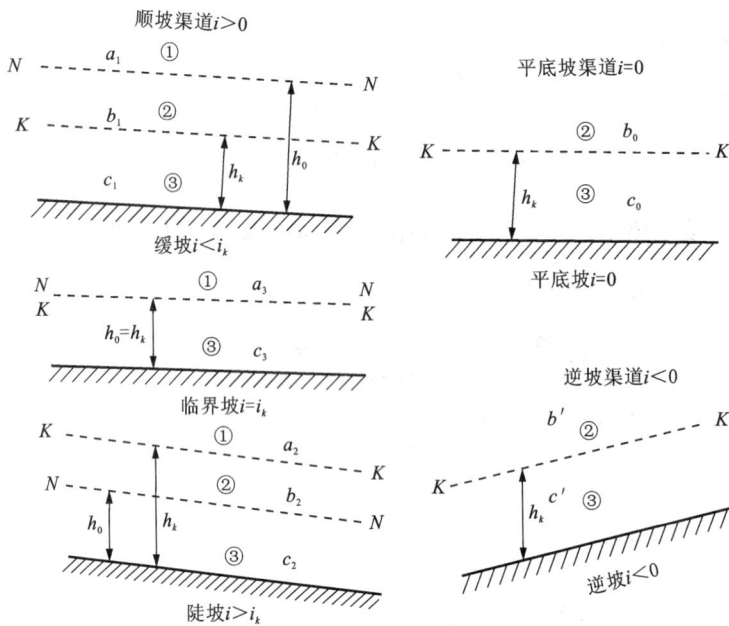

图 7 - 23　明渠水流分区

7.7.2　棱柱体明渠水面曲线形状分析

分析水面曲线,要解决两个问题:一是水深沿程变化趋势,二是水面曲线两端的变化情况。下面根据微分方程式(7 - 62)来讨论棱柱体渠道非均匀渐变流水面曲线形式。式(7 - 62)改写为

$$\frac{\mathrm{d}h}{\mathrm{d}s}=\frac{i-\dfrac{Q^2}{K^2}}{1-Fr^2} \qquad (7-65)$$

当 $\dfrac{\mathrm{d}h}{\mathrm{d}s}>0$ 时,表示水深沿程增加,这种水面线为壅水曲线。当 $\dfrac{\mathrm{d}h}{\mathrm{d}s}<0$ 时,表示水深沿程减小,

这种水面线为降水曲线。当 $\dfrac{\mathrm{d}h}{\mathrm{d}s}=0$，表示水深沿程不变，此时为均匀流，水面线与正常水深线 $N-N$ 重合。现以顺坡棱柱体明渠 $(i>0)$ 中的缓坡明渠 $(i<i_k)$ 为例进行水面曲线分析。

在顺坡渠道中，水流有可能发生均匀流动，式 $(7-65)$ 中的流量 Q 可用均匀流的流量代替，即 $Q=K_0\sqrt{i}$。可得

$$\frac{\mathrm{d}h}{\mathrm{d}s}=i\cdot\frac{1-(\dfrac{K_0}{K})^2}{1-Fr^2} \tag{7-66}$$

在缓坡明渠，$h_0>h_k$，即 $N-N$ 线在 $K-K$ 线之上，此时，a 区、b 区、c 区的水面曲线分别为 a_1 型、b_2 型和 c_3 型（图 $7-23$）。

当 $h>h_0>h_k$，水面曲线为 a_1 型。因水深 $h>h_0$，故 $K>K_0$，则 $1-(\dfrac{K_0}{K})^2>0$；又因 $h>h_k$，水流为缓流，则 $1-Fr^2>0$，所以，$\dfrac{\mathrm{d}h}{\mathrm{d}s}>0$，即 a_1 型水面线为壅水曲线（见表 $7-2$）。水面线两端的变化趋势是：往上游，水深减小，当 $h\to h_0$ 时，$K\to K_0$，$Fr<1$，$\dfrac{\mathrm{d}h}{\mathrm{d}s}\to0$，水面线以 $N-N$ 线为渐近线；往下游，$h\to\infty$，$K\to\infty$，$Fr\to0$，因此 $\dfrac{\mathrm{d}h}{\mathrm{d}s}\to i$，单位长度上的水深增加等于渠底高程的降低，水面线以水平线为渐近线。a_1 型水面曲线在实际工程中极为普遍，如在缓坡明渠上修建桥、闸、坝以及其他束窄河道水流的建筑物，都可能在上游出现 a_1 型水面线。

当 $h_0>h>h_k$，水面曲线为 b_2 型。因水深 $h<h_0$，故 $K<K_0$，则 $1-(\dfrac{K_0}{K})^2<0$；又因 $h>h_k$，水流为缓流，则 $1-Fr^2>0$；所以，$\dfrac{\mathrm{d}h}{\mathrm{d}s}<0$，即 b_2 型水面线为降水曲线（见表 $7-2$）。水面线两端的变化趋势是：往上游，水深增加，当 $h\to h_0$ 时，$K\to K_0$，$Fr^2<1$，$\dfrac{\mathrm{d}h}{\mathrm{d}s}\to0$，水面线以 $N-N$ 线为渐近线；往下游，$h\to h_k$，$Fr\to1$，因此 $\dfrac{\mathrm{d}h}{\mathrm{d}s}\to-\infty$，理论上水面线趋向于与 $K-K$ 正交，实际上，此时水流曲率很大，不再属于渐变流性质，将出现跌水现象。如在缓坡明渠末端修建陡槽或跌坎，都可能在出现 b_2 型降水曲线。

当 $h_0>h_k>h$，水面曲线为 c_3 型。这时，$K<K_k<K_0$，且水流为急流，$1-Fr^2<0$，所以，$\dfrac{\mathrm{d}h}{\mathrm{d}s}>0$，即 c_3 型水面线为壅水曲线（见表 $7-2$）。水面线两端的变化趋势是：往上游，起始于某一已知的控制断面水深（如收缩段面水深 h_c）；往下游，$h\to h_k$，$Fr^2\to1$，因此 $\dfrac{\mathrm{d}h}{\mathrm{d}s}\to+\infty$，理论上水面线趋向于与 $K-K$ 正交，实际上将出现水跃现象，与下游缓流的水面曲线衔接。在坝顶泄流与坝后缓坡渠道连接，或闸下出流与缓坡渠道连接处，都可能在出现 c_3 型壅水曲线。

对于陡坡明渠 $(i>i_k)$、临界坡明渠 $(i=i_k)$、平坡明渠和逆坡明渠的水面曲线类型可做类似分析。由于平坡和逆坡不可能发生均匀流，所以没有 $N-N$ 线，但仍有临界水深线 $K-K$。此时，对于平坡，将 $Q=K_k\sqrt{i_k}$ 代入式 $(7-65)$，对于逆坡，将 $Q=K'_0\sqrt{i'}$（其中 $i'=-i$）代入

式(7-65)，分别得到

$$\frac{\mathrm{d}h}{\mathrm{d}s} = -i_k \cdot \frac{(\frac{K_k}{K})^2}{1 - Fr^2} \tag{7-67}$$

$$\frac{\mathrm{d}h}{\mathrm{d}s} = -i \cdot \frac{1 + (\frac{K'_0}{K})^2}{1 - Fr^2} \tag{7-68}$$

限于篇幅，不再一一讨论，各种水面曲线的形式及实例可参见表7-2。

表7-2 水面曲线的类型及工程实例

	水面曲线简图	工程实例
$i < i_k$	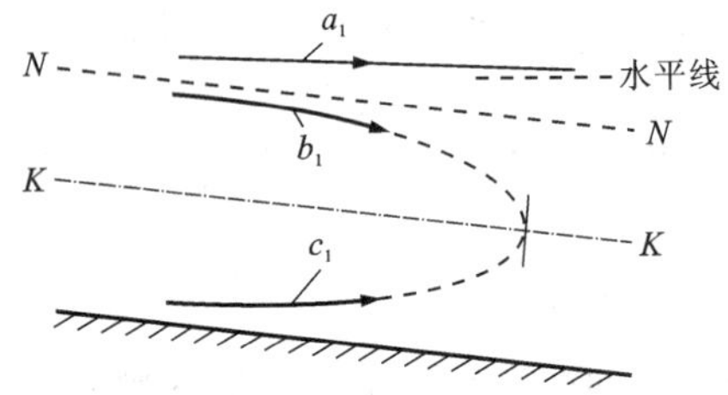	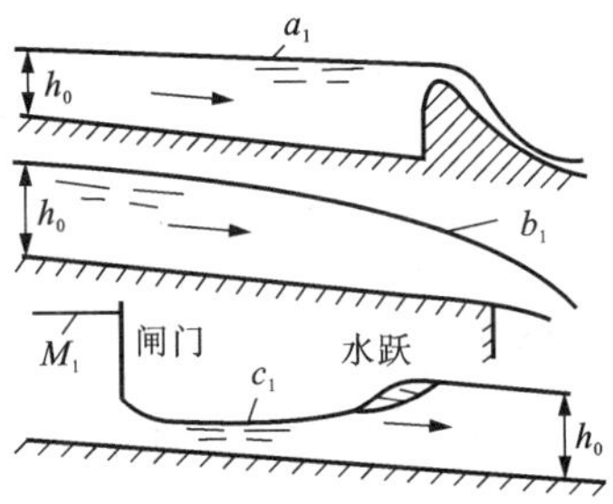
$i > i_k$	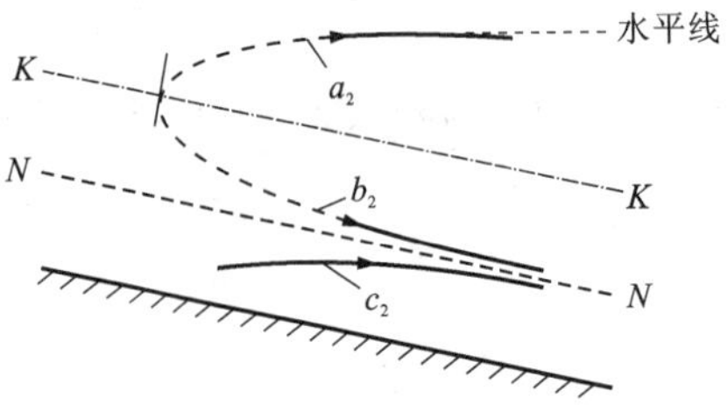	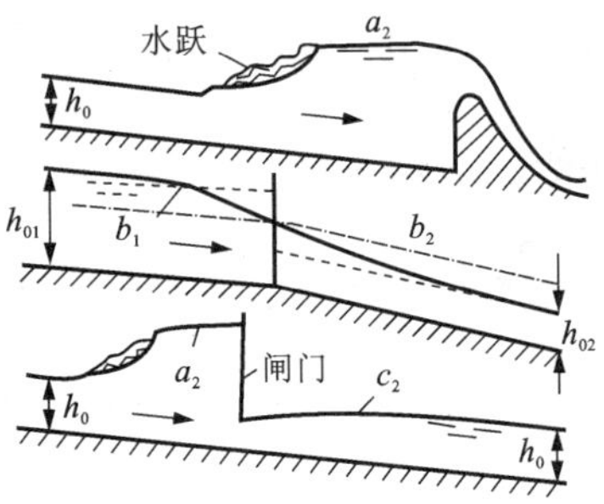
$i = i_k$	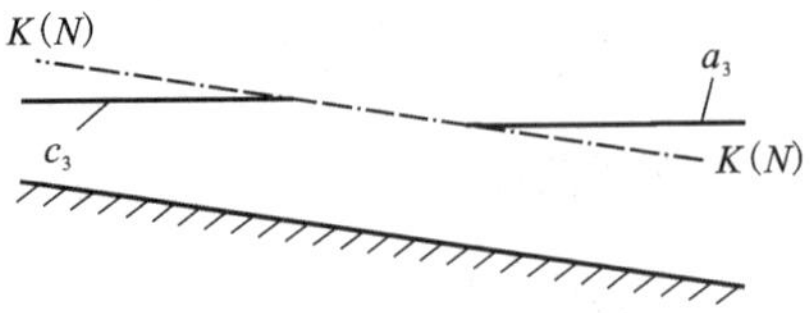	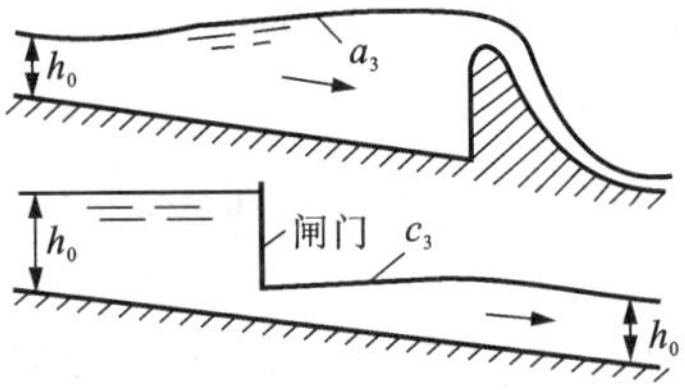
$i = 0$	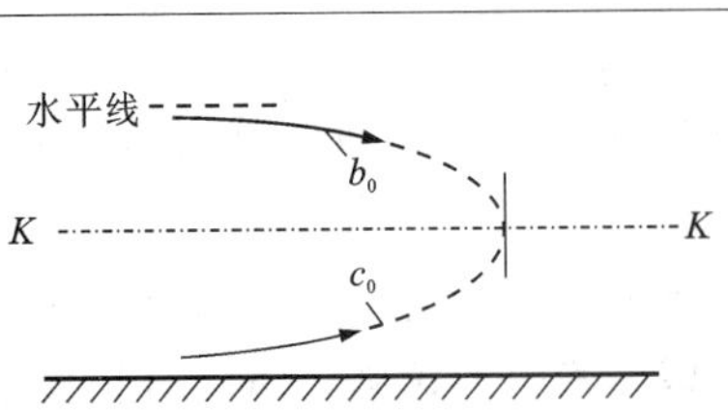	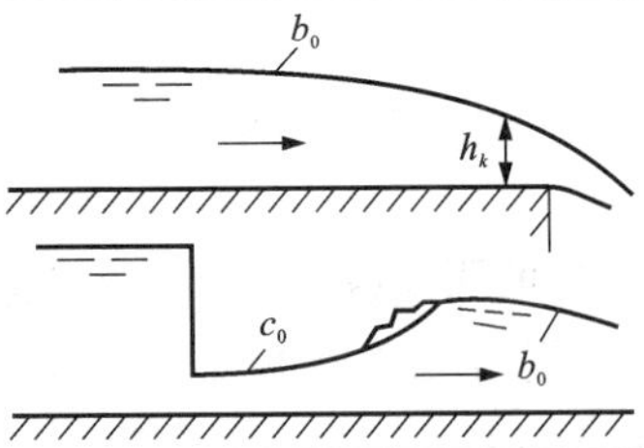

续表

	水面曲线简图	工程实例
$i<0$	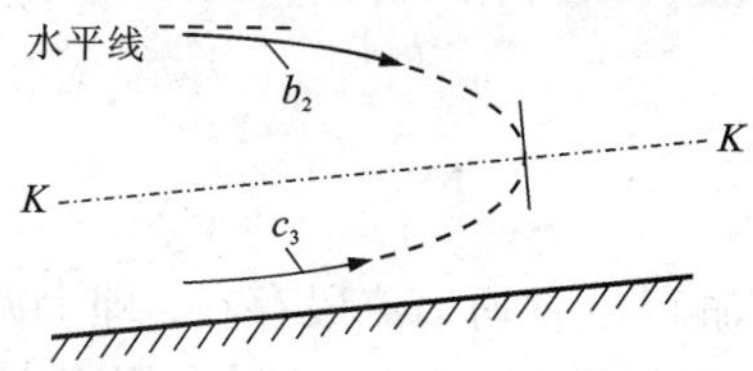	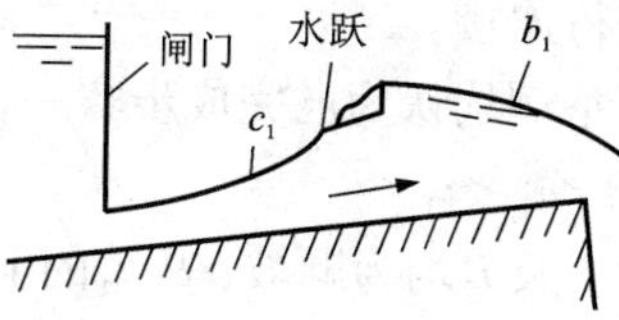

7.7.3 水面曲线的共同规律及控制水深

棱柱体明渠中的 12 种水面曲线有以下共同规律：

（1）在某一确定的底坡上究竟出现哪一类型水面曲线，应视具体条件而定，但每个区只有一种水面曲线和它相适应。

（2）凡 a 和 c 型的水面曲线，都是水深沿程增加的壅水曲线。凡 b 型的水面曲线都是水深沿程减小的降水曲线。

（3）除 a_3 和 c_3 型曲线外，当水深接近正常水深时，水面线以 $N-N$ 线为渐近线。当水深接近临界水深时，水面线在理论上垂直于临界水深线 $K-K$，这里的水流已不符合渐变流条件，而属于急变流。

（4）对于 a_3 和 c_3 型曲线，当 $h \to h_0 = h_k$ 时，$\dfrac{\mathrm{d}h}{\mathrm{d}s} = i = i_k$，水面曲线以水平线为渐近线。

在分析和计算水面曲线时，必须从某个有确定水深（或水位）的已知断面开始，这个断面称为控制断面，其水深称为控制水深。常见的控制断面和控制水深有：

①闸坝泄水建筑物的上、下游，因为泄水流量与上、下游水深（水位）之间存在一定的关系，当已知流量时，可求得闸坝前断面的水深（或水位）以及闸坝下游收缩断面的水深，这两个断面可作为控制断面。

②在明渠跌坎上或底坡突变，导致缓流过渡到急流时，因水流必通过临界水深 h_k，所以 h_k 可以作为控制水深。

③对于顺坡棱柱体长直渠道，可以认为未受干扰处仍保持均匀流，其正常水深作为控制水深。

此外，急流控制断面在上游，缓流控制断面在下游，可按两种流态分别由上游向下游或由下游向上游推算水面曲线。

在进行水面曲线分析时，可参照以下步骤：①根据已知条件，绘出一定底坡情况下的 $N-N$ 线、$K-K$ 线；②找出控制断面位置及其水深；③分析水面线所在区域；④参照 12 条水面线中某一条对应的水面曲线形式，绘出具体的水面曲线。

[**例题 7-11**] 底坡改变引起的水面曲线连接分析实例。

解 现设有长且顺直的棱柱形渠道在某处发生变坡，现分析变坡点前后的水面曲线及其连接形式。按以下两个步骤进行：

步骤一：根据已知条件（流量 Q、渠道断面形状尺寸、糙率 n 及底坡 i）可以判别两个底坡

i_1 及 i_2 各属何种底坡，从而定性地画出 $N-N$ 线及 $K-K$ 线。

步骤二：根据各渠段上控制断面水深（对充分长的顺坡渠道可以认为有均匀流段存在）判定水深的变化趋势（沿程增加或是减少）；根据这个趋势，在这两种底坡上选择符合要求的水面曲线进行连接。

以下举例均认为已完成步骤一，仅讲述步骤二。

(1) $0 < i_1 < i_2 < i_k$

由于 i_1 及 i_2 均为顺坡，故 i_1 的上游与 i_2 的下游可以有均匀流段存在，即上游水面应在正常水深线 N_1-N_1 处，下游水面则在 N_2-N_2 处，如图 7-24 所示。这时水深应由较大的 h_{01} 降到较小的 h_{02}，所以水面曲线应为降水曲线。在缓坡上降水曲线只有 b_1 型曲线。即水深从 h_{01} 通过 b_1 曲线逐渐减小，到交界处恰等于 h_{02}，而 i_2 渠道上仅有均匀流。

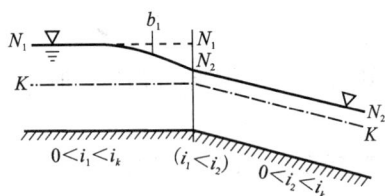

图 7-24 缓流向缓流过渡(1)

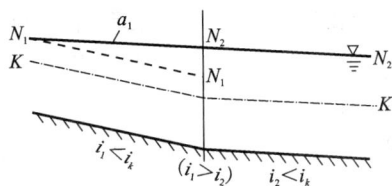

图 7-25 缓流向缓流过渡(2)

(2) $0 < i_2 < i_1 < i_k$

这里上、下游均为缓流，没有从急流过渡到缓流的问题，故无水跃发生，又因 $i_1 > i_2$，则 $h_{01} < h_{02}$。可见联接段的水深应当沿程增加，必须是上游段为 a_1 型水面曲线和下游段为均匀流才有可能，如图 7-25 所示。

(3) $0 < i_1 < i_k$，$i_2 > i_k$

此时 $h_{01} > h_k$，$h_{02} < h_k$。正常水深线 N_1-N_1，N_2-N_2 与临界水深线 $K-K$ 如图 7-26 所示。

此时水深将由较大的 h_{01} 逐渐下降到较小的 h_{02}，水面必须采取降水曲线的形式。在这两种底坡上只有 b_1 及 b_2 型曲线可以满足这一要求，因此在 i_1 上发生 b_1 型曲线，在 i_2 上发生 b_2 型曲线。它们在变坡处形成水跃互相衔接，如图 7-26 所示。

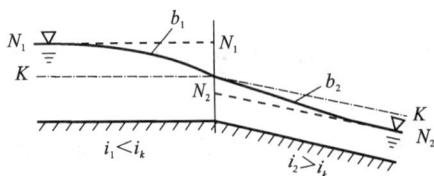

图 7-26 缓流向急流过渡

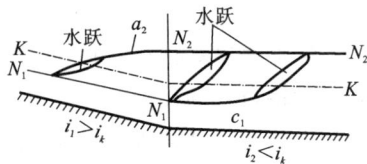

图 7-27 急流向缓流过渡

(4) $i_1 > i_k$，$0 < i_2 < i_k$

由于 $h_{01} < h_k$ 是急流，而 $h_{02} < h_k$ 是缓流，所以从 h_{01} 过渡到 h_{02} 乃是急流过渡为缓流。此时必然发生水跃。这种联接又有三种可能，如图 7-27 所示。究竟发生哪一种，在何处发生，应

根据 h_{01} 和 h_{02} 的大小作具体分析。

求出与 h_{01} 共轭的跃后水深 h''_{01}，并与 h_{02} 比较，有以下三种可能：

①$h_{02} < h''_{01}$——水跃发生在 i_2 渠道上，称为远驱式水跃（Remote Hydraulic Jump）。这说明下游段的水深 h_{02}，挡不住上游段的急流而被冲向下游。水面联接由 c_1 型壅水曲线及其后面的水跃组成，为远驱式水跃联接。

②$h_{02} = h''_{01}$——水跃发生在底坡交界断面处，称为临界水跃（Critical Hydraulic Jump）。

③$h_{02} > h''_{01}$——水跃发生在 i_1 渠道上，即发生在上游渠段，称为淹没水跃（Submerged Hydraulic Jump）。

7.8 棱柱体渠道中恒定非均匀渐变流水面曲线定量计算

渠道水面计算的目的在于确定断面位置 s 和水深 h 的关系，棱柱体渠道水面曲线计算的常用方法主要有分段求和法和数值计算法。本节介绍简明实用的分段求和法，这种方法不受明渠形式的限制，对棱柱体和非棱柱体明渠均适用。

分段求和法的要点是把要计算的明渠整个流段 s 分解为若干流段 Δs，并用有限差分代替原来的微分方程式求得所需要的水力要素。由式（7-65）可得到

$$\frac{\mathrm{d}E_s}{\mathrm{d}s} = i - \frac{Q^2}{K^2} = i - J \tag{7-69}$$

式中，E_s 为断面比能。

$$E_S = h + \frac{v^2}{2g} = h + \frac{Q^2}{2gA^2}; \quad K = AC\sqrt{R}; \quad J = \frac{Q^2}{K^2} = \frac{v^2}{C^2R}$$

将微分方程式（7-69）改写成差分方程，针对某一流程为 Δs 流段，用流段内平均水力坡度 $\bar{J}$ 代替水力坡度 J，则有

$$\Delta s = \frac{\Delta E_S}{i - \bar{J}} = \frac{E_{Sd} - E_{Su}}{i - \bar{J}} \tag{7-70}$$

上式为分段求和法的计算公式，对棱柱体明渠和非棱柱体明渠的恒定非均匀渐变流均适用。式中 ΔE_S 为流段 Δs 两端断面上断面比能的差值；E_{Sd}、E_{Sd} 分别为 Δs 流段下游和上游断面上的断面比能；$\bar{J}$ 一般按照下式计算

$$\bar{J} = \frac{\bar{v}^2}{\bar{C}^2\bar{R}} \tag{7-71}$$

式中，$\bar{v}$、$\bar{J}$、$\bar{C}$、$\bar{R}$ 为两过水断面的平均水力要素。即

$$\bar{v} = \frac{v_1 + v_2}{2}, \quad \bar{R} = \frac{R_1 + R_2}{2}, \quad \bar{C} = \frac{C_1 + C_2}{2}$$

利用式（7-70）可逐步算出明渠非均匀流中各个断面的水深及它们相隔的距离，从而整个流段的水面线就可定量地确定和绘出。采用分段求和法计算水面曲线，分段愈多，计算结果的精度愈高，相应的计算量也愈大。

[**例题 7-12**] 某水库泄水渠纵剖面如图 7-28 所示，渠道断面为矩形，宽 $b = 5$ m，底坡 $i = 0.25$，用浆砌块石护面，糙率 $n = 0.025$，渠长 56 m，当泄流量 $Q = 30$ m³/s 时，绘制水面曲线。

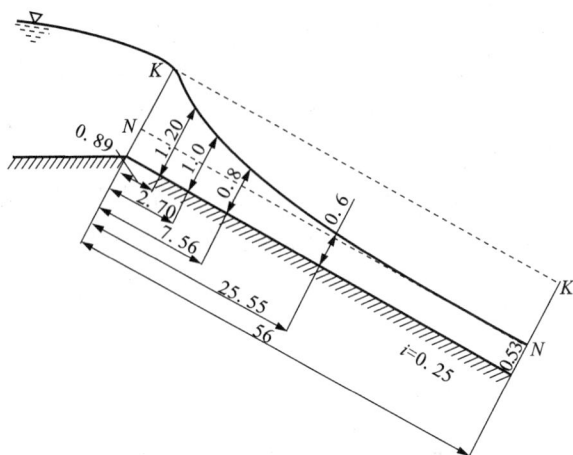

图 7-28 例题 7-12 图

解 已知 $b=5$ m，$i=0.25$，$n=0.025$，$Q=30$ m³/s。

(1)判断渠道底坡性质和水面曲线形式

$q=Q/b=6$ m²/s，$\cos\theta=\sqrt{1-i^2}=0.9375$，取 $\alpha=1.05$，临界水深 $h_K=\sqrt{\alpha q^2/g\cos\theta}=$
1.5852 m；计算正常水深(过程略)，得 $h_0=0.524$ m $<h_K$，所以渠道坡度为陡坡。

根据以上情况判断水面曲线为 b_2 型降水曲线，进口处水深为临界水深 h_K，渠道中水深变化范围从 h_K 趋向正常水深 h_0。

(2)用分段求和法计算水面曲线

因流态为急流，进口处为控制断面，$h_1=h_K=1.585$ m，向下游计算水面线，依次取 $h_2=$
1.2 m，$h_3=1.0$ m，$h_4=0.8$ m，$h_5=0.6$ m，$h_6=1.01$ m，$h_0=0.53$ m，根据式(7-70)分段计算间距，s 为各水深所在断面距起始断面的距离，计算过程如表 7-3 所示：

表 7-3 计算结果表

断面	h	A	v	$\alpha v^2/2g$	E_S	ΔE_S	R	J	$i-\bar{J}$	Δs	s
	m	m²	m·s⁻¹	m	m	m	m			m	m
1	1.585	7.925	3.785	0.768	2.254		0.0093	0.97			0.00
						0.21			0.235	0.89	
2	1.20	6.00	5.00	1.339	2.464		0.0207	0.811			0.89
3	1.00	5.00	6.00	1.929	2.866	0.402	0.0353	0.714	0.222	1.81	2.70
4	0.80	4.00	7.50	3.013	3.763	0.897	0.0957	0.606	0.1845	4.86	7.56
5	0.60	3.00	10.00	5.357	5.920	2.157	0.1645	0.484	0.1199	17.99	25.55
6	0.53	2.65	11.32	6.866	7.363	1.443	0.2415	0.437	0.047	30.7	56.25

根据计算结果可绘制出水面曲线(图 7-28)，可见渠道末端水深已接近正常水深。

思 考 题

1. 明渠均匀流的基本特性和产生条件是什么？从能量观点分析明渠均匀流为什么只能发生在正坡长渠道中？

2. 两条明渠(均为均匀流)，通过的流量、底坡和糙率均相同，但底宽不同，试分析正常水深的大小。

3. 什么是水力最佳断面？它是否渠道设计中的最佳断面？为什么？

4. 什么是允许流速？为什么在明渠均匀流水力计算中要进行允许流速的校核？

5. 从明渠均匀流公式导出糙率的表达式，并说明如何测定渠道的糙率。

6. 明渠水流的三种流态有什么特征？如何判别缓流、急流和临界流？

7. 什么是断面比能？它与单位重量液体的总机械能有何异同？在明渠均匀流中，断面比能 E_s 和单位重量液体的总机械能 E 沿流程是怎样变化的？比能曲线有何特征？

8. 什么是临界水深和临界底坡？如何计算？

9. 佛汝德数的物理意义是什么？为什么可用它判别明渠水流的流态？

10. 对于棱柱体渠道，当流量一定时，临界水深是否唯一？为什么？

11. "缓坡渠道只能产生缓流。陡坡渠道只能产生急流"，这句话是否正确？为什么？

12. 在缓坡渠道上，下列哪些流动可能发生，哪些流动不可能发生？

均匀缓流；均匀急流；非均匀缓流；非均匀急流。

13. 在陡坡渠道上，下列哪些流动可能发生，哪些流动不可能发生？

均匀缓流；均匀急流；非均匀缓流；非均匀急流。

14. 试叙述水跃的特征和产生的条件。如何计算矩形断面明渠水跃的共轭水深？在其他条件相同的情况下，当跃前水深发生变化时，跃后水深如何变化？

15. 试说明 12 种水面曲线的一般规律。在定性绘制水面曲线时，常见的控制断面有哪些？

习 题

1. 一梯形混凝土渠道，按均匀流设计。已知 Q 为 35 m^3/s，b 为 8.2 m，m 为 1.5，n 为 0.012 及 i 为 0.00012，求 h。

2. 一梯形灌溉土质渠道，按均匀流设计。根据渠道等级、土质情况，选定底坡 $i = 0.001$，$m = 1.5$，$n = 0.025$，渠道设计流量 $Q = 4.2$ m^3/s，并选定水深 h 为 0.95 m，试设计渠道的底宽 b。

3. 红旗渠某段长而顺直，渠道用浆砌条石筑成($n = 0.028$)，断面为矩形，渠道按水力最佳断面设计，底宽 $b = 8$ m，底坡 $i = \dfrac{1}{8000}$，试求通过流量。

4. 有一矩形断面混凝土渡槽($n = 0.014$)，底宽 $b = 1.5$ m，槽长 $L = 116.5$ m。进口处槽底高程 $z_1 = 52.06$ m，当通过设计流量 $Q = 7.65$ m^3/s 时，槽中均匀流水深 $h_0 = 1.7$ m，试求渡槽底坡和出口槽底高程 z_2。

5. 有一环山渠道的断面如图所示，水流近似为均匀流，靠山一边按 $1:0.5$ 的边坡开挖（岩石较好，n_1 为 0.0275），另一边为直立的浆砌块石边墙 n_2 为 0.025，底宽 b 为 2 m，底坡 i 为 0.002，求水深为 1.5 m 时的过流能力。

6. 有一矩形断面渠道均匀流，底宽 $b=10$ m，水深 $h=3$ m，糙率 $n=0.014$，底坡 $i=0.001$。如流动在紊流粗糙区，求谢才系数 C 和流量 Q，并判别是急流还是缓流。

7. 有一矩形断面渠道，底宽 $b=1.5$ m，底坡 $i=0.000\,4$，糙率 $n=0.014$，当槽中均匀流水深 $h_0=1.7$ m 时，试求通过的流量 Q，并判别是急流还是缓流。

8. 有一浆砌块石的矩形断面渠道，糙率 $n=0.022$，宽 $b=6$ m，当 $Q=14.0$ m³/s 时，渠中均匀水深 $h=2$ m，试判断渠道中的明渠水流流态。

9. 某有机玻璃矩形断面明渠，底宽 $b=0.15$ m，水深 $h=0.065$ m，渠底坡 $i=0.02$，均匀流时测得流量 $Q=20$ L/s，试求渠道的粗糙系数 n 值。

10. 为收集某土质渠道的糙率资料，今在开挖好的渠道中进行实测：流量 $Q=9.45$ m³/s，正常水深 $h_0=1.20$ m，在长 $L=200$ m 的流段内水面降落 $z=0.16$ m，已知梯形断面尺寸 $b=7.0$ m，边坡系数 $m=1.5$ m，试求糙率 n 值。

11. 某矩形断面渠道，通过的流量为 $Q=30$ m³/s，底宽为 $b=5$ m，水深为 $h=1$ m，判断渠内水流是急流还是缓流；如果是急流，试计算发生水跃的跃后水深。

12. 证明：当断面比能 E_s 以及渠道断面形式、尺寸 (b, m) 一定时，最大流量相应的水深是临界水深。

13. 定性绘出下图示棱柱形明渠的水面曲线，并注明曲线名称。（各渠段均充分长，各段糙率相同）

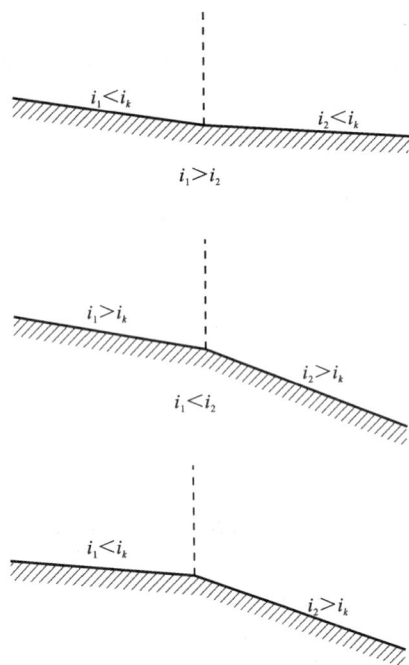

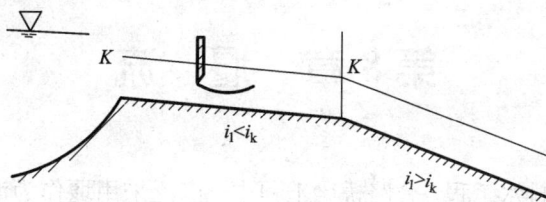

习题 13 图

14. 一矩形断面渠道，如下图所示。已知闸前水深 $H=14$ m，闸门开启高度 $e=1$ m，渠道底宽 $b=3$ m，闸孔垂直收缩系数 $\varepsilon=0.62$，闸门局部水头损失系数 $\zeta=0.1$，两段渠道的底坡分别为：$i_1=0$，$i_2=0.05$，渠道糙率 $n=0.04$，不计闸前行进流速，试判别第二段渠道中的水流为缓流或急流，并定性绘出两段渠道中的水面曲线(两段渠道均充分长)。(提示：能量方程求出流量，再求出临界水深以及临界底坡)

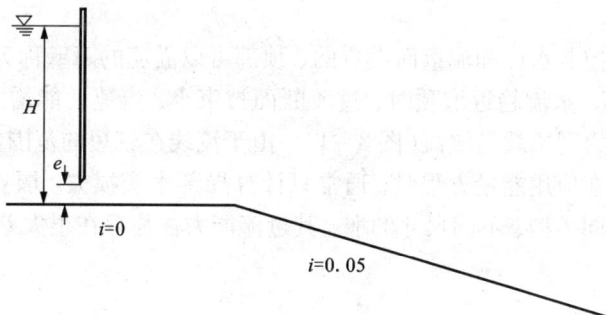

习题 14 图

15. 连接水库与水电站的引水渠道长 $l=15$ km，$Q=50$ m³/s，渠道断面为梯形，底宽 $b=10$ m，边坡 $m=1.5$，$n=0.025$，$I=0.0002$，已知渠道末端水深 $h_n=5.5$ m，试绘制渠道水面曲线。

第8章 堰 流

在环境工程、给水排水工程、公路桥梁工程中，广泛采用堰作为泄水建筑物和流量量测设备，在水利工程中经常可见挡水的工程建筑物，如拦河闸、溢流坝、溢洪道、船闸等，都属于堰。另外，在小桥、涵洞孔径设计及效能设施的水力计算中，也需要这方面的知识。本章主要研究堰流的类型、水力特性、水力计算等，为确定该类工程建筑物的规模、尺寸等提供理论依据。

8.1 堰流的定义及其分类

8.1.1 堰和堰流

在明渠流中，为控制水位和流量而设置的、顶部可以溢流的障壁称为堰。由于堰的约束，上游明渠的水位壅高；水流趋近堰顶时，过流断面被束小，流速动能增加，因而水面降落流过堰顶，这种局部水力现象就是堰流(图8－1)。由于流线在较短的范围内急剧变化，过堰水流属于急变流，所以在应用能量方程时，通常只计算局部水头损失。堰流的基本问题是确定堰的过流能力，而不同类型、不同尺寸的堰，其过流能力往往存在很大差异。

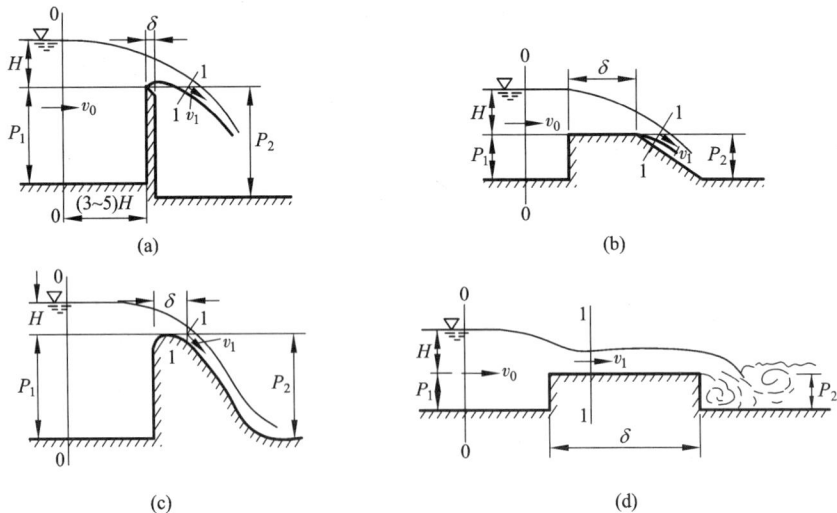

图8－1 堰的类型

当下游水位较低，不影响堰顶的泄流量时，称为自由出流。从图8－1可见，由于堰的阻遏作用，堰前水流具有较大水深，流态往往是缓流。在自由出流的状态下，自堰顶下泄的水流能保持着从上游缓流到下游急流的过渡。这种情况下堰的泄流能力只与上游水位有关。反之，当下游水深较大，流态为缓流时，较高的下游水位影响到堰的泄流量，此时称为淹没出流。淹没出流时堰的泄流能力与其上、下游水位均有关系。

另外，当堰顶的宽度小于上游渠道的宽度，或者由于堰轴线较长，其间布置有边墩或者闸墩时，都会从两侧引起水流的侧向收缩，从而降低堰的过流能力，这种堰称为有侧收缩堰。反之，堰顶的宽度与上游渠道的宽度相同，称为无侧收缩堰。

8.1.2 堰的类型

在明渠缓流过堰时，距离堰前缘$(3 \sim 5)H$的断面[图$8-1(a)$]，既是上游明渠a_1型水面曲线的末端，又是距离堰最近的渐变流断面，通常把该断面的平均流速称为行近流速，用v_0表示；而把该断面水位至堰顶的水深，称为堰顶水头，用H表示。虽然堰的形式与用途各异，但在水力计算中，通常按照堰顶厚度δ对过堰水流的影响程度，将堰分成如下三种类型：

1. 薄壁堰

当$\dfrac{\delta}{H} < 0.67$时，堰壁不触及水舌的下缘，过堰水流不受堰壁厚度δ的影响，这种堰称为薄壁堰。薄壁堰常被用作实验室或野外的量水设备[图$8-1(a)$]。

2. 实用堰

当$0.67 < \dfrac{\delta}{H} < 2.5$时，堰顶水流虽然具有与薄壁堰表面水流类似的弯曲形状，但开始受到堰壁厚度δ的顶托与约束作用，这种堰称为实用堰。实用堰有不同的剖面曲线，工程中为减小堰顶对水流的阻力，增加堰的过流能力，常把堰顶形状与薄壁堰水舌下缘形状相吻合，称为曲线型实用堰[如图$8-1(c)$所示]。水利工程中常见的挡水建筑物，如溢流坝、溢流低堰等，就常采用这种堰型泄流。在小型工程中，为了施工简便，也常采用如图$8-1(b)$所示的折线型实用堰。

3. 宽顶堰

当$2.5 < \dfrac{\delta}{H} < 10$时[如图$8-1(d)$所示]，过堰水流受到堰壁厚度$\delta$的顶托与约束作用已经非常明显。在堰顶的进口处，水面急剧跌落并随后在进口附近形成收缩断面。由于堰顶具有足够长的水平段，水流在收缩断面之后形成水面近似平行堰顶的渐变水流，堰顶水深h接近临界水深h_k，即$h \approx h_k$。堰顶出口断面的情况，与堰下游明渠的水位有关。当下游水位较低时，在出口处有第二次跌落，堰顶水流呈急流状态，这种堰称为宽顶堰。

除了上述具有因底坎在水深方向压缩过水断面而产生的有坎宽顶堰流以外，实际工程中的小桥涵以及由施工围堰等束窄了的河床时，虽然没有从底部突起的障壁，但桥前的导流设施与桥梁中间布设的桥墩从侧向压缩水流，其水力特性与图$8-1(e)$中所示堰流一致，其泄流图式与宽顶堰相同，这类情况常称为无坎宽顶堰流，所以关于堰流的水力计算同样适用于桥涵工程的相关计算。

需要注意的是，当$\dfrac{\delta}{H} > 10$时，实验证明，过堰水流的沿程水头损失h_f不可忽略，堰上水流已不属堰流而是明渠流。

在实际工程中，也可按照堰顶轴线和水流流向的位置关系来分类，当堰顶轴线和水流流向相互垂直时称为正堰，堰顶轴线和水流流向平行时称为侧堰，除此之外的布置情况称为斜堰。本章仅限于正堰。

另外，根据工程需要，较长的闸坝上中间常设置有隔墩，这样就会形成多个闸孔，相邻闸墩之间设置闸门来控制下泄流量。通过闸孔的水流称为闸孔出流，简称孔流［图 8 - 2(a)、(b)］。当闸门下缘脱离闸孔水面，则闸孔下泄水流与闸坎上的闸门没有影响，下泄水流仍为堰流［图 8 - 2(c)、(d)］。

在计算闸坝的过流能力时，应当首先判定水流是堰流还是孔流，然后进行计算。由于堰流与孔流的界限与很多影响因素有关，要准确判定比较困难，工程上采用下列近似判别式来区分堰流与孔流，以下各判别式中，e 为闸门开启高度，H 为堰顶水头。

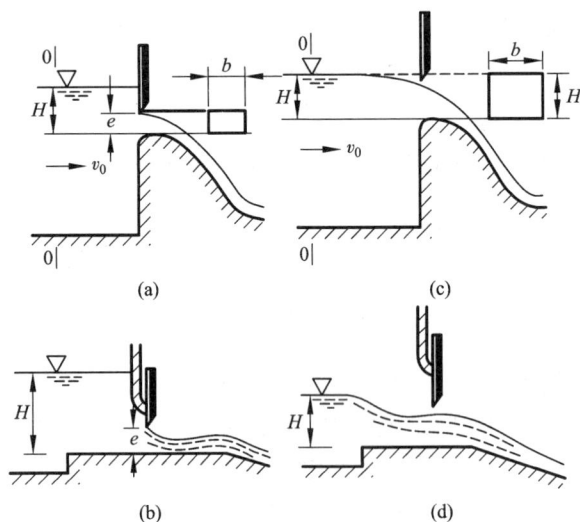

图 8 - 2　堰流与闸孔出流

1. 实用堰式闸坝(闸门位于堰顶最高点)

$$\frac{e}{H} > 0.75，为堰流 \qquad 图 8 - 2 (c)$$

$$\frac{e}{H} \leqslant 0.75，为孔流 \qquad 图 8 - 2(a)$$

2. 宽顶堰式闸坝

$$\frac{e}{H} > 0.65，为堰流 \qquad 图 8 - 2 (d)$$

$$\frac{e}{H} \leqslant 0.65，为孔流 \qquad 图 8 - 2(b)$$

本章仅介绍堰流的相关知识，闸孔出流的问题请参阅相关资料。

8.2　堰流的基本公式

现以薄壁堰流为例，采用恒定总流的能量方程来推求堰流的基本公式，如图 8 - 3 所示，以通过堰顶的水平面作为基准面。实验证明，在堰前(3~5)H 的 0 - 0 断面位置处，堰前水面无明显下降，可选堰前渐变流断面 $0-0$ 及断面 $1-1$ 作为计算断面，其中断面 $1-1$ 的中心点在基准面上。由于断面 $1-1$ 为急变流断面，$z+\dfrac{p}{\rho g} \neq c$，故用 $\overline{(z+\dfrac{p}{\rho g})}$ 表示断面 $1-1$ 上测压管水头的平均值，列出两断面的能量方程式：

$$H + \frac{\alpha_0 v_0^2}{2g} = \overline{(z + \frac{p}{\rho g})} + (\alpha_1 + \zeta)\frac{v_1^2}{2g}$$

式中：v_0 为 $0-0$ 断面的平均流速，即行近流速，则称 $\dfrac{\alpha_0 v_0^2}{2g}$

称为行近流速水头；$H_0 = H + \dfrac{\alpha_0 v_0^2}{2g}$ 为堰顶全水头，v_1 为 $1-$

1 断面的平均流速；设 $\overline{(z + \dfrac{p}{\rho g})} = \xi H_0$，$\xi$ 为修正系数。则

$$H_0 - \xi H_0 = (\alpha_1 + \zeta)\frac{v_1^2}{2g}$$

$$v_1 = \frac{1}{\sqrt{\alpha_1 + \zeta}}\sqrt{2g(H_0 - \xi H_0)} \qquad (8-1)$$

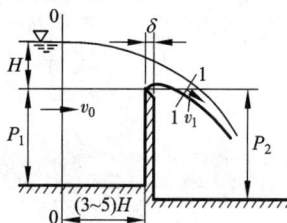

图 8 – 3　薄壁堰流

如堰顶过水断面形状为矩形。设该矩形宽为 b，断面 $1-1$ 的水深（水舌厚度）$h_1 = \psi H_0$，系数 ψ 反映堰顶水流的垂直收缩程度。则堰流流量为

$$Q = A_1 v_1 = \psi H_0 b \frac{1}{\sqrt{\alpha_1 + \zeta}}\sqrt{2g(H_0 - \xi H_0)} \qquad (8-2)$$

令流速系数 $\varphi = \dfrac{1}{\sqrt{\alpha_1 + \zeta}}$，流量系数 $m = \varphi \psi \sqrt{1 - \xi}$，则

$$Q = mb \sqrt{2g} H_0^{\frac{3}{2}} \qquad (8-3)$$

式 $(8-3)$ 是从薄壁堰的条件推导的。由于不同形式的堰流都是重力起主要作用，都属于明渠急变流，所产生的水头损失都以局部水头损失为主，因此，通过类似的推导，其他形式的堰流公式也具有和式 $(8-3)$ 相同的结构形式。式 $(8-3)$ 就是堰流基本公式，适用于堰顶过水断面为矩形的单孔薄壁堰、实用堰或宽顶堰。流量系数 m 与堰顶水头和堰的边界条件（如堰的类型、堰顶进口边缘形状、堰的侧收缩情况、堰流的出流方式等）有关。

如果堰宽小于上游进水渠宽，或沿河宽方向由闸墩与边墩分隔成若干个等宽的堰孔，水流流经堰孔时，流线将向堰孔中间集中，发生侧向收缩[如图 8 – 4(a) 所示]，从而减小了溢流的有效宽度，增加了局部水头损失。为此，在流量方程式 $(8-3)$ 的右端，乘以一个小于 1 的侧收缩系数 ε，表示侧收缩对流量的影响。

如果下游水位高或下游堰高较小，将有可能出现淹没出流情况，导致过水能力减小。为此，在流量方程式 $(8-3)$ 的右端，还应乘一个小于 1 的淹没系数 σ_s，表示淹没出流对流量的影响。

如果是等宽多孔溢流堰（如图 8 – 4 所示，孔数为 n，孔宽为 b），则堰流的基本计算公式为

$$Q = \varepsilon \sigma_s mnb \sqrt{2g} H_0^{\frac{3}{2}} \qquad (8-4)$$

上式中的流量系数 m、侧收缩系数 ε 与淹没系数 σ_s 反映了局部阻力系数对堰流泄流能

力的影响,常由试验确定。

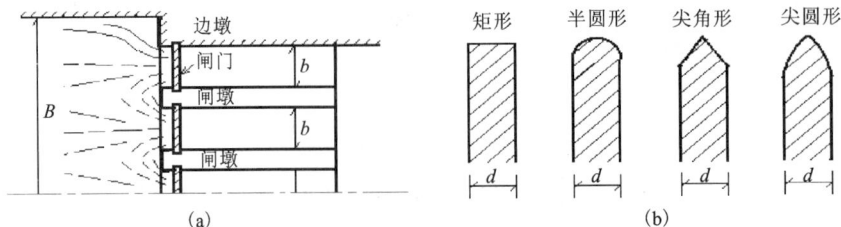

图8-4 有侧收缩出流

8.3 堰流的水力计算

8.3.1 薄壁堰流

在水流模型试验或野外测量流量时,薄壁堰是常用的设备。由于薄的堰壁不能够承受过大的水压力,所以堰上水头一般较小。工程上大量应用的曲线型实用堰,其外形常按照矩形薄壁堰流的水舌下缘曲线来设计;有些临时性的挡水建筑(如叠梁闸门),常近似作薄壁堰流计算。常用的薄壁堰,堰顶的过水断面多为矩形、三角形或梯形,分别称为矩形薄壁堰、三角形薄壁堰与梯形薄壁堰。

1. 矩形薄壁堰

实验证明:无侧收缩的矩形薄壁堰自由出流时,水流最稳定,测量精度较高。作为测流设备的矩形薄壁堰(如图8-5)应满足如下条件:①堰宽与上游明渠渠宽相同;②明渠下游水位低于堰顶;③堰上水头不宜过小,一般应使 $H > 2.5$ cm,且水舌下通风良好,没有贴壁溢流现象。

在实际测量时,可以直接测出堰顶水头 H,所以常把行近流速的影响包括在流量系数中,式(8-3)改写为

$$Q = m_0 b \sqrt{2g} H^{\frac{3}{2}} \tag{8-5}$$

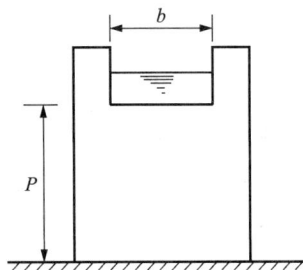

图8-5 矩形薄壁堰流

式中,流量系数 $m_0 = m\left(1 + \dfrac{\alpha_0 v_0^2}{2gH}\right)^{\frac{3}{2}}$,可按雷保克(T. Rehbock)公式计算:

$$m_0 = 0.403 + 0.053 \frac{H}{P_1} + \frac{0.0007}{H} \tag{8-6}$$

式(8-6)的适用条件: $H \geqslant 0.025$ m, $H/P_1 \leqslant 2$ 以及 $P_1 \geqslant 0.3$,其中 P_1 为上游堰高,P_1 和 H 均以 m 计。

流量系数 m_0 也可按巴辛(Bazin)公式计算:

$$m_0 = \left(0.405 + \frac{0.0027}{H}\right)\left[1 + 0.55\left(\frac{H}{H + P_1}\right)^2\right] \tag{8-7}$$

式(8-7)的适用条件: 0.1 m $< H < 1.24$ m, 0.2 m $< P_1 < 1.13$ m, $b < 2$ m,其中 P_1 为上游堰

高，P_1 和 H 均以 m 计。

2. 直角三角形薄壁堰

当薄壁堰上通过的流量较小，例如 $Q < 0.1$ m³/s 时，矩形薄壁堰上的堰顶水头过小，由于表面张力的影响以及测量困难，会产生较大误差。因此，常改用直角三角形薄壁堰(图 8 - 6)，其计算公式为

$$Q = C_0 H^{\frac{5}{2}} \qquad\qquad (8-8)$$

式中，C_0 为流量系数，可按下式计算。

$$C_0 = 1.354 + \frac{0.004}{H} + \left(0.14 + \frac{0.2}{\sqrt{P_1}}\right)\left(\frac{H}{B} - 0.09\right)^2$$

式中：H 为堰顶全水头，m；P_1 为上游堰高，m；B 为堰上游引水渠宽，m。

当堰顶水头 H 增大，如 $H > 0.25$ m，则

$$Q = 1.343 H^{2.47} \qquad\qquad (8-9)$$

式中：H 以 m 计，流量 Q 以 m³/s 计。

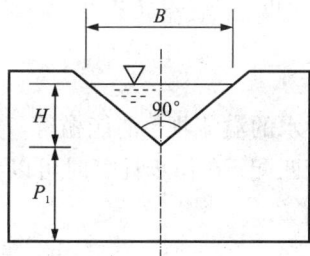

图 8 - 6 三角型薄壁堰流

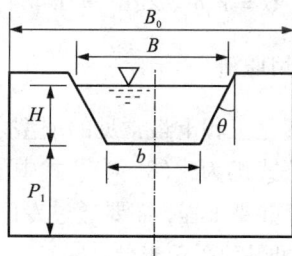

图 8 - 7 梯形薄壁堰流

3. 梯形薄壁堰流

当通过的流量较大，如 $Q > 0.1$ m³/s 时，也可采用梯形薄壁堰(图 8 - 7)测量流量。用 θ 表示堰口侧边与铅垂方向的夹角，在自由出流且 $\tan\theta = \frac{1}{4}$，即 $\theta \approx 14°$ 时，称该堰为西伯利第(Cippoletti)堰。其计算公式为

$$Q = 1.856\, bH^{\frac{3}{2}} \qquad\qquad (8-10)$$

上式的应用条件是 $H \leqslant \frac{b}{3}$，各单位均以 m 计。

如需要考虑侧收缩和下游淹没出流的影响时，可以参考相关教材或者资料，在此不再赘述。

[例题 8 - 1] 某一无侧收缩的矩形薄壁堰自由出流，堰宽 b 为 0.5 m，上游堰高 P_1 为 0.4 m，测量堰顶水头 H 为 0.2 m，试推求通过堰的流量 Q。

解

由已知条件得，$H = 0.2$ m $< 4P_1 = 1.6$ m，0.15 m $< P_1 = 0.4$ m < 1.22 m

所以流量系数 m_0 可按雷保克(T. Rehbock)公式计算：

$$m_0 = 0.403 + 0.053\frac{H}{P_1} + \frac{0.000\,7}{H}$$

$$= 0.403 + 0.053 \times \frac{0.2}{0.4} + \frac{0.000\ 7}{0.2}$$

$$= 0.433$$

则通过流量

$$Q = m_0 b \sqrt{2g} H^{\frac{3}{2}} = 0.433 \times 0.5 \times \sqrt{2 \times 9.8} \times 0.2^{\frac{3}{2}}\ \mathrm{m^3/s}$$

$$= 0.085\ 7\ \mathrm{m^3/s}$$

由于 $0.1\ \mathrm{m} < H = 0.2\ \mathrm{m} < 1.24\ \mathrm{m}$，$0.2\ \mathrm{m} < P_1 = 0.4\ \mathrm{m} < 1.13\ \mathrm{m}$，$b = 0.5\ \mathrm{m} < 2\ \mathrm{m}$，流量系数 m_0 也可按巴辛(Bazin)公式计算

$$m_0 = (0.405 + \frac{0.002\ 7}{H})\left[1 + 0.55(\frac{H}{H + P_1})^2\right]$$

$$= (0.405 + \frac{0.002\ 7}{0.2})\left[1 + 0.55(\frac{0.2}{0.2 + 0.4})^2\right]$$

$$= 0.444$$

则通过流量

$$Q = m_0 b \sqrt{2g} H^{\frac{3}{2}} = 0.444 \times 0.5 \times \sqrt{2 \times 9.8} \times 0.2^{\frac{3}{2}}\ \mathrm{m^3/s} = 0.087\ 9\ \mathrm{m^3/s}。$$

8.3.2 实用堰流

实用堰是工程上最常见的堰型之一，如用来挡水及泄水的溢流坝、消能槛等。实用堰的水力计算公式仍为式(8-4)。式中的系数应与相应堰型相匹配，在初步计算时可以参考相关资料，对于重要工程，需要通过专门的模型实验加以确定。

1. 实用堰的剖面形状

如图 8-8 所示，曲线型实用堰的剖面一般由下列几部分组成：上游直线段 AB（有的为斜线 BF）、堰顶曲线段 BC、下游直线段 CD，以及反弧段 DE。其中堰顶曲线段 BC 对水流特性的影响最大，是设计曲线型实用堰剖面形状的关键，不同的设计方法，主要在于曲线段 BC 如何计算与确定。比较合理的曲线型实用堰剖面形状应满足过水能力较大、堰面不会出现较大的负压、堰面经济而稳定等条件。

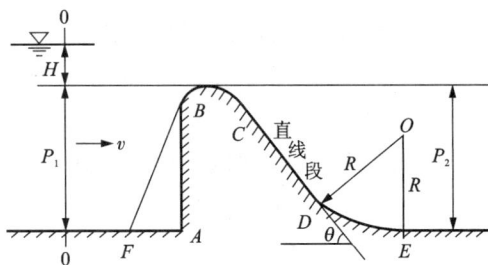

图 8-8 曲线型实用堰冲面

曲线段 BC 的形状如与同样条件下薄壁堰自由出流时水舌下缘形状相同，则水流紧贴堰面下泄，水舌基本上不受堰面形状的影响[图 8-9(a)]；如果堰面突入水舌下缘，水流将受顶托，堰面压强大于大气压强，水舌有效动能将减小，堰的过水能力将降低，这种堰称为非真空堰[图 8-9(b)]；如果堰面低于水舌下缘，水舌将脱离堰面，脱离处的空气将不断被带走，在堰面局部会形成负压，堰的过水能力将加大，但如果负压过大将形成空蚀与水舌颤动，这种堰称为真空堰[图 8-9(c)]，本章内容仅限于非真空堰。

实际工程上采用的曲线型实用堰剖面形状是按照薄壁堰水舌下缘曲线稍稍加以修正定型的。例如克里格尔-奥菲采洛夫剖面、WES 剖面等，具体详见相关参考书籍。

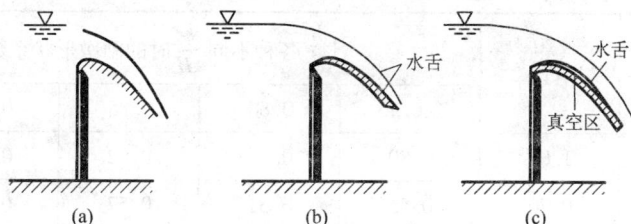

图 8-9 曲线型实用堰剖面形状与出流水舌的关系

为了取材与施工的方便,中、小型溢流坝段常采用诸如条石、砖或者木材等,做成如图 8-10 所示的折线型实用堰。如将图 8-10 中的折线型实用堰的堰顶角修圆,其过流能力将增大 5% 左右。

2. 流量系数 m

试验研究表明,曲线型实用堰的流量系数 m 与堰壁外形、上游堰高 P_1、设计水头 H_d、堰顶作用总水头 H_0 等有关。当 $\dfrac{P_1}{H_d} \geq 1.33$ 时称为高堰,计算时,行

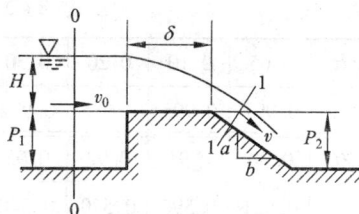

图 8-10 折线型实用堰剖面

近流速水头 $\dfrac{\alpha_0 v_0^2}{2g}$ 可以忽略不计,堰顶作用总水头 H_0 与堰顶作用水头 H 相等,即 $H_0 \approx H$。当

$\dfrac{P_1}{H_d} < 1.33$ 时称为低堰,这种情况下,行近流速水头 $\dfrac{\alpha_0 v_0^2}{2g}$ 加大,在计算中不可以忽略,即 $H_0 = H + \dfrac{\alpha_0 v_0^2}{2g}$,流量系数 $m = f(\dfrac{H_0}{H_d})$。初步估算,曲线型实用堰可取 $m = 0.42 \sim 0.50$,折线型实用堰流量系数 $m = 0.33 \sim 0.43$。具体计算时,可根据不同情况查阅有关水力计算手册。

3. 侧收缩系数 ε

一般溢流坝都设有边墩或闸墩,由闸墩与边墩分隔成若干个堰孔。由于边墩与闸墩的存在,水流在平面上将向堰孔中间集中,从而在平面上产生侧向收缩,减小了过流的有效宽度,增加了局部水头损失,降低了过流能力。侧收缩系数 ε 大小就是用来反映边墩及闸墩对过流能力的影响程度。

侧收缩系数 ε 可按照下面经验公式计算。

$$\varepsilon = 1 - 0.2 \left[\zeta_k + (n-1)\zeta_0 \right] \frac{H_0}{nb} \tag{8-11}$$

式中各项如图 8-4 所示:b 为墩间净距,n 为堰孔数,H_0 为堰顶全水头,ζ_k 为边墩形状系数,ζ_0 为闸墩形状系数,可查表 8-1。

4. 淹没系数 σ_s

当下游水位高过堰顶至某一范围时,堰下游形成淹没水跃,过堰水流受到下游水位的顶托,降低了过水能力,形成淹没出流,如图 8-11 所示。淹没出流时,$\sigma_s < 1$ 可由表 8-2 查得。

表 8 – 1   闸墩形状系数

边墩或闸墩形式	ζ_k	各种不同 $\frac{h_s}{H}$ 时的闸墩形状系数 ζ_0				
		≤0.75	0.80	0.85	0.90	0.95
矩形	1.00	0.80	0.86	0.92	0.98	1.00
半圆形或尖角形	0.70	0.45	0.51	0.57	0.63	0.69
尖圆形	0.40	0.25	0.32	0.39	0.46	0.53

注：表中 h_s 为从堰顶算起的下游液面的高度，单位：m。

表 8 – 2   非真空剖面堰的淹没系数 σ_S 值

h_s/H	0.05	0.10	0.20	0.30	0.40	0.50	0.60	0.65	0.70	0.75	0.80	0.85
σ_S	0.997	0.995	0.985	0.972	0.957	0.935	0.906	0.879	0.856	0.823	0.776	0.710
h_s/H	0.90	0.91	0.92	0.93	0.94	0.95	0.96	0.97	0.98	0.99	0.995	1.0
σ_S	0.621	0.596	0.570	0.540	0.506	0.470	0.421	0.357	0.274	0.170	0.100	0

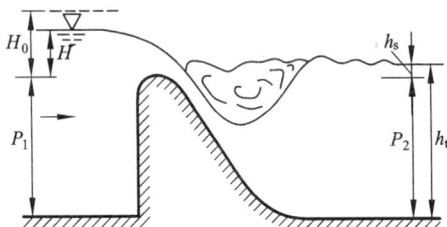

图 8 – 11   曲线型实用堰的淹没出流

[例题 8 – 2]   某曲线型实用堰，堰宽 b 为 50 m，堰孔数 $n=1$（即无闸墩），堰与非溢流的混凝土坝相接，边墩头部为半圆形，边墩形状系数 $\zeta_k=0.7$，上下游堰高 P_1 与 P_2 相同均为 15 m，下游水深 h_t 为 7 m，设计水头 H_d 为 3.11 m，流量系数 m 为 0.514，试求堰顶水头 H 为 5 m 时通过溢流坝的流量。

解   曲线型实用堰流量计算公式为

$$Q = \varepsilon\sigma_S mnb \sqrt{2g}H_0^{\frac{3}{2}}$$

当 $H=5$ m 时，$\dfrac{P_1}{H}=\dfrac{15}{5}=3>1.33$，故可以不考虑行近流速的影响，即

$$H_0 = H = 5 \text{ m}$$

侧收缩系数的计算公式为

$$\varepsilon = 1 - 0.2\left[\zeta_k + (n-1)\zeta_0\right]\frac{H_0}{nb}$$

上式中：$n=1$；$H_0=h=5$ m；$\zeta_k=0.7$；没有闸墩，闸墩形状系数 $\zeta_0=0$；b 为墩间净距，$b=50$ m。则

$$\varepsilon = 1 - 0.2 \times [0.7 + (1-1) \times 0] \frac{5}{1 \times 50} = 0.986$$

因为 $h_t < P_2$，则堰流为自由出流，淹没系数 $\sigma_S = 1$，则曲线型实用堰的流量大小为

$$Q = 0.986 \times 1 \times 0.514 \times 1 \times 43 \times 4.43 \times 4^{\frac{3}{2}} = 772.3 \text{ m}^3/\text{s}$$

8.3.3 宽顶堰流

宽顶堰流[图 8-1(d)]是实际工程中极为常见的一种水力现象，其水力计算公式仍为式(8-4)。

1. 流量系数 m

宽顶堰的流量系数 m 与宽顶堰的进口形式、作用水头 H、堰高 P_1 有关，一般采用经验公式计算。

(1) 堰顶入口为直角[见图 8-12(a)]

$$m = 0.32 + 0.01 \frac{3 - \dfrac{P_1}{H}}{0.46 + 0.75 \dfrac{P_1}{H}} \tag{8-12}$$

(2) 堰顶入口修圆[见图 8-12(b)]

$$m = 0.36 + 0.01 \frac{3 - \dfrac{P_1}{H}}{1.2 + 1.5 \dfrac{P_1}{H}} \tag{8-13}$$

式(8-13)适用于圆弧半径 $r \geqslant 0.2H_0$ 的情况。

以上两式，当 $\dfrac{P_1}{H} \geqslant 3$ 时，由堰高引起的垂向收缩已达到充分的程度，m 值将不再随 $\dfrac{P_1}{H}$ 而变化，故取 $\dfrac{P_1}{H} = 3$ 代入公式计算 m 值。

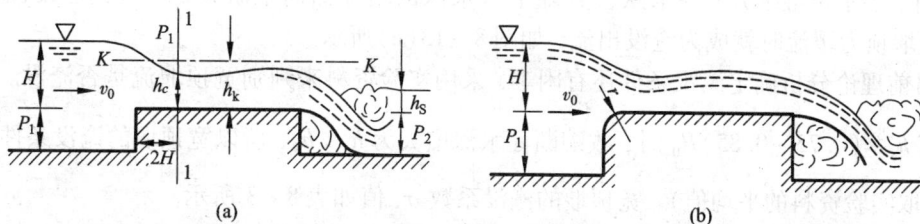

图 8-12 宽顶堰流

2. 侧收缩系数 ε

侧收缩系数 ε 可以采用经验公式(8-11)计算，其中闸墩形状系数和边墩形状系数见表 8-1。

3. 淹没系数 σ_S

由流量公式的推导过程可知：堰顶形式及上游水头已知时，通过宽顶堰的流量随收缩断

面的平均测压管水头 $\overline{(z + \dfrac{p}{\rho g})} = \xi H_0 = h_1$ 而变，当 h_1 增大，流量 Q 减小。因此下游水位只有升高到足以使收缩断面的水深 h_c 增大时，宽顶堰才会形成淹没出流，并降低过流能力。

首先说明下游水位逐渐增加情况下，宽顶堰的淹没过程。

在自由出流情况下，因受到堰坎垂直方向的约束，进口处流线收缩，收缩断面 $c-c$ 处的水深 $h_c < h_k$，为急流状态，如图 8-13(a) 所示。而急流干扰波不能朝上游传播，堰下游水位的变化不会影响收缩断面水深的大小，此时，无论下游水位是否高于堰顶，堰流都为自由出流。

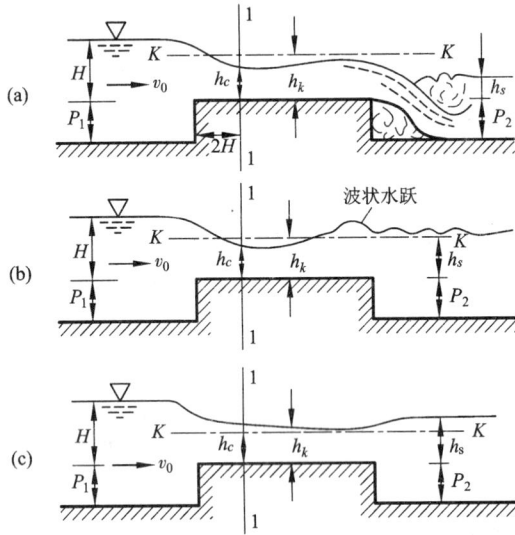

图 8-13　宽顶堰的淹没出流条件

当下游水位升高至略高于临界水深线 $K-K$，即 h_s 略大于 h_k 时，如图 8-13(b) 所示，堰顶将产生波状水跃，但收缩断面仍为急流，下游水位不会影响堰的泄流量，仍为自由出流。

当下游水位继续升高，水跃位置随下游水深的增加而向上游移动，直到收缩断面被淹没，当堰顶为缓流时就成为淹没出流，如图 8-13(c) 所示。

目前理论分析确定淹没条件还有困难，采用实验资料来判别宽顶堰流是否淹没。实验证明：当 $h_s \geqslant (0.75 \sim 0.85) H_0$ 时，收缩断面水深增大为 $h_c > h_k$，所以宽顶堰的淹没条件为 $\dfrac{h_s}{H_0} \geqslant 0.80$（取实验资料的平均值）。宽顶堰的淹没系数 σ_S 值如表 8-3 所示。

表 8-3　　宽顶堰的淹没系数 σ_S

h_s/H_0	0.80	0.81	0.82	0.83	0.84	0.85	0.86	0.87	0.88	0.89
σ_S	1.00	0.995	0.99	0.98	0.97	0.96	0.95	0.93	0.90	0.87
h_s/H_0	0.90	0.91	0.92	0.93	0.94	0.95	0.96	0.97	0.98	
σ_S	0.84	0.82	0.78	0.74	0.70	0.65	0.59	0.50	0.40	

[例题 8-3] 如图 8-12(a)所示的直角进口宽顶堰,与上游明渠等宽 $b = 4.0$ m,堰高 $P_1 = P_2 = 0.6$ m,堰上水头 $H = 1.2$ m,堰下游水深超高值 $h_s = 0.20$ m,求通过的流量为多少?

解

流量公式 $Q = \varepsilon \sigma_s m \sqrt{2g} b H_o^{3/2}$ 中,侧收缩系数 $\varepsilon = 1.0$,$\dfrac{P_1}{H} = \dfrac{0.6}{1.2} = 0.5 < 3$,流量系数 $m =$

$0.32 + 0.01 \dfrac{3 - \dfrac{P_1}{H}}{0.46 + 0.75 \dfrac{P_1}{H}} = 0.35$,因 $\dfrac{h_s}{H} = \dfrac{0.2}{1.2} = 0.167 < 0.8$,为自由出流,系数 $\sigma = 1.0$,则

行近流速 $v_0 = \dfrac{Q}{A} = \dfrac{Q}{(H + P_1)b} = \dfrac{Q}{(1.2 + 0.6) \times 4.0} = \dfrac{Q}{7.2}$

宽顶堰上总水头

$$H_0 = H + \frac{\alpha_0 v_0^2}{2g} = 1.2 + \frac{\alpha_0 \left(\dfrac{Q}{7.2}\right)^2}{2g}$$

则 $Q = \varepsilon \sigma_s m \sqrt{2g} b H_0^{3/2} = 1 \times 1 \times 0.35 \times \sqrt{2 \times 9.8} \times 4.0 \left[1.2 + \frac{1 \times \left(\dfrac{Q}{7.2}\right)^2}{2 \times 9.8}\right]^{3/2}$

采用迭代法,解得宽顶堰上通过的流量 $Q = 8.96$ m³/s。

8.4 闸孔出流

实际工程中的水闸,闸门底坎一般为宽顶堰或曲线型实用堰,闸门型式主要有平板闸门与弧形闸门两种。当闸门部分开启,出闸水流受到闸门控制时即为闸孔出流(图 8-2)。

8.4.1 底坎为宽顶堰的闸孔出流

如图 8-14 所示,设 H 为闸门前水头,e 为闸门开启度,水流在流出闸门下缘后由于闸门的约束使流线发生急剧的收缩,在 $(0.5 \sim 1)e$ 断面处形成水深最小的收缩断面,该断面水深 h_c 通常小于临界水深 h_k,水流为急流。闸门后的渠道水深 h_t 常大于临界水深,水流为缓流。水流由急流转变为缓流,要发生水跃,水跃的位置随下游水深而变,则闸孔出流受水跃位置的影响可分成自由出流与淹没出流两种。

设 h''_c 为收缩断面水深 h_c 的共轭水深,当 $h_t \leqslant h''_c$ 时,如图 8-14(a)、(b),水跃的跃前断面发生在收缩断面或收缩断面之后,明渠水深对闸孔出流没有影响,这种情况称为闸孔自由出流;如图 8-14(c),当 $h_t > h''_c$ 时,跃前断面被下游水体推向收缩断面上游,即收缩断面淹没在水跃旋滚之下,通过闸门下泄的流量随下游水深的增大而减小,这种情况称为闸孔淹没出流。

1. 闸孔自由出流[图 8-14(a)、(b)]

列闸门前渐变流断面与闸孔后收缩断面的能量方程

$$H + \frac{\alpha_0 v_0^2}{2g} = h_c + \frac{\alpha_c v_c^2}{2g} + h_w$$

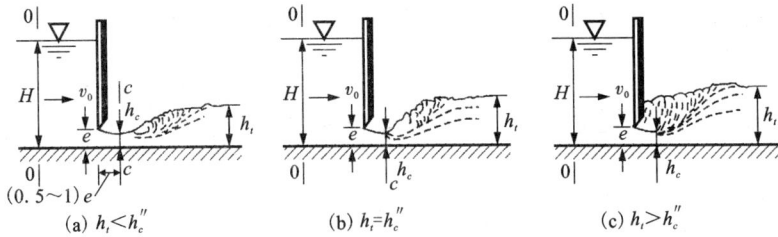

图 8 – 14   闸孔出流的类型

上式中，v_0 为闸门前渐变流断面的平均流速，即行近流速；$\dfrac{\alpha_0 v_0^2}{2g}$ 为行近流速水头，$H_0 = H$

$+ \dfrac{\alpha_0 v_0^2}{2g}$ 为闸孔全水头。闸孔出流只考虑局部水头损失 $h_w = \zeta \dfrac{v_c^2}{2g}$，$\zeta$ 为局部水头损失系数。

则

$$v_c = \frac{1}{\sqrt{\alpha_c + \zeta}} \sqrt{2g(H_0 - h_c)} \qquad (8-14)$$

通常闸孔的过水断面形状为矩形，设该矩形宽为 b，收缩断面水深为 h_c，收缩断面的过水面积为 $A_c = b h_c$

则

$$Q = A_c v_c = b h_c \frac{1}{\sqrt{\alpha_c + \zeta}} \sqrt{2g(H_0 - h_c)}$$

上式中：令流速系数 $\varphi = \dfrac{1}{\sqrt{\alpha_c + \zeta}}$，收缩断面水深 $h_c = \varepsilon_2 e$，ε_2 为水流的垂直收缩系数，并且设基本流量系数 $\mu_0 = \varphi \varepsilon_2$

则

$$Q = \mu_0 b e \sqrt{2g(H_0 - \varepsilon_2 e)} \qquad (8-15)$$

上式还可以简化为：

$$Q = \mu b e \sqrt{2g H_0} \qquad (8-16)$$

流量系数

$$\mu = \mu_0 \sqrt{1 - \varepsilon_2 \frac{e}{H_0}} = \varphi \varepsilon_2 \sqrt{1 - \varepsilon_2 \frac{e}{H_0}} \qquad (8-17)$$

利用 (8 – 16) 与 (8 – 17) 即可计算闸孔自由出流的流量，但要注意以下几点：

(1) φ 主要反映局部水头损失与收缩断面流速分布不均匀的影响。底坎高度为零的宽顶堰型闸孔，取 $\varphi = 0.95 \sim 1.0$；底坎高度不为零的宽顶堰型闸孔，取 $\varphi = 0.85 \sim 0.95$。

(2) ε_2 反映水流经过闸孔后流线的收缩程度。对平板闸门，ε_2 在无侧收缩时随相对开启度 $\dfrac{e}{H}$ 的关系如表 8 – 4 所示。

(3) μ 综合反映了水流能量损失和收缩程度。对平板闸门，流量系数 μ 可以采用经验公式：$\mu = 0.60 - 0.176 \dfrac{e}{H}$ 计算。实验证明，边墩或闸墩对闸孔出流流量影响很小。

表 8-4　平板闸门的垂直收缩系数 ε_2

e/H	0.10	0.15	0.20	0.25	0.30	0.35	0.40
ε_2	0.615	0.618	0.620	0.622	0.625	0.628	0.630
e/H	0.45	0.50	0.55	0.60	0.65	0.70	0.75
ε_2	0.638	0.645	0.650	0.660	0.675	0.690	0.705

2. 闸孔淹没出流

当下游水深 h_t 大于收缩断面的共轭水深 h''_c，即 $h_t > h''_c$，收缩断面淹没在水跃旋滚之下，闸门下泄的流量小于自由出流的流量。计算时在公式(8-16)右前端乘上淹没系数 σ_s，则闸孔淹没出流的流量计算公式为：

$$Q = \sigma_s \mu b e \sqrt{2gH_0} \qquad (8-18)$$

闸孔淹没出流时，一般不考虑行近流速的影响。淹没系数 σ_s 见图 8-15，其他系数的确定同闸孔自由出流。

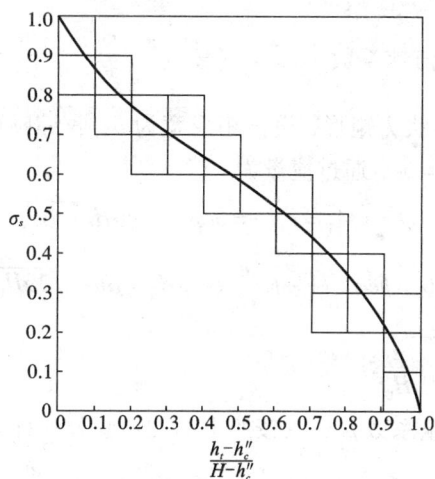

图 8-15　宽顶堰的淹没系数

8.4.2　底坎为曲线型实用堰的闸孔出流

如图 8-16 所示，在实用堰的闸孔出流过程中，水流趋近闸孔时，流线在闸前整个深度内向闸孔集中，水流的收缩充分而完善；出闸后的水舌在重力作用下，紧贴溢流面下泄而不存在明显的收缩断面。所以，曲线型实用堰顶的闸孔出流的流量系数不同于平底的闸孔出流的流量系数。另外，曲线型实用堰闸孔在实际工程中形成淹没出流的情况十分少见，所以我们只讨论自由出流的情况。

以通过堰顶的水平面作为基准面，对堰前断面 0-0 与堰顶闸孔断面 1-1 列能量方程：

$$H + \frac{\alpha_0 v_0^{\ 2}}{2g} = \left(z + \frac{p_1}{\rho g} \right) + (\alpha_1 + \zeta)\frac{v_1^{\ 2}}{2g}$$

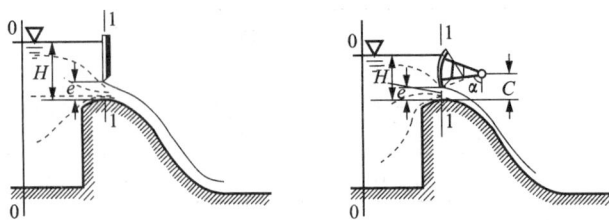

图 8 - 16   曲线型实用堰的闸孔出流

式中：$H_0 = H + \dfrac{\alpha_0 v_0^2}{2g}$ 为 0 - 0 断面的总水头。设断面 1 - 1 的 $\overline{\left(z + \dfrac{p}{\rho g}\right)} = \beta e$，$\beta$ 为修正系数，e 为闸门开启度。则上面的能量方程式可以改写为：

$$H_0 = \beta e + (\alpha_1 + \zeta)\frac{v_1^2}{2g}$$

则

$$v_1 = \frac{1}{\sqrt{\alpha_1 + \zeta}}\sqrt{2g(H_0 - \beta e)} = \varphi\sqrt{2g(H_0 - \beta e)}$$

式中：$\varphi = \dfrac{1}{\sqrt{\alpha_1 + \zeta}}$ 称为流速系数。

通常闸孔的过水断面形状为矩形，设该矩形宽为 b，收缩断面 1 - 1 的水深为 e，则闸孔断面 1 - 1 的过水面积为 $A_1 = be$，通过流量为

$$Q = v_1 A_1 = v_1 be = be\varphi\sqrt{2g(H_0 - \beta e)} \tag{8-19}$$

或

$$Q = be\varphi\sqrt{1 - \beta\frac{e}{H_0}}\sqrt{2gH_0} = \mu be\sqrt{2gH_0} \tag{8-20}$$

式中：流量系数 $\mu = \varphi\sqrt{1 - \beta\dfrac{e}{H_0}}$。

（1）对于平板闸门，流量系数 μ 建议按照下面的经验公式计算

$$\mu = 0.65 - 0.186\frac{e}{H} + \left(0.25 - 0.357\frac{e}{H}\right)\cos\theta \tag{8-21}$$

式中闸门底缘角 θ 值如图 8 - 17 所示。式（8 - 21）适用于 $\dfrac{e}{H} = 0.05 \sim 0.75$，$\theta = 0° \sim 90°$。

（2）对于弧形闸门，由于系统研究不足，初步计算时，流量系数 μ 建议按照表 8 - 15 选用，重要的工程应通过实验确定。

表 8 - 15   曲线型实用堰顶弧形闸门的流量系数 μ 值

e/H	0.05	0.10	0.15	0.20	0.25	0.30	0.35	0.40	0.50	0.60	0.70
μ	0.721	0.700	0.683	0.667	0.652	0.638	0.625	0.610	0.584	0.559	0.535

[例题 8 - 4]   有一曲线型实用堰，上面设立弧形闸门，闸门与上游明渠同宽，且宽 b 为 10 m，坝上水头 H 为 4 m，闸门开启高度 e 为 1 m，如果不计行近流速，求过闸流量 Q。

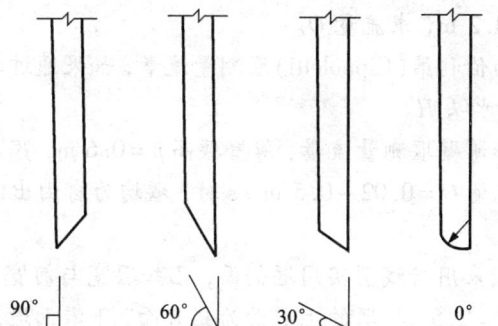

图 8-17 闸门底缘角

解：

不计行近流速，$\dfrac{e}{H} = \dfrac{1}{4} = 0.25$，查表 8-15 得闸门的流量系数 $\mu = 0.652$，

则通过水闸的流量为

$$Q = \mu b e \sqrt{2gH_0} = \mu b e \sqrt{2gH} = 0.652 \times 10 \times 1 \times \sqrt{2 \times 9.8 \times 4} = 57.73 \ \text{m}^3/\text{s}。$$

思 考 题

1. 堰流和闸孔出流的水力特点是什么？

2. 堰流有哪些类型？如何分流？在工程中各有什么应用？

3. 设计和使用无侧收缩矩形薄壁堰需要注意哪些问题？为什么？

4. 影响堰流过流能力的因素有哪些？

5. 宽顶堰的淹没条件是什么？

6. 试在下图中绘出宽顶堰淹没出流时的水面曲线示意图。

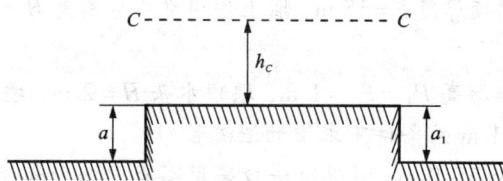

思考题 6 图

7. 为什么无坎宽顶堰水力计算时，不计算侧收缩系数？

习 题

1. 一无侧收缩的矩形薄壁堰自由出流，堰宽 $b = 0.4$ m，上游堰高 $P_1 = 0.6$ m，如果通过堰的流量 $Q = 0.122$ m^3/s，求堰顶水头 H。

2. 有一无侧收缩的直角三角形薄壁堰，堰底高程为 94 m，下游水位为 93.8 m，如果薄壁溢流时测得上游水位为 94.2 m，求流量 Q。

3. 某模型实验采用西伯利第(Cippoletti)堰测量流量，如果通过堰的流量 $Q=326$ L/s，堰口宽度 $b=0.4$ m，求堰顶水头 H。

4. 模型实验采用矩形薄壁堰测量流量，薄壁堰高 $p=0.6$ m，宽 $b=1.2$ m。如果实验室水槽宽 $B=1.2$，通过堰的流量 $Q=0.02 \sim 0.5$ m³/s 时，堰均为自由出流，请确定堰顶作用水头 H 的范围。

5. 某砌石拦河溢流坝采用折线型实用堰剖面，已知堰宽与河宽均为 30m，上、下游堰高 $P_1=P_2=4$ m，堰顶厚度 $\delta=2.5$ m。堰的上游面为铅直面，下游面坡度为 1:1，堰上水头 $H=2$ m，下游水面在堰顶以下 0.5 m，求通过溢流坝的流量。（流量系数 $m=0.38$）

6. 某断面面积很大的水库设立的溢洪道采用 WES 型实用堰，堰剖面如习题 6 图所示。已知堰上作用水头与设计水头相等，即 $\dfrac{H_0}{H_d}=1$ 且 $H=2$ m，上、下游堰高 $P_1=P_2=4$ m，溢洪道共设 4 孔，闸墩墩头形状为半圆形，边墩为矩形，每孔堰宽 $\delta=2.5$ m。如果下游水深 $H=2$ m，求通过溢洪道的总流量。

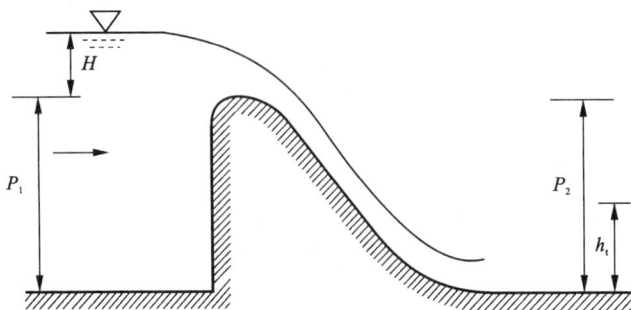

习题 6 图

7. 有一折线型堰，堰顶厚度 $\delta=15$ m，堰上作用水头分别是 $H=3$ m、$H=5$ m 与 $H=8$ m，该堰是否均为宽顶堰？

8. 有一矩形宽顶堰，堰高 $P_1=P_2=1$ m，堰顶水头 $H=2$ m，堰宽与上游明渠宽度一样，$b=3$ m。在下游水深 $H=1$ m 的条件下求堰的泄流量 Q。

9. 水库正常高水位为 55.0 m，溢洪道进口采用高为 $P_1=2$ m 的宽顶堰，堰顶进口修圆，堰顶高程为 53.6 m，堰宽与上游明渠宽度等，$b=10$ m，下段接泄水陡槽，求该堰的泄流量 Q。

10. 一矩形进口宽顶堰，堰高 $P_1=P_2=1$ m，堰的泄流量 $Q=12$ m³/s。堰宽 $b=5.0$ m 与上游明渠宽度一样，下游水深 $H=1.6$ m，求堰顶水头 H。

第9章 渗 流

由颗粒状或碎块材料组成，并含有许多孔隙或裂隙的物质称为孔隙介质。流体在土壤、岩层等孔隙介质中的流动称为渗流。在地面以下的土壤或岩石中的渗流又称为地下水运动。本章研究以地下水流动为代表的渗流运动规律及其在工程中的应用。渗流理论在水利工程、地质、采矿、石油、环境保护等各个部门都得到广泛的应用。在土木工程中的路基排水、隧道防水、桥梁及建筑工程的基坑排水等方面都涉及渗流的知识。

9.1 渗流的基本概念

渗流是水流与土壤相互作用的结果，研究渗流问题必须首先了解水在土壤中的状态和土壤对水流影响的各种性质。

按照水在土壤或岩石孔隙中存在的形态，可分为气态水、附着水、薄膜水、毛细水和重力水。气态水是以水蒸气的形式悬浮在土壤孔隙中，其数量极少。附着水是由于水分子与土壤颗粒分子之间的吸引作用而包围在土壤颗粒四周的水分，当其厚度在分子作用半径以内时，称为薄膜水。毛细水是由于毛细管作用保持在土壤孔隙中并受表面张力而移动的水分。以上四种水数量很少，对渗流问题的影响甚微，可忽略其对工程实际问题的影响。重力水充满在土壤孔隙中，受重力作用而流动。本章将研究重力水在土壤中的运动规律，并把重力水的液面看成是渗流的自由液面，也称为浸润面或地下水面，其表面压强为大气压强。

影响渗流运动规律的土壤性质称为土壤的渗流特性。实际土壤的孔隙形状和分布是相当复杂的，从渗流特性的角度，可对土壤分类。渗流特性不随空间位置而变化的土壤，称为均质土壤；反之，称为非均质土壤。同一点各个方向渗流特性相同的土壤称为各向同性土；反之，称为各向异性土。例如，由等直径圆球颗粒有规则排列的土壤是均质各向同性土。而实际土壤的情况非常复杂，为了使问题简化，在能够满足工程精度要求的情况下，常假定研究的土壤是均质和各向同性的，本章主要讨论这种土壤。

有时在渗流区中包括若干层透水能力各不相同的土层，称为层状土壤。对每一层来说，可以当作均质各向同性土壤，见图9-1。

土壤颗粒的形状、粒径级配及密实度是十分复杂的，不仅决定了孔隙的大小，而且直接影响到孔隙的分布。因而土壤中的水质点运动轨迹很不规则，难于确定水在土壤孔隙中流动的真实情况，一般也无此必要，工程中所关心的是渗流的宏观平均效果，而不是孔隙中具体的渗流细节。因此，

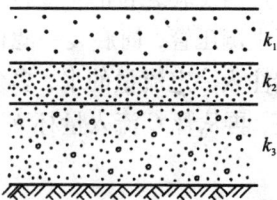

图9-1 均质各向同性土

根据工程需要对渗流进行简化：①不考虑渗流在土壤孔隙中流动途径的迂回曲折，只考虑渗流的主要流向；②不考虑土壤颗粒，认为渗流的全部空间（土壤颗粒架和孔隙的总和）均被渗流所充满。这种假想的渗流称为渗流模型。

为了使渗流模型在水力特征方面和真实渗流相一致，渗流模型必须满足下列条件：

（1）对于同一过水断面，模型的渗流量等于实际的渗流量；

（2）渗流模型中某一作用面上受到的渗流压力等于实际渗流作用于该作用面的渗流压力；

（3）渗流模型中任意体积内所受的阻力等于同体积内真实渗流的阻力，即两者水头损失相等。

渗流模型中的流速与真实渗流的流速是不相等的。在渗流模型中，通过微小过水断面面积 ΔA 的渗流流量为 ΔQ，则通过该微小面积的渗流平均流速为

$$u = \frac{\Delta A}{\Delta Q} \tag{9-1}$$

而实际的渗流只是发生在 ΔA 面积内的孔隙中，设孔隙面积为 $\Delta A'$，则实际渗流平均流速为

$$u' = \frac{\Delta Q}{\Delta A'} = \frac{\Delta Q}{n\Delta A} = \frac{u}{n} \tag{9-2}$$

式中，n 为土壤的孔隙率，是一定体积的土中，孔隙的体积 ω 与土体的体积 W（包含空隙体积）的比值，即 $n = \frac{\omega}{W}$。若土壤是均质的，则面积孔隙率与体积孔隙率相等。因为孔隙率 $n < 1.0$，所以 $u < u'$，即模型渗流流速小于真实渗流流速。一般不加说明时，渗流流速是指模型中的渗流流速。

引入渗流模型，把渗流视为连续介质运动，前面各章关于分析连续介质运动的各种概念均可直接应用于渗流中。如恒定渗流与非恒定渗流；均匀渗流与非均匀渗流等。本章讨论恒定渗流。

9.2　渗流的基本定律

1856 年，法国工程师达西（H. Darcy）对沙质土壤进行了大量实验，总结得出渗流水头损失与渗流流速、流量之间的基本关系式，称为达西定律。

9.2.1　达西定律及适用范围

达西实验装置的主要部分是一个上端开口的直立圆筒，圆筒侧壁高差为 l 的上下断面装有两根测压管，筒底装一滤板 D，滤板以上装入均质的砂土，如图 9-2 所示。由引水管 A 自上端注入一定流量的水，多余的水从溢水管 B 排出，以保证筒内水位恒定。水经过土壤渗至筒底，再从管 C 流入量杯 F，在时段 t 内，流入量杯中的水体体积为 V，则渗流流量 Q 为

$$Q = \frac{V}{t} \tag{9-3}$$

渗流流速往往很小，因而渗流流速水头可以忽略不计。测量 1，2 两断面的测管水头 $H_1 = z_1 + \frac{p_1}{\rho g}$ 和 $H_2 = z_2 + \frac{p_2}{\rho g}$，则 l 流段上渗流的水头损失为

$$h_w = \left(z_1 + \frac{p_1}{\rho g}\right) - \left(z_2 + \frac{p_2}{\rho g}\right) = H_1 - H_2 \tag{9-4}$$

实验表明，对不同直径的圆筒和不同类型的土壤，通过的渗流量 Q 与圆筒的横断面面积 A 及水头损失 h_w 成正比，与两断面间的距离 l 成反比，即

$$Q \propto A \frac{h_w}{l}$$

引入比例系数 k，得

$$Q = kA \frac{h_w}{l} = kAJ \qquad (9-5)$$

渗流的断面平均流速为

$$v = kJ \qquad (9-6)$$

式(9-5)或式(9-6)称为达西定律，它是渗流的基本定律。

达西定律表明，渗流流速 v 或流量 Q 与水力坡度 J 的一次方成正比例，并与土壤的性质有关。k 为反映土壤透水性能的一个综合系数，称为渗透系数，其量纲与速度的量纲相同。

达西实验中的渗流为均匀渗流，各点的运动状态

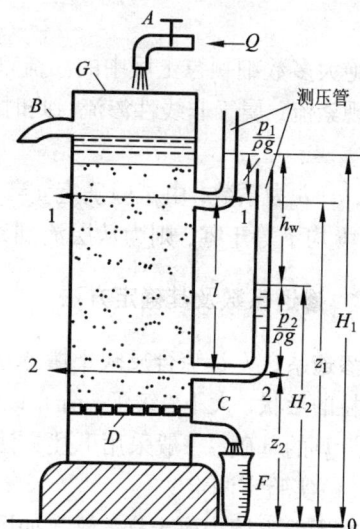

图 9-2　达西实验装置

相同，任意空间点处的渗流流速 u 等于断面平均流速 v；又由于水力坡度 $J = -\dfrac{dH}{ds}$，故达西定律又可写为

$$u = v = kJ = -k \frac{dH}{ds} \qquad (9-7)$$

$$Q = kAJ = -kA \frac{dH}{ds} \qquad (9-8)$$

渗流与管流、明渠水流一样，也有层流和紊流之分。由达西定律式(9-6)可知

$$h_w = \frac{l}{k} v \qquad (9-9)$$

式(9-9)表明，渗流的水头损失与平均流速的一次方成正比，因此达西定律也称为渗流线性定律，即适用于层流渗流。对于大颗粒大孔隙中的渗流，由于流速较大，不再遵循线性渗流的规律，而演变为非线性渗流，即紊流渗流。可定义渗流雷诺数来判别线性渗流和非线性渗流，即

$$R_e = \frac{v \cdot d_{10}}{\nu} \qquad (9-10)$$

式中，d_{10} 为直径比它小的颗粒占全部土壤 10% 时的土壤颗粒直径，称为有效粒径；ν 为水的运动粘度；v 为渗流流速。

由于土壤孔隙的大小、形状、方向、分布等情况十分复杂，而且变化范围较大，各种孔隙内渗流流态的转变也不是同时发生的，从整体来看，由服从达西定律的层流渗流转变为紊流渗流是逐渐的，没有一个明显的界限。实验表明，当雷诺数满足式(9-11)时，达西定律是适用的。

$$Re = \frac{vd_{10}}{v} < 1 \sim 10 \tag{9-11}$$

绝大多数细颗粒土壤中的渗流都属于层流。但是卵石、砾石等大颗粒土壤中的渗流有可能出现紊流,属于非线性渗流。此时,J 与 u 为非线性关系

$$J = au + bu^2 \tag{9-12}$$

式中,a,b 为系数,由试验确定。当 $b=0$,上式为达西定律;当 $a=0$ 时,为紊流粗糙区渗流;当 a,b 均不等于零,则为从层流到紊流的过渡区渗流。

9.2.2 渗透系数及其确定方法

渗透系数 k 是综合反映土壤透水能力的指标,其大小受多种因素影响,如地质构造、土壤颗粒的形状、大小、级配、分布以及液体的粘度、密度等。k 值的确定是利用达西公式进行渗流计算的基础,一般采用下述方法确定。

(1)实验室测定法

在天然土壤中取土样,放入如图 9-2 所示的达西实验装置,测定水头损失 h_w 与渗流量 Q,用式(9-5)可反求得 k 值。为了使被测定的土壤能正确反映土壤的天然情况,在取土样时应尽量保持原状土壤的结构,并选取足够数量的有代表性的土样进行实验。

(2)现场测定法

一般是在现场钻井或挖试坑,采用注水或抽水的方法,测得流量 Q 及水头 H 值,然后应用有关公式计算渗透系数值。此法虽不如实验室测定简单易行,但却能保持原状土壤结构,测得的 k 值更接近真实情况,这是测定 k 值的最有效方法,此法规模较大,费用多,一般只在重要工程中应用。

(3)经验公式法

确定渗透系数 k 的经验公式各有其局限性,只能作粗略估算,这里不作介绍。

此外,在进行渗流近似计算时,如未获得实际资料,亦可参考表 9-1 中的 k 值。

表 9-1 各种土壤的渗透系数 k 值

土壤名称	渗流系数 k	
	m/d	cm/s
黏土	<0.005	$<6 \times 10^{-6}$
亚黏土	$0.005 \sim 0.1$	$6 \times 10^{-6} \sim 1 \times 10^{-4}$
轻亚黏土	$0.1 \sim 0.5$	$1 \times 10^{-4} \sim 6 \times 10^{-4}$
黄土	$0.25 \sim 0.5$	$3 \times 10^{-4} \sim 6 \times 10^{-4}$
粉砂	$0.5 \sim 1.0$	$6 \times 10^{-4} \sim 1 \times 10^{-3}$
细砂	$1.0 \sim 5.0$	$1 \times 10^{-3} \sim 6 \times 10^{-3}$
中砂	$5.0 \sim 20.0$	$6 \times 10^{-3} \sim 2 \times 10^{-2}$
均质中砂	$35 \sim 50$	$4 \times 10^{-2} \sim 6 \times 10^{-2}$
粗砂	$20 \sim 50$	$2 \times 10^{-2} \sim 6 \times 10^{-2}$

续表

土 壤 名 称	渗 流 系 数 k	
	m/d	cm/s
均质粗砂	60~75	$7 \times 10^{-2} \sim 8 \times 10^{-2}$
圆　砾	50~100	$6 \times 10^{-2} \sim 1 \times 10^{-1}$
卵　石	100~500	$1 \times 10^{-1} \sim 6 \times 10^{-1}$
无填充物卵石	500~1000	$6 \times 10^{-1} \sim 1 \times 10$
稍有裂隙岩石	20~60	$2 \times 10^{-2} \sim 7 \times 10^{-2}$
裂隙多的岩石	>60	$>7 \times 10^{-2}$

9.3　地下水的恒定均匀渗流与非均匀渐变渗流

自然界中含水层以下的不透水地基往往是不规则的，为了简便起见，一般假定不透水地基为平面，并以 i 表示其坡度，称为底坡。在底坡为 i 的不透水土壤上，有自由液面的渗流为无压渗流，它与地面上的明渠水流相似，可视为地下明渠渗流。无压渗流的自由液面称为浸润面，顺流向所作的铅垂面与浸润面的交线称为浸润线。如果渗流地域广阔，可视为二维地下明渠中的渗流。与明渠水流相似，无压渗流可以分为均匀渗流和非均匀渗流。非均匀渗流又可分为渐变渗流和急变渗流。

9.3.1　恒定均匀渗流

设一恒定均匀渗流如图9-3所示，底坡 $i>0$，均匀渗流的水深 h_0 沿程不变，断面平均流速 v 也沿程不变，同时，水力坡度 J 和底坡 i 相等，即 $J=i$。由达西定律，断面平均流速为

$$v = kJ = ki \qquad (9-13)$$

通过断面的渗流流量为

$$Q = kA_0 i$$

式中，A_0 为相应于正常水深 h_0 时的过水断面积。

当地下明渠宽度 b 很大时，可视为矩形，均匀渗流的流量为

$$Q = kA_0 i = kbh_0 i \qquad (9-14)$$

相应的单宽流量为

$$q = kh_0 i \qquad (9-15)$$

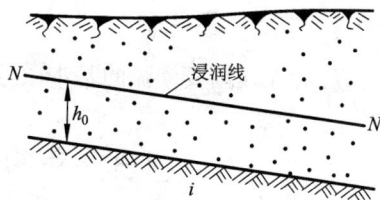

图9-3　均匀渗流

9.3.2　无压恒定渐变渗流的基本公式

设一恒定渐变渗流如图9-4所示，底坡 $i>0$。任取两个相距 ds 的过水断面 1-1 和 2-2，以 0-0 为基准面。对于渐变渗流，流线为近似相互平行的直线。1863 年，法国科学家裘皮幼（J. Dupuit）根据浸润面的坡度对大多数地下水流而言是很小的这样一个事实，提出了如下假

设：过水断面 1-1、2-2 近似为平面，两断面间所有流线的长度 ds 近似相等，则两断面之间的水力坡度 $J = \dfrac{H_1 - H_2}{ds} = -\dfrac{dH}{ds}$ 也近似相等，因此，过水断面上各点的流速 u 近似相等，并等于断面平均流速 v，即

$$u = v = -k\frac{dH}{ds} = kJ \qquad (9-16)$$

式 $(9-16)$ 为无压恒定渐变渗流的一般公式，称为裴皮幼公式。

裴皮幼公式与达西定律在形式上相同，过水断面上各点的渗流速度与断面平均流速相等这是达西公式与裴皮幼公式的共同之处。但达西定律应用于均匀渗流，其过水断面面积、断面平均流速均沿程不变，各断面的 J 都相同；而裴皮幼公式应用于渐变渗流，

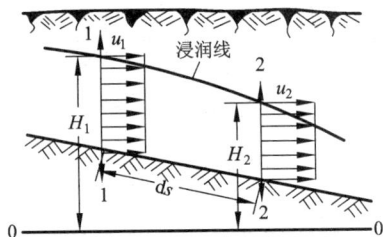

图 9-4　无压渐变渗流

不同断面的 $J = \dfrac{H_1 - H_2}{ds} = -\dfrac{dH}{ds}$ 不同，流速分布基本为矩形，但不同过水断面上的流速大小不同。

9.3.3　无压渐变渗流的微分方程

渐变渗流的微分方程可用裴皮幼公式来推导。不透水层坡度为 i，对于任一过水断面 $H = z_0 + h$。式中 z_0 为渠底高程，h 为渗流水深，如图 9-4 所示，则

$$\frac{dH}{ds} = \frac{dz_0}{ds} + \frac{dh}{ds}$$

因渠底坡度 $i = -\dfrac{dz_0}{ds}$，则由裴皮幼公式 $(9-16)$，得

$$v = kJ = -k\frac{dH}{ds} = k\left(i - \frac{dh}{ds}\right)$$

渗流流量为

$$Q = kA\left(i - \frac{dh}{ds}\right) \qquad (9-17)$$

式 $(9-17)$ 为无压渐变渗流的基本微分方程。它对于平坡、负坡地下水渐变渗流亦适用。

9.4　非均匀渐变渗流的浸润曲线

分析渗流浸润线形状的方法与分析明渠水面曲线形状的方法相似，所不同的是渗流的流速水头可忽略不计，断面比能 E_s 等于渗流水深 h，E_s 随水深 h 呈线性变化，不存在极小值，或者说，其极小值为零，因此渗流中不存在临界水深，也就无所谓临界底坡。这样，在不透水层坡度上仅有正坡、平坡、负坡这三种底坡。

在正坡渠道上可以发生均匀渗流，其正常水深为 h_0，渗流水深 h 的变化范围有两种情况：$h > h_0$ 和 $h < h_0$。对于平坡和负坡，不能发生均匀渗流，不存在 h_0。渗流水深的变化范围只有 $0 < h < \infty$ 一种情况。由此可知，渗流的浸润线共有四种：正坡上的两种，平坡和负坡各一种。下面以正坡不透水层为例分别进行讨论。

9.4.1 正坡 $(i > 0)$ 上的渗流浸润线

正坡上可以发生均匀流，对于恒定渗流，式 $(9-14)$ 和式 $(9-17)$ 右端相等，即

$$kbh_0 i = kbh \left(i - \frac{\mathrm{d}h}{\mathrm{d}s} \right)$$

即

$$h_0 i = h \left(i - \frac{\mathrm{d}h}{\mathrm{d}s} \right)$$

上两式中 bh_0、h_0 和 bh、h 分别为均匀流和渐变流的过水断面面积和水深。

令 $\eta = \dfrac{h}{h_0}$，上式变为

$$\frac{\mathrm{d}h}{\mathrm{d}s} = i \left(1 - \frac{1}{\eta} \right) \tag{9-18}$$

上式可用于分析正坡上浸润线的形状。

正坡上，正常水深的 $N - N$ 线将渗流区分为两个区。$N - N$ 线以上，水深 $h > h_0$，称为 a 区。$N - N$ 线以下，水深 $h < h_0$，称为 b 区，如图 $9-5$ 所示。

对于 a 区，$h > h_0$，$\eta > 1.0$，由式 $(9-18)$ 可知，$\dfrac{\mathrm{d}h}{\mathrm{d}s} > 0$，表示渗流水深沿程增加，浸润线为壅水曲线。越向上游，水深 h 越小，水深接近 h_0 时，$\eta \to 1.0$，则 $\dfrac{\mathrm{d}h}{\mathrm{d}s} \to 0$，表示浸润线上游以 $N - N$ 线为渐近线。越向下游，水深 h 越大，当 $h \to \infty$ 时，η，则 $\dfrac{\mathrm{d}h}{\mathrm{d}s} \to i$，表示浸润线下游以水平线为渐近线。

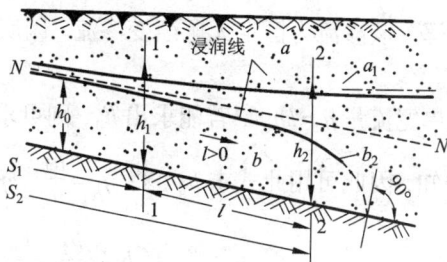

图 9-5 正坡渐变渗流浸润线

对于 b 区，$h < h_0$，$\eta < 1.0$，则 $\dfrac{\mathrm{d}h}{\mathrm{d}s} < 0$，浸润线为降水曲线。越向上游，水深越大，当 $h \to h_0$ 时，$\eta \to 1.0$，则 $\dfrac{\mathrm{d}h}{\mathrm{d}s} \to 0$，即浸润线上游以 $N - N$ 线为渐近线。越向下游，水深越小，当 $h \to 0$ 时，$\eta \to 0$，则 $\dfrac{\mathrm{d}h}{\mathrm{d}s} \to -\infty$，表示浸润线与底坡有正交的趋势。观察表明，在水深极小时，浸润曲线并没有与底坡正交的现象，因为此时流线的曲率很大，水流已不符合渐变渗流的条件，式 $(9-18)$ 不再适用。实际浸润线的末端最小水深应取决于具体的边界条件。

以上分析了正坡上两条浸润线的形状，若对式 $(9-18)$ 积分，可得浸润线方程。因 $h = \eta h_0$，则 $\mathrm{d}h = h_0 \mathrm{d}\eta$，得

$$\frac{h_0 \mathrm{d}\eta}{\mathrm{d}s} = i \left(1 - \frac{1}{\eta} \right)$$

分离变量得

$$\frac{i \mathrm{d}s}{h_0} = \mathrm{d}\eta + \left(\frac{\mathrm{d}\eta}{\eta - 1} \right)$$

从断面 $1-1$ 到断面 $2-2$ 积分上式得

$$s_2 - s_1 = l = \frac{h_0}{i} \left(\eta_2 - \eta_1 + \ln \frac{\eta_2 - 1}{\eta_1 - 1} \right)$$

$$= \frac{h_0}{i}(\eta_2 - \eta_1 + 2.31\lg\frac{\eta_2 - 1}{\eta_1 - 1}) \tag{9-19}$$

式中 l 为断面 $1-1$ 到断面 $2-2$ 的距离。该式为正坡上无压渐变渗流浸润线方程，可用以进行浸润线计算。

[**例题 9-1**] 某渠道与河道平行，中间为透水土层，如图 $9-6$ 所示。已知不透水层底坡 $i = 0.025$，土层的渗透系数 $k = 0.002$ cm/s，河道与渠道之间距离 $l = 300$ m，上端入渗水深 $h_1 = 2.0$ m，下端出渗水深 $h_2 = 4.0$ m。试求单宽渗流量 q，并计算浸润线。

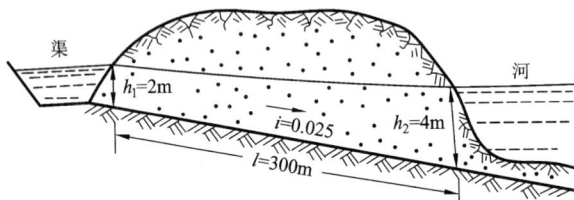

图 $9-6$ 例题 $9-1$ 图

解 该渗流为恒定无压渐变渗流。因底坡 $i = 0.025 > 0$，又 $h_2 > h_1$，故浸润线为 a 型壅水曲线。

单宽流量 $q = kh_0 i$，若能求出 h_0，则可求得 q。而在式 $(9-19)$ 中 i，l，h_1，h_2 均已知，只有 h_0 未知，因此可用此式求 h_0。将 $\eta_1 = \frac{h_1}{h_0}$，$\eta_2 = \frac{h_2}{h_0}$，代入式 $(9-19)$ 得

$$h_0 \lg\frac{h_2 - h_0}{h_1 - h_0} = \frac{1}{2.3}(il - h_2 + h_1)$$

上式右端各项为已知，左端为 h_0 的函数。

将已知值代入右端得

$$\frac{1}{2.3}(il - h_2 + h_2) = \frac{1}{2.3} \times [(0.025 \times 300) \text{ m} - 4.0 \text{ m} + 2.0 \text{ m}] = 2.39 \text{ m}$$

左端为 h_0 的函数，即

$$\varphi(h_0) = h_0 \lg\frac{h_2 - h_0}{h_1 - h_0} = h_0 \lg\frac{4.0 \text{ m} - h_0}{2.0 \text{ m} - h_0}$$

假设一系列 h_0 值，按上式算出相应 $\varphi(h_0)$ 值，计算结果列入表 $9-2$ 中。由 $h - \varphi(h_0)$ 曲线，当 $\varphi(h_0) = 2.39$ m 时 $h_0 = 1.89$ m。

表 $9-2$ 例题 $9-1$ 计算表

h_0/m	1.70	1.80	1.85	1.90	1.95
φ/h_0	1.50	1.87	2.14	2.51	3.14

单宽渗流量 $q = kh_0 i = 0.002$ cm/s $\times 189$ cm $\times 0.025 = 9.43 \times 10^{-3}$ cm^2/s

浸润线坐标按式 $(9-19)$ 计算

$$l = s_2 - s_1 = \frac{h_0}{i}\left[(\eta_2 - \eta_1) + 2.31\lg\frac{\eta_2 - 1}{\eta_1 - 1} \right]$$

式中 $h_0/i = 75.6$ m，$\eta_1 - 1 = h_1/h_0 - 1 = 1.060 - 1 = 0.060$。

假设不同的 h_2 计算相应的 l，计算结果列于表 9-3，按表中数据可绘制浸润线。

表 9-3　例题 9-1 计算表

h_1/m	h_2/m	$\eta_2 = \dfrac{h_2}{h_0}$	$\dfrac{\eta_2 - 1}{\eta_1 - 1}$	$2.31\lg\dfrac{\eta_2 - 1}{\eta_1 - 1}$	l/m
2.0	2.10	1.113	1.883	0.632	51.7
2.0	2.20	1.166	2.767	1.017	84.7
2.0	2.50	1.326	5.433	1.691	147.7
2.0	3.00	1.591	9.85	2.285	214.7
2.0	3.50	1.856	14.27	2.655	260.3
2.0	4.00	2.121	18.68	2.924	300.0

9.4.2　平坡($i = 0$)、逆坡上的浸润曲线

在平坡、逆坡上不可能出现均匀渗流，无正常水深 $N-N$ 线，所以浸润线只有一种形式，称为 b 型曲线。采用与正坡渗流类似的分析方法，可得浸润曲线如图 9-7(a)(平坡)、图 9-7(b)(逆坡)所示，这里不再赘述。

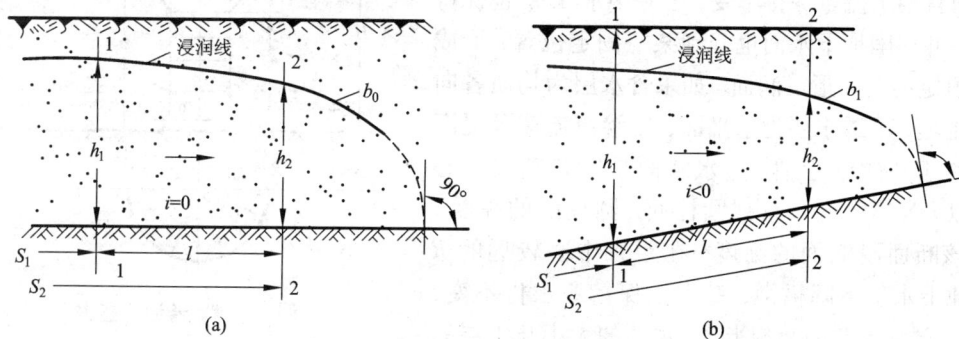

图 9-7　平坡和逆坡浸润线

9.5　井和井群

井是常见的用以汲取地下水的建筑物，在公路、铁路、建筑、市政等土建工程中应用很广。无论井的用途如何，凡是汲取不透水层上部具有自由浸润面的无压地下水的井称为普通井（又称潜水井），如图 9-8 所示；而汲取两不透水层之间的有压（承压）地下水的井称为承

压井(又称自流井),如图 9 - 9 所示。若井底直达不透水层的称为完整井(又称完全井),否则称为不完整井(又称不完全井)。

目前,不完整井的计算多采用经验公式。下面主要阐明如何应用裘皮幼公式进行完整井的计算。

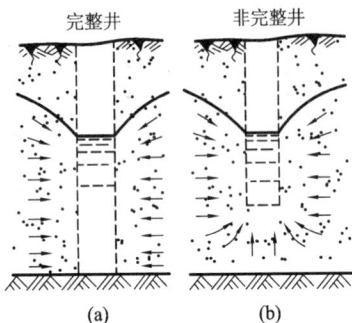

图 9 - 8　普通井

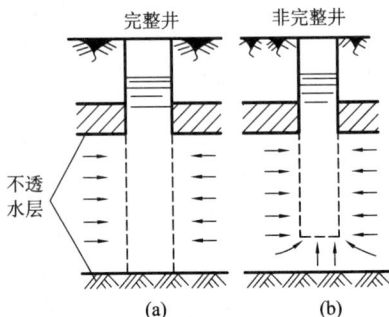

图 9 - 9　承压井

9.5.1　普通完整井

图 9 - 10 所示为一水平不透水层上的普通完整井,井的半径为 r_0,含水层厚度为 H。抽水前,井中水位与地下水面齐平。抽水后,井中水面下降,四周地下水汇入井内,井周围地下水面也逐渐下降。假设井的抽水量远小于含水层的蓄水量,而且抽水流量保持不变,则井中水深 h_0 也保持不变,井周围地下水面也降到某一固定位置,形成一个恒定的漏斗形浸润面。如果含水层为均质各向同性土壤,不透水层为水平面,则渗流流速及浸润面对称于井的中心轴,过水断面是以井轴为中心轴,以 r 为半径的一系列圆柱面,圆柱面的高度 z 就是该断面浸润面的高度。在距井中心较远的 R 处,地下水位下降极微,基本上保持原水位不变,该距离 R 称为井的影响半径,R 值的大小与土层的透水性能有关。

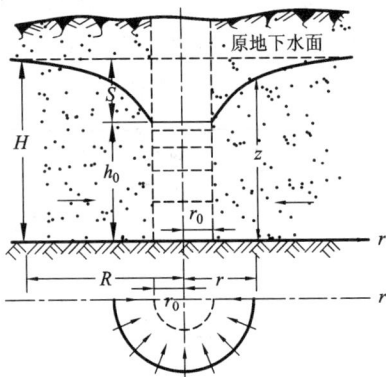

图 9 - 10　普通完整井

井的渗流,除井壁附近外的大部分地区,流线接近于平行直线,是渐变渗流,可应用裘皮幼公式进行分析和计算。当半径有一增量 dr 时,纵坐标 z 的相应增量为 dz(如图 9 - 10 所示,dr 及 dz 均为正值),由渐变渗流特性知该断面各点的水力坡度 J 均相同,即

$$J = \frac{dz}{dr}$$

断面平均流速为

$$v = kJ = k\frac{dz}{dr}$$

过水断面为一圆柱面，面积 $A = 2\pi rz$，则通过断面的渗流量为

$$Q = vA = 2k\pi rz \frac{\mathrm{d}z}{\mathrm{d}r}$$

或

$$2z\mathrm{d}z = \frac{Q}{2\pi k} \frac{\mathrm{d}r}{r}$$

积分上式得

$$z^2 = \frac{Q}{\pi k}\ln r + C$$

式中，C 为积分常数，由边界条件确定。当 $r = r_0$ 时，$z = h_0$，得积分常数 $C = h_0^2 - \frac{Q}{\pi k}\ln r$。代入上式得

$$z^2 - h_0^2 = \frac{Q}{\pi k}\ln \frac{r}{r_0} \tag{9-20}$$

或

$$z^2 - h_0^2 = \frac{0.732}{k}Q\lg \frac{r}{r_0} \tag{9-21}$$

上式为普通完整井的浸润线方程。式中 k，r_0，h_0，Q 为已知，假设一系列 r 值，算出对应的 z 值，即可绘出浸润线。

当 $r = R$ 时，$z = H$，代入式（9-21）可求得井的渗流量公式为

$$Q = 1.366 \frac{k(H^2 - h_0^2)}{\lg \dfrac{R}{r_0}} \tag{9-22}$$

井的影响半径 R 主要取决于土壤的性质。根据经验，细粒土：$R = 100 \sim 200$ m；中粒砂：$R = 250 \sim 500$ m；粗粒土：$R = 700 \sim 1\,000$ m；R 也可用经验公式估算：

$$R = 3\,000 \cdot s\sqrt{k} \tag{9-23}$$

式中 $s = H - h_0$，称为降深，为原地下水位与井中水位之差，即抽水稳定时井中水位的降落值；k 为土壤的渗透系数。计算时 k 以 m/s 计，R，s，H 均以 m 计。

[**例题 9-2**] 有一水平不透水层上的普通完整井，井的半径 $r_0 = 0.2$m，含水层厚度 $H = 8.0$ m，渗透系数 $k = 0.000\,6$ m/s。抽水一段时间后，井中水深 $h_0 = 4.0$ m。试计算井的渗流量及浸润线。

解 井中水面降深值 $s = H - h_0 = 8.0$ m $- 4.0$ m $= 4.0$ m

井的影响半径

$$R = 3\,000 \cdot s\sqrt{k} = 3\,000 \times 4 \text{ m} \times \sqrt{0.000\,6} = 293.9 \text{ m}$$

则井的渗流量

$$Q = 1.36 \frac{k(H^2 - h_0^2)}{\lg \dfrac{R}{r_0}} = 1.36 \frac{0.000\,6 \text{ m/s}\left[(8.0 \text{ m})^2 - (4.0 \text{ m})^2\right]}{\lg\left(\dfrac{293.9 \text{ m}}{0.2 \text{ m}}\right)} = 0.012\,4 \text{ m}^3/\text{s}$$

井的浸润线方程为

$$z^2 - h_0^2 = \frac{0.732}{k}Q\lg \frac{r}{r_0}$$

设一系列 r 值，代入上式，算出对应 z 值，计算结果列于表 9-4 中。根据表中的 r 和 z 值，即可绘出井的浸润线。

表 9 - 4 例题 9 - 2 计算表

$r(\text{m})$	r/r_0	$\lg r/r_0$	$0732\dfrac{Q}{l}\lg\dfrac{r}{r_0}$	$z^2(\text{m}^2)$	$z(\text{m})$
1	5	0.699	10.52	26.52	5.150
3	15	1.176	17.70	33.70	5.800
5	25	1.398	21.04	37.04	6.086
20	100	2.000	31.00	47.00	6.856
40	200	2.301	34.63	50.63	7.115
80	400	2.602	39.16	55.16	7.427
120	600	2.778	41.81	57.81	7.603
160	800	2.903	43.69	59.69	7.725
200	1 000	3.00	45.15	61.15	7.820
250	1 250	3.097	46.61	62.61	7.913

9.5.2 承压完整井

设一承压完整井如图 9 - 11 所示，含水层位于两个不透水层之间。这里仅考虑最简单的情况，即两个不透水层层面均为水平，$i=0$，含水层厚度 t 为定值。因为是承压井，当井穿过上面一层不透水层时，则承压水会从井中上升，达到高度 H。H 为地下水的总水头，也可以低于地面，但 H 大于含水层厚度 t 才是承压井。当地下水面高于含水层厚度，在此处钻孔，地下水可自动流出地面，故可称为自流井。当从井中连续抽水达到恒定状态时，井中水深将由 H 降至 h_0，井外的测管水头线也将下降，形成稳定的漏斗形曲面，如图 9 - 11 虚线所示，此时和普通完整井一样，可按一元渐变渗流处理。根据裴皮幼公式，过水断面上的平均流速为

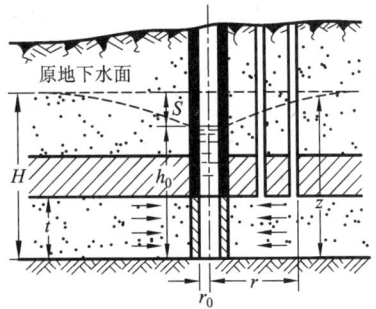

图 9 - 11 承压完整井

$$v = kJ = k\frac{\text{d}z}{\text{d}r}$$

距井中心为 r 处的过水断面面积 $A = 2\pi rt$，则渗流量为

$$Q v A = k2\pi rt\frac{\text{d}z}{\text{d}r}$$

上式分离变量后积分得

$$z = \frac{Q}{2\pi kt}\ln r + c$$

式中，C 为积分常数，由边界条件确定。当 $r=r_0$ 时，$z=h_0$，得积分常数 $C = h_0 - \dfrac{Q}{2\pi kt}\ln r_0$。代入上式得

$$z^2 - h_0 = \frac{Q}{2\pi kt}\ln\frac{r}{r_0} = 0.366\frac{Q}{kt}\lg\frac{r}{r_0} \tag{9-24}$$

上式为承压完整井的测压管水头线方程。

井的影响半径为 R。当 $r = R$，代入式(9-24)得承压完整井的渗流量公式为

$$Q = 273\frac{k(H - h_0)}{\lg\dfrac{R}{r_0}} = 273\frac{kts}{\lg\dfrac{R}{r_0}} \tag{9-25}$$

式中，井的影响半径 R 仍可用式(9-23)估算。

9.5.3 井群

抽取地下水时，常采用几口井同时抽水，这些井统称为井群。各井间的相互位置根据具体情况而定，各井的出水量不一定相等。当各井间的距离小于影响半径时，各井之间的地下水位会相互影响，致使渗流区的浸润面形状变得异常复杂。

设由 n 个普通完整井组成的井群如图 9-12 所示。
按各井单独抽水时的浸润线方程式(9-20)有

$$z_1^2 - h_{01}^2 = \frac{Q_1}{\pi k}\ln\frac{r_1}{r_{01}}$$

$$z_2^2 - h_{02}^2 = \frac{Q_2}{\pi k}\ln\frac{r_2}{r_{02}}$$

$$\cdots$$

$$z_n^2 - h_{0n}^2 = \frac{Q_n}{\pi k}\ln\frac{r_n}{r_{0n}}$$

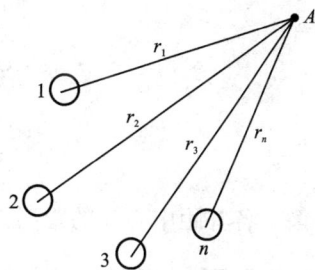

当各井同时抽水时，按照势流叠加厚理可导出其公共浸润线方程为

图 9-12 井群

$$z^2 = \sum_{i=1}^{n} z_i^2 = \frac{Q_1}{\pi k}\ln\frac{r_1}{r_{01}} + \frac{Q_2}{\pi k}\ln\frac{r_2}{r_{02}} + \cdots + \frac{Q_n}{\pi k}\ln\frac{r_n}{r_{0n}} + C$$

式中，$r_1, r_2, \cdots, r_n$ 为给定点 A 到各井的距离，C 为常数。考虑简单情况，$Q_1 = Q_2 = \cdots = Q_n = \dfrac{Q_0}{n}$，上式变为

$$z^2 = \frac{Q_0}{\pi k}\Big[\frac{1}{n}\ln(r_1 r_2 \cdots r_n) - \frac{1}{n}\ln(r_{01} r_{02} \cdots r_{0n})\Big] + C \tag{9-26}$$

式中，$Q_0 = Q_1 + Q_2 + \cdots + Q_n$ 为井群总抽水流量。

设井群的影响半径为 R，若 R 远大于井群的尺寸，而 A 离各单井都较远，则可认为

$$r_1 \approx r_2 \approx \cdots \approx r_n \approx R, z = H$$

代入式(9-26)，则有

$$C = H^2 - \frac{Q_0}{\pi k}\Big[\ln R - \frac{1}{n}\ln(r_{01} r_{02} \cdots r_{0n})\Big]$$

将 C 代回式(9-26)，并改为常用对数，则

$$z^2 = H^2 - \frac{0.732Q_0}{k}\Big[\ln R - \frac{1}{n}\lg(r_1 r_2 \cdots r_n)\Big] \tag{9-27}$$

上式为普通完全井井群的浸润线方程。式中井群的影响半径 R 可采用单井 R 值。计算时，k 以 m/s 计；H，r，R 均以 m 计。当 n，r_1，r_2，$\cdots$，r_n 以及 R，k 为已知时，若测得 H 和 Q_0 值，则 A 点的水位 z 可直接由式(9-27)求得；若测得 H 和 z 值，也可由该式得到井群的总抽水流量 Q_0。

[例题 9-3] 由半径 $r_0 = 0.1$ m 的 8 个普通完全井组成的井群。布置在长 60 m，宽为 40 m 的长方形周线上，用以降低基坑的地下水位，如图 9-13 所示，地下含水层厚度 $H = 10$ m，土壤的渗透系数 $k = 0.0001$ m/s，井群的影响半径 $R = 500$ m，总抽水量 $Q_0 = 0.02$ m³/s。试求地下水位在井群中心 A 处的降落值。

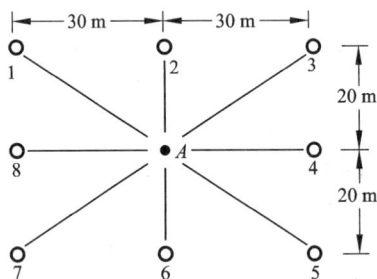

图 9-13 例题 9-3 图

解 各井距中心 A 的距离为

$$r_2 = r_6 = 20 \text{ m}, \quad r_4 = r_8 = 30 \text{ m}, \quad r_1 = r_3 = r_5 = r_7 = \sqrt{(30 \text{ m})^2 + (20 \text{ m})^2} = 36 \text{ m}$$

根据式(9-27)有

$$z^2 = H - \frac{0.732 Q_0}{k} \left[\lg R - \frac{1}{n} \lg(r_1 r_2 \cdots r_n) \right]$$

将有关数据代入上式得

$$z^2 = (10 \text{ m})^2 - \frac{0.732 \times 0.02 \text{ m}^3/\text{s}}{0.000\ 1 \text{ m/s}} \left[\lg 500 - \frac{1}{8} \lg(36^4 \times 20^2 \times 30^2) \right] = 82.09 \text{ m}^2$$

$$z = 9.06 \text{ m}$$

$$s = H - z = 10 \text{ m} - 9.06 \text{ m} = 0.94 \text{ m}$$

思 考 题

1. 渗流有哪些主要特征？

2. 什么是渗流模型？它应满足哪些条件？它与实际渗流有什么区别？

3. 达西定律的适用范围是什么？渗透系数 k 与哪些因素有关？如何确定渗透系数？

4. 达西定律与裴皮幼公式有何异同？

5. 试比较渐变渗流与明渠渐变流的异同点。棱柱体明渠渐变流有 12 条水面曲线，为什么地下河槽中的浸润曲线只有 4 条？

6. 试说明井群的水力特点。

习 题

1. 用达西实验装置(图 9-2)测定某土样的渗透系数 k 值,已知圆筒直径 $d = 0.5$ m,两测压管间距 $l = 0.4$ m,两测压管水面高差为 0.25 m,实测流量为 $Q = 1.6$ cm³/s,计算 k 值。

2. 已知不透水层坡度 $i = 2.5 \times 10^{-3}$,土壤渗透系数 $k = 4.3 \times 10^{-4}$ cm/s,均匀渗流水深 $h_0 = 12$ m,求单宽渗流量 q。

3. 一不透水层底坡 $i = 0.0025$,土壤渗透系数 $k = 5 \times 10^{-3}$ cm/s,在相距 580 m 的两个钻孔中水深分别为 $h_1 = 3.0$ m 及 $h_2 = 4.0$ m,求单宽渗流量并绘制浸润线。

4. 一宽度为 800 m 的渗流层,位于水平不透水层之上,其渗流系数 $k = 4 \times 10^{-4}$ m/s,渗流量 $Q = 3.36$ L/s。沿渗流方向设置两个观测井,分别测得井中水深为 9 m 和 6 m,求两井之间的距离。

5. 在含水层中打一普通完全井,已知含水层厚度 $H = 6.0$ m,渗流系数 $k = 0.0009$ m/s,井的半径 $r_0 = 0.15$ m,影响半径 $R = 400$ m,井的产水量 $Q = 12.5$ L/s,求井中的水位降深 s。

6. 在土层中开凿一普通井直达水平不透水层,直径为 $d = 0.30$ m,地下水深 $H = 14.0$ m,土壤渗透系数 $k = 0.001$ m/s。今用抽水机抽水,井水位下降 4.0m 后达到稳定,影响半径 $R = 250$ m。求抽水机出水流量 Q。

7. 为实测某区域内土壤的渗透系数 k 值,今打一普通完整井进行抽水试验,如习题 7 图所示,在井的附近(影响半径范围内)设一钻钆,距井中心为 $r = 80$ m,井半径为 $r_0 = 0.20$ m。测得抽水稳定后的流量为 $Q = 2.5 \times 10^{-3}$ cm³/s,井中水深 $h_0 = 2.0$ m,钻孔水深 $h = 2.8$ m。求土壤的渗透系数 k。

8. 在厚度 $t = 9.8$ m 的粗砂有压含水层中打一直径为 $d = 152$ cm 的井。渗透系数 $k = 4.2$ m/d,影响半径 $R = 150$ m。今从井中抽水,如习题 8 图所示,井水位下降 $s = 4.0$ m,求抽水流量 Q。

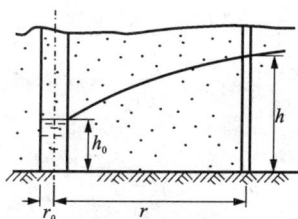

习题 7 图

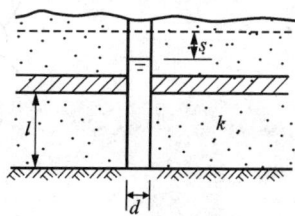

习题 8 图

9. 为降低基坑地下水位,在基坑周围,沿矩形边界排列布设 8 个普通完全井如习题 9 图所示。井的半径为 $r_0 = 0.15$ m,地下水含水层厚度 $H = 15$ m,渗透系数为 $k = 0.001$ m/s,各井抽水流量相等,总流量为 $Q_0 = 0.02$ cm³/s,设井群的影响半径为 $R = 500$ m,求井群中心点 O 处地下水位降落值 Δh。

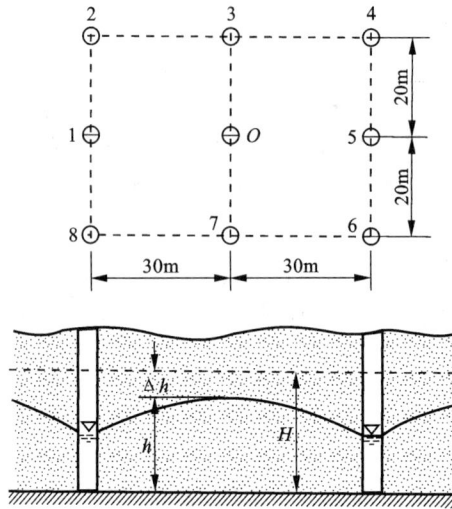

习题 9 图

10. 井群由 6 个普通完全井构成, 分布于半径 $r = 25$ m 的圆周上, 如习题 10 图所示。每个井抽水量为 $Q = 15$ L/s, 影响半径 $R = 700$ m, $\theta = 45°$含水层厚度 $H = 10$ m, 渗透系数 $k = 0.001$ m/s, 求井群中心 0 点及位于 x 轴上距离 0 点为 40 m 的 a 点的地下水位。

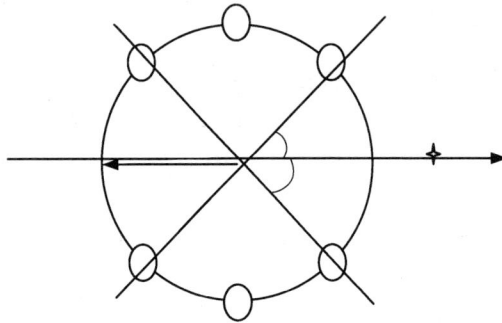

习题 10 图

参考文献

1. 吴持恭主编. 水力学(第四版). 北京：高等教育出版社，2007

2. 李家星，赵振兴主编. 水力学(第二版，上册、下册). 南京：河海大学出版社，2001

3. 金建华主编. 水力学. 北京：中国建筑工业出版社，2006

4. 闻德苏主编. 工程流体力学(水力学)(第二版，上册、下册). 北京：高等教育出版社，2004

5. 禹华谦主编. 工程流体力学. 北京：高等教育出版社，2004

6. 李炜，徐孝平主编. 水力学. 武汉：武汉水利电力大学出版社，1999

7. 赵振兴等编. 水力学提要与习题详解. 南京：河海大学出版社，2002

8. Vennard J K and R L Street. Elementary Fluid Mechanics. 6th ed. New York：John Wiley & Sons，1982

9. Clayton T. Crowe，Donald F. Elger and John A. Roberson. Engineering Fluid Mechanics. 7th ed. New York：John Wiley & Sons，2001

10. 夏震寰主编. 现代水力学. 北京：高等教育出版社，1990

11. 杨凌真主编. 水力学难题分析. 北京：高等教育出版社，1988

12. 吴宋仁，陈永宽主编. 港口及航道工程模型试验. 北京：人民交通出版社，1993

13. 惠遇甲，王桂仙主编. 河工模型试验. 北京：水利水电出版社，1999

14. 谢鉴衡主编. 河流模拟. 北京：水利电力出版社，1990

15. 左东启等. 模型试验的理论和方法. 北京：水利电力出版社，1984

16. 张也影编. 流体力学(第二版). 北京：高等教育出版社，1999

17. 刘鹤年主编. 水力学. 武汉：武汉大学出版社，2002

18. 大连工学院水力学教研室编. 水力学解题指导及习题集. 北京：高等教育出版社，1984

19. 清华大学水力学教研组编. 水力学. 北京：人民教育出版社，1981

20. 孔珑主编. 工程流体力学(第二版). 北京：水利电力出版社，1992

21. 董曾南，余常绍. 水力学(第四版). 北京：高等教育出版社，1995

22. L·普朗特等. 流体力学概论. 郭永怀等译. 北京：高等教育出版社，1981

22. 毛根海主编. 应用流体力学. 北京：高等教育出版社，2006

23. 王英，李诚主编. 工程流体力学. 长沙：中南大学出版社，2004

图书在版编目(CIP)数据

工程流体力学/沈小雄主编. —长沙:中南大学出版社,2009

普通高等学校土木工程专业规划教材

ISBN 978 - 7 - 81105 - 837 - 6

Ⅰ. 工... Ⅱ. 沈... Ⅲ. 工程力学:流体力学 – 高等学校 – 教材

Ⅳ. TB126

中国版本图书馆 CIP 数据核字(2010)第 000593 号

工程流体力学

(第 2 版)

主 编 沈小雄

副主编 王西峰 易 文

□责任编辑 刘 辉

□责任印制 易红卫

□出版发行 中南大学出版社

社址:长沙市麓山南路 邮编:410083

发行科电话:0731-88876770 传真:0731-88710482

□印 装 长沙市宏发印刷有限公司

□开 本 787×1092 1/16 □印张 12.75 □字数 320 千字

□版 次 2017 年 1 月第 2 版 □2017 年 1 月第 1 次印刷

□书 号 ISBN 978 - 7 - 81105 - 837 - 6

□定 价 32.00 元